公認心理師 ベーシック講座

古村 健・丹羽健太郎・下山真衣・陶 貴行・森本浩志・境 泉洋［編著］

福祉心理学

講談社

JN042285

執筆者一覧 （かっこ内は執筆担当）

第1部（編集：古村　健）

古村　健　　国立病院機構東尾張病院 臨床研究部

細野正人　　東京大学大学院総合文化研究科 教養学部（1章）

小林　茂　　札幌学院大学 心理学部（2.1節～2.3節）

平澤恵美　　明治学院大学 社会学部（2.4節）

第2部（編集：丹羽健太郎）

丹羽健太郎　椙山女学園大学 教育学部（3, 7章）

日下部典子　福山大学 人間文化学部（4章）

熊　仁美　　特定非営利活動法人ADDS（5章）

丸山洋子　　名古屋市中央児童相談所（6章）

第3部（編集：下山真衣・陶　貴行）

下山真衣　　信州大学 教育学部（8, 9章）

陶　貴行　　株式会社LITALICO　LITALICO研究所（8, 12章）

堂山亞希　　目白大学 人間学部（9章コラム）

丹野傑史　　長野大学 社会福祉学部（10.1, 10.4節, 10章コラム）

奈良里紗　　大阪教育大学 特別支援教育部門（10.2節）

能美由希子　筑波技術大学 産業技術学部（10.3節）

大島郁葉　　千葉大学 子どものこころの発達教育研究センター（11.1～11.3節, コラム）

本間貴宣　　一般社団法人しん（11.4, 11.5節）

第4部（編集：森本浩志・境　泉洋）

森本浩志　　明治学院大学 心理学部（13章, 14.2節）

野口　代　　東大阪大学短期大学部 介護福祉学科（14.1節）

境　泉洋　　宮崎大学 教育学部（15章）

以下のURLに，本書の正誤表等の情報を随時アップしています

https://www.kspub.co.jp/book/detail/5357729.html

はじめに

　日本心理研修センターが約7万人の公認心理師を対象に実施した「令和5年度公認心理師活動状況等調査」の結果をみると，公認心理師の約3割は福祉分野で勤務している。福祉分野における勤務先は，児童福祉施設と障害者福祉施設の割合が高く，次いで高齢者福祉施設の順であった。公認心理師の勤務先は，保健医療や教育分野の割合も高く，それぞれ3割を超えているが，いずれにおいても福祉分野の職員と幅広く連携している。福祉分野と連携するのは，心理支援の対象となる人たちやその関係者が福祉制度や福祉サービスとの関わりがあるからである。この調査結果をみても，国民の心の健康の保持増進を目的に心理業務を行うためには，福祉分野の心理社会的課題と支援のあり方を学ぶことの重要性を理解できるであろう。

　ここで本書について紹介しよう。本書は公認心理師をめざす大学生向けのテキストとして執筆された。第1部は総論である。社会福祉の基礎から福祉分野における心理支援の土台となる部分を学ぶことができる。時代や状況に応じて，社会福祉制度やサービスが形を変えてきたことに気づくであろう。また，「治療」ではなく，「支援」や「ケア」という言葉が，幅広く使われていることに注目してもらいたい。福祉の基本理念とは何か，心理支援において大切にすべきことは何なのかを考える機会としてもらいたい。

　第2部からは各論となる。まずは「子ども家庭福祉分野」である。子育て支援や早期療育，虐待対応や社会的養護といった重要なテーマを取り上げている。日本における実態を知り，公認心理師には何ができるのか，何を身につけ準備しておく必要があるのかを学んでほしい。

　第3部は，「障害福祉分野」である。読者の方々は，「身体障害」「知的障害」「精神障害」に関して，なにかしらの知識や経験をもっているであろう。では，障害をかかえている方たちを支えていくために，公認心理師は何を理解する必要があるだろうか。自身の知っていることをさらに一歩前に進めて，心理支援を行ううえで，どのような課題があるのかを考えてもらいたい。

第4部は，「高齢者・地域福祉分野」を取り上げる。認知症といった高齢者によくみられる疾患の理解や支援のあり方を学ぶことも重要であるが，健常な高齢者における心理社会的課題にも目を向けてもらいたい。地域福祉分野では，制度の狭間で支援が届きにくいひきこもりへの支援を取り上げている。心理支援が必要な方たちにどのような対策が求められるのかを考える機会にできるとよいであろう。

本書は福祉現場での臨床経験をもつ18名の執筆者から構成される。読者は，本書を通して，各分野の専門家からの学びを得ることができるであろう。本書の編集と執筆者の選定は，「一般社団法人公認心理師の会」の「福祉・障害部会」の6名の専門委員で行った。公認心理師の会は，「科学者－実践家モデル」に基づく心理支援の提供を基本理念として掲げており，本書にもその理念があらわれていることを感じとってもらえるだろう。

われわれの社会生活は，支えあいや助けあいで成り立っている。すべてのひとたちが幸せに生活できる社会を作り上げていくために，本書で提供する知識や経験が役立ち，有効な心理支援が行える公認心理師の仲間が増えることを願う。

最後に，本書の出版にあたって講談社サイエンティフィクの三浦洋一郎氏に大変お世話になった。ご尽力いただいたことに感謝申し上げたい。

2024年4月

古村　健

目次

第1部 ┃ 総論　福祉分野の基礎知識

第 1 章　社会福祉とは

社会福祉の歴史の始まりと福祉法の歴史

A. 社会福祉の基本理念

　国民の生活が安定し，安全なものであるために，社会福祉の基本理念は個人の尊厳の保持，利用者の自立支援，福祉の権利性の確立等である。具体的政策としては，社会保障，雇用保障，医療，教育，住宅保障などが挙げられる。社会福祉の基本理念は憲法25条を直接的な根拠としている。憲法25条の詳細は後述するが，法律の捉え方は柔軟性があり，最近では人権，尊厳だけではなく社会正義も社会福祉の基本理念に含まれるとされる報告がある（片山，2021）。

　福祉的支援を検討するうえで，社会福祉の基本理念を理解しておくことは極めて重要である。そのうえで，当事者を主体とした支援を実践することが求められる。

B. わが国における社会福祉の始まり

　わが国の福祉は，貧困政策である恤救規則が始まりとされる（大杉，2021）。恤救規則は，1874年〜1931年までの法令であり，わが国で初めての救貧法である。無告の窮民と呼ばれる窮貧者や老衰者，孤児などを対象としており，米代としての現金給付を行った。

　その後，1932（昭和7）年より救護法が制定された。恤救規則と比較すると，対象者の範囲も拡大され，給付の範囲も拡大された。救護法は，現在の生活保護の原型ともいえる。1946（昭和21）年に廃止され，同年に旧生活保護法が制定されている。さらに，旧生活保護法の問題を改善し，1950（昭

和25）年に修正した生活保護法が施行された（詳しくは次項C参照）。

　生活保護法は，日本国憲法第25条の理念に基づいて，国民に対して最低生活の保障とともに自立の助長を図る制度であり，日本の貧困救済政策において必要不可欠である。1973（昭和48）年，わが国の福祉政策を大きく変える「経済社会基本計画」が発表され，田中角栄内閣総理大臣（当時）により「**福祉元年**」が宣言された。それに基づき老人福祉法の改正があり，70歳以上の医療費の無料化（現在は廃止）がなされた。また，年金制度も改正され受け取れる年金が増額されることとなった。健康保険法改正においては，高額療養費制度の新設がなされるなど，さまざまな政策が打ち出された（李，1994）。その後，わが国は高度経済成長の終了や不景気に見舞われるが，**社会保障費は福祉元年より増加し続けている**（図1.1）。これにはわが国の超高齢化も影響している。

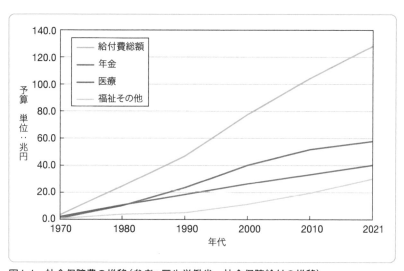

図1.1　社会保障費の推移（参考：厚生労働省　社会保障給付の推移）

C. 福祉法の歴史

ｉ）福祉三法

　戦後，わが国では福祉法の整備が進められていった。初めに，3つの法律が制定され福祉三法ができあがった。児童福祉法，身体障害者福祉法，生活保護法（旧生活保護法）である（狩谷，2019）。

　1946（昭和21）年，日本国憲法が制定され，憲法の中で福祉が位置づ

けられたことにより，福祉関連の法律が整備されていった。同年，**旧生活保護法**が制定される。戦後は，生活に困窮している国民が多く見受けられた。そのような生活困窮者を支えるために旧生活保護法は制定され，大々的な貧困対策が行われた。さらに翌1947（昭和22）年には，**児童福祉法**が制定される。戦争によって親を亡くした戦災孤児たちが街にあふれ，そのような児童を福祉的に保護する観点から制定された。そして2年後の1949（昭和24）年には，**身体障害者福祉法**が制定された。本法も，制定には戦争の影響を大きく受けており，戦争によって体に障害を負った傷病軍人が街にあふれ，そのような人たちを支援するために制定された。

　旧生活保護法では，建前上はすべての人を対象としつつも，一部の人は対象外とされていた。それは，勤労意欲がないと判断される者や素行不良と判断された者である。また，その他にも旧生活保護法には「困窮者の福祉向上のために十分とはいえない」という声も多く聞かれた。そのような問題点を改善するために1950（昭和25）年，**生活保護法**が制定された。この改正により，それまで対象外とされていた人たちも保護の対象となった。さらに，旧生活保護法では扶助の種類が生活扶助，医療扶助，助産扶助，生業扶助，葬祭扶助の5種類だったのに対して，新たに住宅扶助と教育扶助が加えられた。現在ではさらに介護扶助が加えられ，8種類の扶助が受けられることとなっている。

ⅱ）福祉六法

　1960年代に入り，福祉三法では不十分であるという声が上がり，法律が整備されていく。それにより精神薄弱者福祉法，老人福祉法，母子福祉法が新たに制定され，福祉三法である生活保護法，児童福祉法，身体障害者福祉法と合わせて**福祉六法体制**となった。

　精神薄弱者福祉法は1960（昭和35）年に制定された。その背景には，知的障害児が18歳以上となり，児童施設における18歳以上の知的障害者が増加していったことがある。知的障害児が成人すると児童施設の対象ではなくなる。そのため退所を余儀なくされるが，その親達は知的障害者の入所施設の必要性を訴えた。その訴えが認められたことにより，制定されたのが精神薄弱者福祉法であり，後の知的障害者福祉法となる法律である。

　1963（昭和38）年には**老人福祉法**が制定された。本法制定背景には，家族の核家族化がある。また当時は65歳以上と規定されていた高齢者が増加したことも，本法制定の一助になったとされる。核家族化により，一

人きりの老人や寝たきりの老人の増加が顕著となり，社会問題となった。老人福祉法では，病気の予防や早期発見，早期治療を目的とした65歳以上の高齢者に対した健康診査事業を規定した。なお，この健康診査は1982（昭和57）年には老人保健法に移り，その後2008年には40歳から74歳の特定健康診査，75歳以上の後期高齢者健康診査へと変わっていく。

1964（昭和39）年には**母子福祉法**が制定された。本法制定の背景には，母子家庭救済の必要性が顕著にあったことにある。本法により，母子家庭に対して公営住宅入居への配慮などが規制された。なお，母子福祉法は現在，「母子及び父子並びに寡婦福祉法」に名称が変更されている。

iii）福祉八法

1980年代に入ると，福祉六法に老人保健法と社会福祉医療事業団法が加えられ**福祉八法体制**となる。

1982（昭和57）年に**老人保健法**が制定された。本法制定の背景には，老人医療費を無料化にしたことが影響している。前述したように，福祉元年に実施された老人医療費の無償化等の高齢者福祉政策がなされた。それにより，容易に病院に通う人が増加してしまい，老人保健法を新たに制定することになった。制定に伴い，老人福祉法に基づく老人医療費無料化を廃止した。また，前述したように老人福祉法で規定されていた健康診査事業が老人保健法の対象となった。

1984（昭和59）年に**社会福祉医療事業団法**が制定された。本法制定の背景には脱病院化があり，要介護老人の心身の自立を目指して家庭への復帰を促進することが求められたためである。本法は現在廃止されている。

1990（昭和60）年には，老人福祉法等を一部改正する法律によって，福祉八法全体の改正が行われた。この時に都道府県から市区町村への権限変更が大きく進んだ。それにより，市区町村が福祉の第一線を担うということになった。現在も**福祉の第一線は市区町村**が担っており，この改正は福祉八法の大きな転換点といえる。

iv）現代の福祉八法

2000年代に入り，現代の福祉八法体制となる。2000（平成12）年には，社会福祉事業法が**社会福祉法**に名称変更された。これにより，地域福祉計画が法定化された。

2008（平成20）年には，高齢者の医療の確保に関する法律（高齢者医療確保法）が制定された。これにより，老人保健法は**高齢者医療確保法**と

なり，高齢者医療費の抜本改革がなされた。

　わが国の福祉法は，福祉三法，福祉六法，福祉八法と法律の数は増加している（**表1.1**）。しかし，単純に法律が加えられたわけではなく，戦後からの復興，高齢化社会，核家族化などの社会変化に伴う社会的ニーズの変化に対応するために法改正がなされていった経緯がある。福祉法は国民の生活に直接影響を与える法律であることから，今後のわが国の社会構造の変化によって，さらに変化していく可能性がある。

表1.1　福祉法のまとめ

法律名	福祉三法	福祉六法	福祉八法	現 福祉八法
1946年　旧生活保護法	○			
1947年　児童福祉法	○	○	○	○
1949年　身体障害者福祉法	○	○	○	○
1950年　生活保護法		○		○
1951年　社会福祉事業法			○	
1960年　精神薄弱者福祉法		○	○	
1963年　老人福祉法		○	○	○
1964年　母子福祉法		○	○	○
1982年　老人保健法			○	
1984年　社会福祉医療事業団法			○	
1999年　知的障害者福祉法				○
2000年　社会福祉法				○
2008年　高齢者医療確保法				○

1.2節　社会福祉の制度・政策

A. わが国の社会保障制度の目的

　わが国の社会保障制度の体系は，1950年の社会保障制度に関する勧告によって次のように規定されている。「社会保障制度とは，疾病，負傷，分娩，廃疾，死亡，老齢，失業多子その他困窮の原因に対し，保険的方法又は直接

公の負担において経済保障の途を講じ，生活困窮に陥った者に対しては，国家扶助によって最低限度の生活を保障するとともに，公衆衛生及び社会福祉の向上を図り，もってすべての国民が文化的社会の成員たるに値する生活を営むことができるようにすることをいうのである」。この勧告による社会保障の捉え方は，世界的に見ても広い保障である。

　社会保障の主な目的として，①生活安定・機能向上，②所得再分配機能，③経済安定機能の3つが挙げられる。これらの機能は独立しているわけではなく，相互に影響を与え合っている。

①**生活安定・機能向上**　生活の安定を図り安心をもたらす機能である。例えば，病気などにより医療費の支払いがある場合には，医療保険によりその負担を軽減させることができる。また，失業した際には雇用保険などにより失業等給付を受けることができる。

②**所得再分配機能**　所得を個人や世帯の間で移転させることにより，生活の安定を図るための機能である。例えば，高所得層間で資金を調達し，低所得層へその資金を移転することなどが挙げられる。生活保護制度などは，税を財源にした所得のより多い人から所得の少ない人への再分配が行われているが，このような再分配が代表例である。

③**経済安定機能**　経済変動の国民生活への影響を緩和する機能である。景気は日々変動し続けているものの，生活を支える収入の変動は回避がしづらい。そのため，例えば失業中により収入の減少があった際の雇用保険制度などがこれに該当する。

B. 国民皆保険と国民皆年金

　わが国では国民全員が公的な医療保険に加入し，怪我や病気などの場合であっても，保険を使って医療を受けることができる。誰でも，どこでも，いつでも受けることができる体制がある。これを国民皆保険という。社会全体で病気や怪我のリスクを均等化することにより，個人が支払う医療費の自己負担額が軽減される仕組みである。国民が良質かつ高度な医療を受ける機会を平等に保障する仕組みとなっており，国民皆保険が提供されている国は世界的に見てもわずかである。

　対して米国では，公的医療保険は65歳以上の高齢者と障害者を対象とするメディケアと，低所得者を対象とするメディケイドのみで構成されている。この2つでカバーされない人たち（多くは現役世代）は，民間医療保険を使

用することがほとんどである。そのため，所得により受けられる医療に大きな格差が生まれている。また，アメリカの医療費は日本に比べて非常に高額であり，医療を受けたくても受けられない人も存在する。なお，わが国の国民医療費は年々増加傾向にある（**図1.2**）。

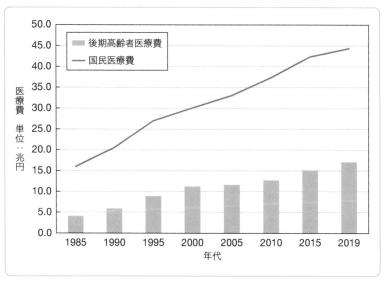

図1.2　国民医療費の推移（参考：厚生労働省白書　医療費の動向）

　わが国では国民すべてが年金制度に加入し，基礎年金の給付を受けるという仕組みがある。これを皆年金という。これは国民に対して老後生活に必要な基礎的資金を保障するための現金を給付するものであり，その費用については国民全体で公平に負担する仕組みとなっている。このような仕組みがあることによって，社会全体で老後の所得保障という問題に対応することが可能となっている。しかしながら，国民年金保険料が年々上がり続けていることと（**図1.3**），わが国が超高齢社会に突入していることにより，年金制度の見直しが迫られている。

C. 変革を求められる社会保障制度

　わが国の社会保障制度の中核は**国民皆保険，皆年金**といえる。このほかに雇用保険，社会福祉，生活保護，介護保険などのさまざまな制度があり，わが国の社会保障制度は構築されてきている。しかしながら社会構造の変化に

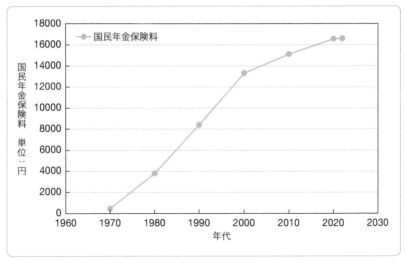

図1.3　国民年金保険料の推移（参考：日本年金機構　国民年金保険料の変遷）

より，現役世代の生活保障は企業や家庭がその中核を担っている。そのため，政府の社会保障支出は，高齢者世代を中心に行われている。わが国の雇用システムでは，企業は従業員を簡単に解雇することはできず，たとえ企業が不景気だったとしても雇用維持を図ることが優先課題となっている。そのため，失業率は諸外国と比較して低水準に抑えられている。その結果，再就職や職業能力開発に関する公的な支出は少なく抑えられている。また，育児や介護に関する問題に対して外部のサービスをあまり利用せず，家庭内で解決する傾向がある。そのような背景もあり，わが国では現役世代の社会保障の支出が抑えられている。しかし高齢化の影響により，高齢者向けの支出は年々増加し続けている。

　現在のわが国では，給料水準の比較的低い非正規雇用の労働者が多くなりつつある。企業における働き方の多様化もあり，従来の生活保障機能では十分とはいえない状況にある。また，性別役割分業の意識が薄れ，女性の社会進出が進む中で，女性が家庭のことを担うというロールモデルは破綻しつつある。そして，超高齢社会の影響により，高齢人口が年々増加するため，社会保障の支出も拡大している。このような社会変化に対応し，社会保障制度を改変していくことは必要不可欠であり，現役世代を支援しつつ高齢世帯も支えていく仕組みづくりが今は求められている。

わが国の福祉国家資格

　わが国には3つの福祉に関する国家資格がある。精神保健福祉士，社会福祉士，介護福祉士である。これら3つの資格の支援対象者は違いがあるが，支援対象者の幸福の実現のために支援を実施する点に関しては共通している。以下にこれらの資格の特徴を紹介する。

A. 精神保健福祉士

　精神保健福祉士は精神障害者をさまざまな面からサポートする。PSW（精神科ソーシャルワーカー，Psychiatric Social Worker）と呼ばれていたが，現在はMHSW（メンタルヘルスソーシャルワーカー，Mental Health Social Worker）と呼ばれており，クライアントの日常生活および社会復帰を援助する専門職である。元々，精神科の医療機関を中心に精神科ソーシャルワーカーという専門職は存在しており，患者の社会復帰のために重要な役割を担っていた。1997（平成9）年の精神保健福祉士法の施行により，国家資格として精神保健福祉士が新設された。

　精神保健福祉士の主な役割として，クライアントの障害特性や周囲の環境，抱えている困難などを明らかにするアセスメントを行うことがある。また，問題を解決するための社会資源の情報提供や助言，外部の社会資源との連携，適切な訓練を行うことも重要な役割である。

　精神保健福祉士は名称独占資格の国家資格である。そのため，国家試験に合格し登録を受けなければ，精神保健福祉士を名乗ることはできない。精神保健福祉士の資格を持ってない人であっても，精神障害者を対象とした相談支援の仕事に従事することは可能であるが，医療機関のソーシャルワーカーは精神保健福祉士の資格を持っていることが多い。

　精神保健福祉士の働く場所は福祉関係や医療関係が多いが，それ以外にも行政，司法，学校，産業などさまざまな分野で活躍している。現在のわが国では，精神障害者への支援が，入院医療中心から地域生活中心へとシフトしている。それにより精神保健福祉士のニーズは，医療分野だけでなく福祉，行政，地域，教育などさまざまな広がりを見せている。また一般企業においてもメンタルヘルスケアの重要性が認識され，より一層ニーズが広がっている。

B. 社会福祉士

社会福祉士は社会福祉制度の専門家としてあらゆる場面で相談対応をしている。先述した精神保健福祉士は，支援対象が精神障害者および心理的困難を抱えている人であるが，社会福祉士はそれ以外の困難を抱えている人全般を対象としている。支援対象となる領域は，高齢者福祉，障害者福祉，児童福祉，保健，医療，学校教育など幅広い。

社会福祉士の相談業務は，相談援助と総称される。また，医療機関に勤務する社会福祉士のことを医療ソーシャルワーカー（Medical Social Worker：MSW）と呼ぶことが多い。具体的な業務は，クライアントとの面接を通じて本人の特性及び本人の置かれている環境などをアセスメントすることと，必要な社会福祉サービスを提案し，さまざまな関係者と連携し支援体制を構築することである。

社会福祉士も精神保健福祉士と同様，名称独占の資格である。社会福祉士の資格を持っていなくても，相談業務につくこと自体は可能であるが，精神保健福祉士と同様に，一般病院等の医療機関におけるソーシャルワーカーは社会福祉士の資格を持っていることが多い。

C. 介護福祉士

介護に関する資格は複数あるが，介護福祉士は唯一の国家資格である。身体が不自由な高齢者や障害がある人の日常生活を送るための支援を行う。支援内容は，身辺の介護から健康管理までさまざまである。また，クライアントの家族に対しても介護に関する相談や指導を行う。もともと，特別養護老人ホームなどの介護を行う役割としての認識が強かったが，現在では高齢者や障害者等の生き方全体に関連し，幅広い支援を行う職業という認識が広がっている。わが国は超高齢社会を迎えており，今後さらなる需要が高まることが予想されている。

介護福祉士の業務は，身体介護，生活援助，相談・助言に関すること，社会活動支援に関することなどに分けることができる。また，複数名でクライアントの支援を行うことが多いため，チームマネジメントの役割を求められることもある。介護業界における介護福祉士が不足していることが，長く問題となっている。そこには待遇に対する問題があるといわれている。これに対して，2019年には介護報酬改定時に，特定処遇改善加算が加えられることが閣議決定している。それによって勤続10年などの一定の基準を満たし

た介護福祉士に対して，処遇改善が行われている。

社会福祉施設は老人，児童，障害者，生活困窮者などを対象とし，社会生活を営むために必要なサービスの提供を行っている。大別すると，老人福祉施設，障害者支援施設，保護施設，婦人保護施設，児童福祉施設，その他の施設がある。また，社会福祉施設は都道府県及び市区町村が運営する公立施設と，社会福祉法人や株式会社などが運営する民間施設がある。

A. 老人福祉施設

老人福祉施設は老人福祉法で規定されており，クライアントの年齢や状況に応じて利用できる施設に分類されている。老人福祉施設の利用は介護保険が適用されるため，比較的低価格で利用できる傾向にある。代表的な7つの老人福祉施設を以下に紹介する。

①**特別養護老人ホーム（介護老人福祉施設）** 社会福祉法人や地方自治体などが運営する公的施設である。対象者は65歳以上で，要介護3から5の認定を受けている人となる。現在のわが国では入居待ちの人数が多く，待機期間が長いという問題がある。

②**養護老人ホーム** 心身のトラブルや経済的問題などの理由から，自宅で生活が困難な人が入所される施設であり，施設では日常生活の支援を行っている。

③**軽費老人ホーム** 60歳以上を対象とし，生活に不安がある人を受け入れる施設である。食事サービス付きのA型，自炊可能なB型，食事・生活支援サービスをついたC型の3種類に分けられている。

④**老人デイサービスセンター** 65歳以上の高齢者を対象とした通所介護施設である。サービスの中では入浴や食事などの生活に関する支援のほか，レクリエーションやアクティビティなどがあるのも特徴である。

⑤**老人短期入所施設** 65歳以上で在宅の要介護者が短期入所し，介護サービスを受けられる施設である。ショートステイと呼ばれている。利用はクライアント本人の心身の負担を軽減させる目的もあるが，家族等介護者の負担を軽減させる目的もある。

⑥**老人福祉センター** 地域の高齢者に対して相談を行う施設である。また，

健康増進などレクリエーションなどが総合的に提供されている。

⑦**老人介護支援センター**　自宅で暮らしている高齢者が介護について相談できる施設である。クライアントがニーズに応じたサービスを受けられるように各機関と連携がなされている。

　老人福祉施設とは異なるが，高齢者が利用できる施設は他にもある。介護老人保健施設，有料老人ホーム，サービス付き高齢者向け住宅，介護医療院などである。高齢者の福祉増進のためにはクライアントにさまざまな老人福祉施設サービスの提案を行い，これらの資源を活用することが高齢者の生活の質を高めることにつながる可能性がある。

B. 障害者支援施設

　障害者支援施設は「障害者の日常生活及び社会生活を総合的に支援するための法律」第5条を根拠法として設置運営されている，施設入所支援サービスである。日中は生活介護，自立訓練，就労支援などを行い，夜間に食事や入浴，排泄などの生活支援を行う。障害者支援施設にはさまざまな機能があり，居宅介護，重度訪問介護，生活介護，短期入所，自立訓練，自立生活援助，共同生活援助などがある。利用対象者は知的障害や身体障害などにより，介護や支援を要し，自宅での生活が難しい障害者となる。障害支援区分では，区分4以上（50歳以上なら区分3以上）が対象となる。障害者支援施設の運営は国，地方公共団体，社会福祉法人となっている。障害者グループホームが障害者支援施設であると混同されがちであるが，障害者グループホームは障害者支援施設ではない。障害者支援施設と障害者グループホームの違いを**表1.2**に示す。

C. 保護施設

　保護施設には，障害がある人のための救護施設および更生施設がある。また，住宅のない人のための宿所提供施設がある。

①**救護施設**　障害などにより何かしらの課題や困難を抱えており，日常生活を営むことが困難な人を対象にしている福祉施設である。日常生活支援やさまざまな活動を通して，生活の基盤を整え，就労や地域生活移行支援などが行われる。クライアントの目標に沿って，それぞれの自立を目指した取り組みを行っていく。救護施設は，社会福祉法第2条によって定められ

表1.2 障害者支援施設と障害者グループホームの違い

	障害者支援施設	障害者グループホーム
目的	入浴や排泄，食事などの介護，また，生活などに関する相談や助言，その他の必要な日常生活上の支援（施設入所支援，生活介護，自立訓練，就労移行支援など）を行う	地域生活での自立の実現
運営母体	国・地方公共団体・社会福祉法人	社会福祉法人・NPO法人・株式会社など
対象者	障害支援区分が区分4以上（50歳以上は区分3以上）	なし

た第一種社会福祉事業であり，生活保護法第38条第1項第1号によって規定された保護施設の1つである。なお，生活保護法第3条では，「この法律により保障される最低限度の生活は，健康で文化的な生活水準を維持することができるものでなければならない」と規定されており，日本国憲法における「健康で文化的な最低限度の生活」を保障するための施設といえる。

②**更生施設** 生活保護法に基づく保護施設であり，生活支援を必要とする生活保護受給者を対象としている。食事や入浴などの日常生活の支援と，地域における社会復帰に向けた支援及び就労等の自立支援を行う施設である。しばしば，更生保護施設と混同されることがある。更生保護施設は，犯罪をした人や非行少年などを対象としている施設であり，更生施設とは対象者や支援の内容が異なる。

③**宿所提供施設** これも生活保護法に基づく保護施設である。住居を失った生活保護受給者を対象に住居の提供を行う。また，地域社会復帰に向けた相談や支援を行う。

D. 婦人保護施設

婦人保護施設は，都道府県や社会福祉法人などが運営している。売春防止法第36条により設置され，もともとは売春を行う恐れのある女子を収容，保護する施設であった。しかし，現在では生活の困窮やさまざまな事情により社会生活を営むことが困難な女性を保護の対象としている。婦人保護施設では，入所する女性に対し，社会復帰に必要な生活指導及び就業の支援を

行っている。また，居室と食事が無料で提供され，必要に応じて日用品や衣類などの支給もある。

E. 児童福祉施設

児童福祉施設とは，児童福祉法に基づいて児童福祉に関連する事業を行う施設の総称である。母子支援関連や障害児援助施設などもあり，助産施設，乳児院，母子生活支援施設，保育所，児童厚生施設，児童養護施設，知的障害児施設，知的障害児通園施設，盲ろうあ児施設，肢体不自由児施設，重症心身障害児施設，児童心理治療施設，児童自立支援施設，児童家庭支援センターの14施設からなる。

〈引用文献〉
狩谷尚志（2019）. 日本における「障害」の定義並びに制度的対応に関する歴史的特徴. 日本重症心身障害学会誌, 44(2), 411-411.
片山善博（2021）. 社会福祉理念の再検討—ヘーゲル法哲学の視点から—. 日本福祉大学研究紀要—現代と文化, 63-78.
李静淑（1994）. 日本における国民年金制度の展開—皆年金化から福祉元年まで. 大阪市立大学経済学会経濟學雜誌, 95(1・2), 44-61.
大杉由香（2021）. 明治期における棄児・幼弱者たちの処遇と救済の実態. 環境創造, 27, 53-86.

第2章 福祉現場における心理支援の基本

2.1節 **福祉現場における公認心理師の職責と倫理**

A. 狭義と広義の福祉と公認心理師の職責との関係

　福祉現場における公認心理師の職責と倫理を考えるにあたって，まず公認心理師法第1条〔目的〕，第2条〔定義〕に注目するところから始めたい。

〔公認心理師の目的と定義〕

第1条　この法律は，公認心理師の資格を定めて，その業務の適正を図り，もって国民の心の健康の保持増進に寄与することを目的とする。

第2条　この法律において「公認心理師」とは，第28条の登録を受け，公認心理師の名称を用いて，保健医療，福祉，教育その他の分野において，心理学に関する専門的知識及び技術をもって，次に掲げる行為を行うことを業とする者をいう。
一　心理に関する支援を要する者の心理状態を観察し，その結果を分析すること。
二　心理に関する支援を要する者に対し，その心理に関する相談に応じ，助言，指導その他の援助を行うこと。
三　心理に関する支援を要する者の関係者に対し，その相談に応じ，助言，指導その他の援助を行うこと。
四　心の健康に関する知識の普及を図るための教育及び情報の提供を行うこと。

　第2条の定義には，公認心理師の主要な活動分野として保健医療，教育その他とならび福祉の領域が掲げられている。この場合の福祉とは狭義の意味での福祉といえるもので，公認心理師が携わる児童，障害児・者，高齢者，生活困窮者など具体的な公的扶助や公的サービスにかかる職域が意図されている。そこには，社会において福祉サービスを必要とする人々に対して，その分野に携わり，必要な心理支援を行う公認心理師像がある。

　だが福祉は特別な必要がある者だけが関係する話ではない。本来，福祉という言葉は，英語のwelfare（良くやっていくこと）の訳語であり，漢語では「幸福」を意味する「福」と「祉」の2字を重ねたものである。福祉とは人間が幸福で望ましい生活を営み続ける有り様を表現した言葉である。福祉

が充足した状態は，広く人間の幸福を求める願いであり，普遍的な理念であるともいえる。

　こうした福祉であるが，日本においては日本国憲法の第13条〔幸福権の追求〕と第25条〔生存権〕が定められており，社会福祉の根拠法となってすべての国民が福祉の対象とされている（＝広義の福祉）。

〔憲法：幸福権と生存権〕

〔個人の尊重と公共の福祉〕
第13条　すべて国民は，個人として尊重される。生命，自由及び幸福追求に対する国民の権利については，公共の福祉に反しない限り，立法その他の国政の上で，最大の尊重を必要とする。

〔生存権及び国民生活の社会的進歩向上に努める国の義務〕
第25条　すべて国民は，健康で文化的な最低限度の生活を営む権利を有する。
2　国は，すべての生活部面について，社会福祉，社会保障及び公衆衛生の向上及び増進に努めなければならない。

　また公認心理師法の第1条には「国民の心の健康の保持増進に寄与すること」の目的が掲げられ，第2条の四「心の健康に関する知識の普及を図るための教育及び情報の提供を行うこと」が示されている。具体的には，心の健康についての市民講座や社会調査，特定の対象とした心理教育などが念頭に置かれていると考えられる。だが福祉との関連でいえば日本に住むすべての人の心の健康を意識し，何かしらの働きかけに努める取り組みは，広義の意味での福祉の理念がそこに含まれているといえる。

　こうしたことから，福祉現場における公認心理師には，単に福祉領域で活動していることの責任に留まらず，広く社会の人々の幸福の追求と実現といった大きな福祉の枠組みの両方を意識する必要がある（**図2.1**）。

B. 福祉の価値観と公認心理師の職責との関係

ⅰ）福祉の価値観とマズローの欲求段階説

　福祉領域で働く公認心理師の職責といっても，その内実は分野が幅広く多様である。福祉の分野は，児童や高齢者，障害，生活困窮，虐待，貧困，差別とテーマはさまざまで，一括りに福祉という言葉で同じように扱えない。しかし，共通することもあり，社会的な幸福から逸れてしまった状態

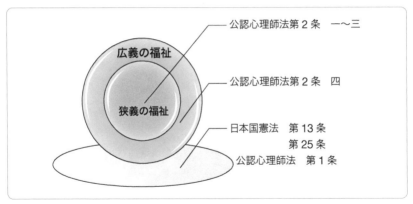

図2.1　狭義と広義の福祉と公認心理師の職責との関係

から幸福権を護り，生きることが脅かされている状態から生存権を確保するように努めるといった福祉の価値観は変わりない。福祉の領域には，こうした普遍的な価値観があり，支援の方向性として幸福権と生存権の追求と実現といったことが前提となる。

　日本には『衣食足りて礼節を知る』という中国の古典『管子』に由来する言葉があるが，似たものとして臨床心理学分野では人間性心理学者の**マズロー**（Maslow, A. H.）が提唱した欲求段階説の視点がある。この説は，福祉の視点からみれば生存権から幸福権へ至る志向がよく当てはまり，福祉領域の臨床には有用な観点となる（**図2.2**）。

　要保護が必要なネグレクト状態にある児童を例にして考えてみよう。その介入は，まず食べることや医療的必要の有無から始まり，安全安心な生活環境を確保することが優先される。児童のセラピーや家族再統合の必要に応えることは，生理的欲求・安全欲求をクリアしていない状態では困難である。心の問題を扱う公認心理師の立場であったとしても，人が生き物であり，社会的存在であることを無視して心の問題だけをみて介入することは不可能であるといえる。マズローの欲求段階説のヒエラルキーは，諸説の批判があったとしても福祉的な介入の順序を整理するうえでも有益である。

ⅱ）申請主義と権利擁護

　日本の福祉サービスの多くは基本的に申請主義に基づいており，福祉的ニーズのある者が自ら行政へ申請しないとサービスが受けられない。しかし現実的には自らの知識と力で福祉サービスの申請ができる人ばかりでは

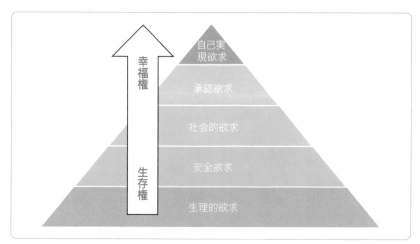

図2.2　マズローの欲求段階説

ない。福祉サービスの利用者の意思決定権・意思表明権が尊重され，受け入れられていくに伴って自己決定の弱い立場の人々の課題が焦点化されるようになった。福祉の特別なニーズをもつ人の多くは，世の中にどのような福祉サービスがあり，自分が利用できるかを調べ，適切な選択をし，自ら赴いて書類を書き，申請することは困難である。なかには自分が福祉サービスを受ける権利があることの自覚がなかったり，知っていても自分で拒否している場合もある。先の例のネグレクトにある児童であれば，自分の意志と力で児童相談所や役所に保護を求めて動けるだろうか。児童の知識や力だけでは事態を打開できず，周囲の大人からの通報や支援者の働きかけがなければ大きく変わらないだろう。こうしたことから福祉領域の支援に携わる支援者は，権利擁護（アドボカシー）の視点と対応が求められる（**表2.1**）。権利擁護とは，「知的障害，精神障害，認知機能の低下などのために，自分で判断する能力が不十分だったり，意志や権利を主張することが難しい人たちのために，代理人が権利の主張や自己決定をサポートしたり，代弁して権利を擁護したり表明したりする活動のこと」（ベネッセHP，2023）である。

　こうした権利擁護の取り組みは，ソーシャルワーカーやケアワーカーだけではなく福祉領域で働く公認心理師であれば必ず必要となる。一般的に心理職はクライエント中心の視点に立ち，本人の自発的な意思決定を尊重するカウンセリングを行い，中立的な態度が重んじられる。しかし福祉領

表2.1 権利擁護（アドボカシー）の6形態と支援の関与度

支援の関与度	種類	内容
弱 ↑↓ 強	セルフ・アドボカシー	クライアントが自らの権利を守る権利擁護
	ピア・アドボカシー	クライアント同士が協力しあって互いの権利を守る権利擁護
	シチズン・アドボカシー	クライアントを含んだ市民が必要とする人の権利を守る権利擁護
	クラス・アドボカシー／コーズ（原因）・アドボカシー	クライアントと同じ問題を抱えた集団の権利を守る権利擁護
	ケース・アドボカシー	クライアント一人ひとりの権利を守る権利養護
	リーガル・アドボカシー	クライアントの権利を法律家などが援助し，働きかける権利擁護

域においては同じクライアント中心といっても，クライアントの幸福権や生存権を護るという前提があり，その意味するところが異なることがある。公認心理師であったとしても業務によっては本人の意思決定を支援し，表明する積極的な働きかけも重要となる。また，児童や知的障害をもつ方，認知症の方など福祉サービスを必要とする人の権利を重視して本人の代弁者となる役割を担うことがある。公認心理師として直接的な申請業務に携わる機会は少ないかもしれないが，利用者の必要を掘り起こし，決定を促し，動機を高めるといった活躍が期待される（**図2.3**）。

2.2節 ║ 心理的アセスメント

A. 生物心理社会モデル

福祉の領域における心理アセスメントも，生物心理社会モデル（Bio-Psycho-Social Model）に基づいたアセスメントを基本としている。生物心理社会モデルは1977年に精神科医であったエンゲル（Engel, G. L.）が提唱したもので，それ以前の人間を心と体の総体として捉えていた物心二元論的な人間の理解に社会的側面を加味して患者を理解しようとしている。例えば学校で試験がある度にストレスがかかり腹痛が生じてしまう学生がい

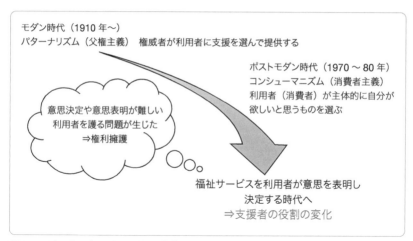

図2.3　利用者の意思決定と権利擁護

たとしよう。この場合，学校の試験が社会的側面，ストレスが心理的側面，腹痛が生物学的側面として捉えることができる。だが福祉の領域においては，こうした生物心理社会モデルについても幸福権や生存権といった福祉の価値観を前提にしたものとして理解する必要がある（**図2.4**）。

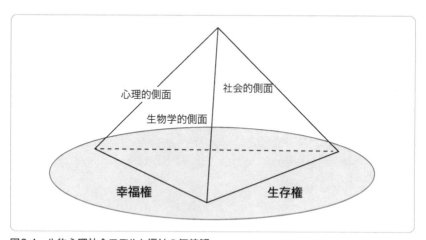

図2.4　生物心理社会モデルと福祉の価値観

B. 国際生活機能分類（ICF）

　1980年に世界保健機関（WHO）の総会で**国際障害分類（機能障害・能**

力障害・社会的不利の国際分類／ICIDH：International Classification of Impairments, Disability and Handicaps，**図2.5**）が採択され，2001年にはICIDHの改訂版である国際生活機能分類（生活機能・障害・健康の国際分類／ICF：International Classification of Functioning, Disability and Health，**図2.6**）が採択された。この分類が示す生活機能とは，「心身機能・構造」「活動」「参加」を包括したものであり，「人が生きること」の全体を意味している。これに環境因子と個人因子とが相互作用をもたらし，その人の健康状態を作り上げるという理解である（ICIDHからICFへの転換の経緯については第8章8.2節参照）。

このモデルでは障害を個人因子にのみ還元させることなく，環境因子も含めて相対的なものとして捉えられている。例えば足が不自由な人であっても車いすや介助者があれば社会的な「参加」が可能となり，「活動」することができるようになる。足が動かないという「心身機能・構造」が障害であるのではなく，福祉サービスがバリアフリーになっていない社会の側に障害があると考えることができる。

また国際生活機能分類（ICF）が作られた目的として，"「人が生きることの全体像」についての「共通言語」"の必要性があったことが挙げられる（上田，2005）。特に福祉の領域においては多種の専門家による取り組みが基本となる。そのため連携する者同士がクライアントについての共通理解を可能とするためにICFが求められたのである。「当事者・専門家を問わず，また行政を含めて，全員がICFの基本的な考え方を理解して使いこなし，相互理解を促進し，問題解決のための協力を進めていくことが大事」（上田，2005）である。福祉現場で働く公認心理師は，分野ごとの個別の心理アセスメントだけでなく，他職種連携のためのアセスメントとしてICFを意識するようにしたい。

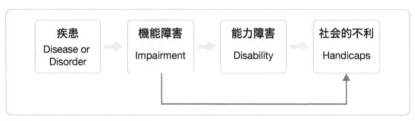

図2.5　国際障害分類（ICIDH）

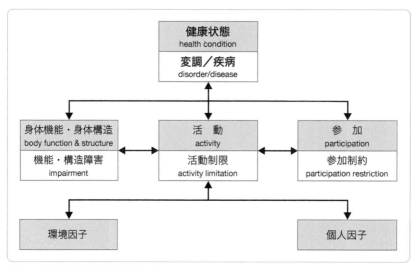

図2.6　国際生活機能分類（ICF）モデル

C. 認知行動理論によるアセスメント

　認知行動理論とは，認知療法（cognitive therapy）・認知行動療法（CBT：cognitive behavior therapy）の基礎理論である。認知療法・認知行動療法は，「人間の気分や行動が認知のあり方（ものの考え方や受け取り方）の影響を受けるという理解に基づいて，認知の偏りを修正し，問題解決を手助けすることによって精神疾患を治療することを目的」としている（大野，2010）。また認知行動療法は，エビデンスに基づく実践（EBP：Evidence-Based Practice）を重視している特徴がある。エビデンスに基づく実践（EBP）とは，厳密な臨床研究で効果があると根拠が認められた実践のことをいう。こうした理論的背景をもつ認知行動療法のアセスメントを使用しやすくしたものがある（図2.7，伊藤，2011）。ストレス状況やサポート資源といった環境を含めた生物心理社会モデルのアセスメントである。

2.3節　心理的手法を用いた支援

A. 生活臨床

　福祉では，クライアントが生きる生活の場が臨床の現場になることが多い。そのため生活臨床的な心理支援が有効である。生活臨床とは1960年代に群

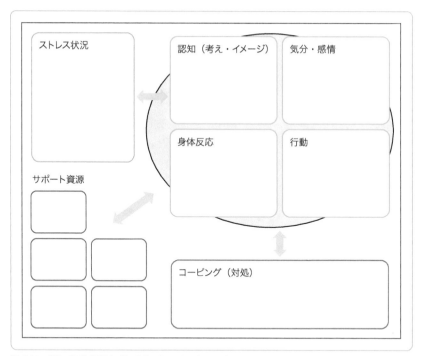

図2.7　認知行動理論に基づくアセスメントシート
（出典：伊藤絵美（2011）．ケアする人も楽になる認知行動療法入門Book1．医学書院）

馬大学病院精神科の実践から始められた支援技法である。社会生活場面に根ざした生活特性診断を行い，能動型の特性をもつ人は本人に，受動型の特性をもつ人は周囲の人々に働きかけ，その人特有の危機ストレスへの対処を行うことを可能とした。生物心理社会モデルに基づくアセスメントと介入の1つといえる。

B. ケアマネジメント

　ケアマネジメントは，ケースのマネジメントを行い，ケースを通してサービスの連携を図るためにある。対人サービスや機会や給付の調整を促進するための利用者の立場に立つ方法と定義することができる（Moxley, 1989）。ケアマネジメントの目的は，単にサービスを寄せ集めて利用者に提供することではなく，支援をマネジメントすることで，①利用者のセルフケア能力を向上させること，②地域の問題解決能力を向上させるコミュニティづくりを促進することである（野中, 1997）。ケアマネジメントの理論と技術は，公

認心理師が直接行うことがなくても福祉サービスを行う専門職が身につけておくべきものである。

C. 多職種連携とコンサルテーション

　福祉の現場では，医療，行政，他の福祉現場の支援者，家族などさまざまな専門家と協働して問題解決にあたる。ケース会議などにおいて，問題の解決のために必要なさまざまな職場の複数の専門職が集まり，情報を集約して共有する。その際，国際生活機能分類（ICF）に基づく共通理解やケアマネジメントが必要となる。このような支援の取り組みは福祉現場の多職種連携の1つの姿である。

　また公認心理師の役目の1つとしてコンサルテーションがある。これは，他の職種の専門家（コンサルティ）に対し，別の職種の専門家（**コンサルタント**）が助言・指導（コンサルテーション）を行うことである。したがって，公認心理師の立場から一方的に他の専門職にコンサルテーションを行うばかりではない。だが心理学の専門家として他の分野の専門家に必要な助言・指導を行うことは重要であり，多職種連携の1つの取り組みであるといえる。

D. アウトリーチ／訪問支援

　福祉現場では，通常の心理支援の業務とは異なりクライアントが相談室に来談して相談してくれるとは限らない。援助要請行動が希薄なクライアントや，権利擁護が必要なクライアントに対し，支援者の側からクライアントのもとに赴いて支援を行う必要がある。このような訪問支援をアウトリーチという。訪問支援は，訪問看護や訪問介護といった領域でも行われてきたが，生活場面に積極的にかかわる福祉現場で働く公認心理師も出先で心理支援を行う機会が増えていく。また福祉の現場では自殺企図や虐待への対応といった危機介入のためにアウトリーチを行うことがある。こうした点もクライアントを面接室で待って定期的な心理面接を行う心理支援と異なるところである。

2.4節　制度・施設を活用した支援

　公認心理師が国家資格化されてから，保健・医療・福祉の関係制度，そして施設において，心理学に関する専門的知識および技術を提供する心理の専門職として公認心理師の役割が求められるようになってきている。本節では，

どのような場所で公認心理師の活躍が期待されているのかを中心に，具体的な制度や施設における関わりについて紹介する。

A. 障害者総合支援法

　障害のある人々が地域で安心して暮らせるノーマライゼーション社会の実現を目指し，2006（平成18）年に障害者自立支援法が制定された。この法律により，これまで対象となっていなかった精神障害のある人々も身体・知的障害のある人々と同じように障害福祉サービスを受けられるようになり，長期で精神科病院に入院していた人々が利用できる社会資源も次第に地域の中に増えていった。しかしながら，障害者自立支援法はサービスの1割負担を求めたり，障害の程度で利用できるサービスを定めたり，制度の谷間がみられたりするなどさまざまな課題が取り上げられ，2006年に障害者総合支援法に改正された。障害者総合支援法では，さらなる対象者の拡大として，難病の人々も障害福祉サービスを受けられるようになり，生活と就労に関わる支援の充実が図られた。

　障害者総合支援法による障害福祉サービスは，「自立支援給付」と「地域生活支援事業」で構成されている。自立支援給付は，障害支援区分に応じて必要なサービスを展開する「介護給付」，生活訓練や就労支援，グループホームなどを展開する「訓練等給付」，更生医療や育成医療，精神通院医療を提供する「自立支援医療」，地域移行やサービス調整等を行う「相談支援」，そして身体機能を補完・代替する用具を支給する「補装具」で構成されており，これらの障害福祉サービスに付帯する形で市町村事業としての地域生活支援事業，都道府県による地域生活支援事業が展開されている（**図2.8**，全国社会福祉協議会，2021）。

　これらの障害福祉サービスはサービス内容によりそれぞれ報酬単価や加算が設定されており，その1つとして福祉専門職加算がある。福祉専門職加算は，事業所に一定数以上の福祉専門職を配置することでサービスの質を向上させ，良質な人材を確保することを目的としており，公認心理師は介護福祉士・社会福祉士・精神保健福祉士・作業療法士とともに福祉専門職として加算の対象になった。このように公認心理師は，地域で生活する障害のある人々を心理的な側面から支える専門職としての役割が求められている。

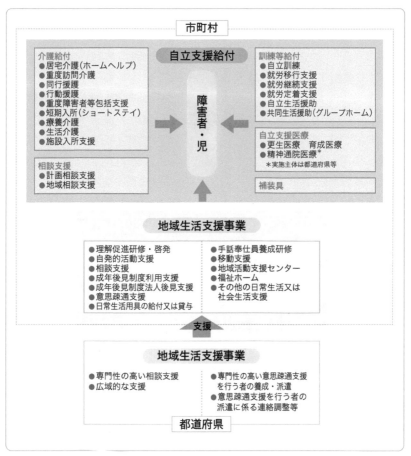

図2.8　障害者総合支援法の概要

B. 精神保健福祉センター

　精神保健福祉センターは，地域精神保健福祉活動推進の中核となる機能を備える機関として，都道府県，または政令指定都市に設置されている。当初は，精神衛生法改正（1965（昭和40）年）により「精神衛生センター」として全国で任意設置されるようになり，精神保健法改正（1987（昭和62）年）により「精神保健センター」に名称が変更された。その後，精神保健及び精神障害者福祉に関する法律（以下，精神保健福祉法）への改正（1995（平成7）年）により，精神保健福祉センターに名称が変更され，精神保健福祉法第6条に定められた。現在，全国で69ヶ所が設置されており，「1. 企

画立案」「2. 技術指導及び技術援助」「3. 人材育成」「4. 普及啓発」「5. 調査研究」「6. 精神保健福祉相談」「7. 組織育成」「8. 精神医療審査会の審査に関する事務」「9. 自立支援医療（精神通院医療）及び精神障害者保健福祉手帳の判定」などの業務を担っている。

　また，精神保健福祉センターでは，広く地域住民の心の健康相談から複雑な精神保健に関する相談を実施しており，アルコール，薬物，思春期，認知症などの特定相談に加え，精神医療や社会復帰に関する相談も行っている。こうした業務は，医師，看護師，保健師，精神保健福祉士に加え，近年では公認心理師も担当するようになっており，多様な分野の専門職が連携を図りながら地域の精神保健福祉の保持増進に努めている。

C. ひきこもり地域支援センター

　生活困窮者就労準備支援等補助金事業として，2009年よりひきこもり支援センター設置運営事業がはじまり，現在では全国67自治体75ヶ所でひきこもり地域支援センターが設置されている。ひきこもりに特化した相談窓口として，社会福祉士，精神保健福祉士，保健師，公認心理師，臨床心理士等の資格を有するひきこもり支援コーディネーターが，ひきこもり状態にある本人や家族からの電話，メールや対面での相談に応じ，必要に応じて保健・医療・就労・福祉・行政・教育・民間等の適切な機関につなげることにより支援を行っている。また，家庭訪問等の訪問支援によるアウトリーチを行うことにより，早期介入にも携わっている。ほかにも，ひきこもりに関する情報発信を通して社会の理解を深める啓発活動がある。

　現状として，これまでひきこもりは若年層が中心になっていると考えられていた。しかし，2018年度に行われた調査結果では，満40歳から満64歳までの61.3万人，人口の1.45％がひきこもり状態にあると推計されており，満15歳から満39歳までのひきこもり状態にある人々，人口の1.54％に該当する54.1万人（2015年度調査）を上回る結果が明らかにされている。退職などの大きな人生の転機をきっかけにひきこもりになる人々も増えており，公認心理師等による心理的なケアを行う専門職の需要がますます社会の中で高くなっている。

　ここでは，ひきこもり地域支援センター（以下，センター）の活動体験の一例として，Aさんの事例を紹介する。

Aさんの事例

　センターに通うようになったのは7〜8年くらい前です。大学を出て就職し，短期間でいらなくなったと言われました。周りから見るとうつ状態だったようで，母が心配して行政機関に相談に行ったところ，センターを紹介されたようです。当時，散歩程度の外出以外，人と関わることはほとんどなかったです。次の一歩が踏み出せない状態で，目標もその先もなかったので，踏み出すきっかけになればと思い通い始めたのがきっかけだったのかなと思います。通所後，事業所の就労体験や期間限定の会社勤め，アルバイトを経て，現在は派遣社員として働いています。

　自分にとって，このセンターは安心できる場所というか，親に話せないことを話に来る場所です。センターで不安や不満を吐き出させてもらって，安心できる。自分の心が健康になっていくのを感じます。ここで話すことによって，例えば，「自分は何をやっているのだろう」とか「親孝行してないな」とか，そういった大切なことを思い出させてくれます。センターで話す機会がなければ，そういったことを考えないようにしているし，考えてもしょうがないと思ってしまう。そこを掘り起こす意味で，このセンターは貴重な場所だと思います（ひきこもり経験者の社会参加の事例集，厚生労働省，2021）。

D. 発達障害者支援センター

　制度の狭間で取り残されていた発達障害のある人々に対する支援の位置づけを明確にする法律として，2005（平成17）年に発達障害者支援法が施行され，具体的な定義や理念が示された。そのなかで，第14条に規定されている発達障害者支援センターは，都道府県や政令指定都市自ら，もしくは都道府県知事が指定した法人が運営しており，現在，全国で97ヶ所展開されている。社会福祉士や公認心理師等の発達障害に関する知識や支援経験のある専門職が在籍しており，保健・医療・福祉・教育・労働などの関係機関が連携し，地域で総合的な支援ネットワークを構築しながら，発達障害児（者）とその家族を対象に，さまざまな相談に応じ，助言と指導を行っている。

　発達障害者支援センターの事業内容は大きく分けて4つある。

①**相談支援**　コミュニケーションや行動面で気になること，日常生活での困りごとなどの相談を受け，必要に応じて関係機関へつなげる役割がある。

②**発達支援**　発達検査を行い，関係機関と連携を図りながら，個々の特性に応じた療育や教育，支援の方法について助言を行う。また，家庭での療育方法についてアドバイスを行うこともある。

③**就労支援**　就労を希望する発達障害児（者）のニーズに応じて，公共職業安定所，地域障害者職業センター，障害者就業・生活支援センターなどの就労支援機関と連携しながら支援を行う。ケースによっては，学校や就労先へ出向き，本人が作業や環境に適応できるよう調整を行ったり，個々の障害特性に関する理解を深めてもらうための助言を行ったりする。

④**普及啓発・研修**　発達障害のある人々を支援している保健・医療・福祉・教育・労働・行政などの関係機関の職員を対象に研修を行ったり，発達障害にあまり馴染みのない地域住民を対象とした講演会を開催したりしている。また，発達障害の特性や対応方法などに関するパンフレットやチラシなどを作成し，公共機関や一般企業などに配布することもある。

　発達障害者支援センターでは，発達障害を早期に発見し，発達支援を行うことの重要性をふまえ，包括的かつ総合的に発達障害児（者）の支援を展開するための役割が明確化されている。

〈引用文献〉
ベネッセの介護相談室（2023）．アドボカシー（権利擁護）．
　　https://kaigo-sodanshitsu.jp/usefulinfo/words/a/advocacy/
伊藤絵美（2011）．ケアする人も楽になる認知行動療法入門Book1．医学書院．65．
厚生労働省（2019）．ニート，ひきこもり，不登校の子供・若者の支援等」に係る関係府省提出資料．
　　https://www8.cao.go.jp/youth/suisin/yuushikisya/k_4/pdf/s4-1.pdf
厚生労働省（2021）．ひきこもり経験者の社会参加の事例集．
　　https://www.mhlw.go.jp/content/12000000/000774148.pdf
厚生労働省．精神保健福祉センター運営要領について．
　　https://www.mhlw.go.jp/web/t_doc?dataId=00ta4628&dataType=1&pageNo=1
厚生労働省．ひきこもり支援推進事業．
　　https://www.mhlw.go.jp/stf/seisakunitsuite/bunya/hukushi_kaigo/seikatsuhogo/hikikomori/
厚生労働省．障害者福祉：障害者自立支援法のあらまし．
　　https://www.mhlw.go.jp/bunya/shougaihoken/service/aramashi.html
厚生労働省ほか．発達障害ナビポータル．　https://hattatsu.go.jp/
国立障害者リハビリテーションセンター．発達障害情報・支援センター．
　　http://www.rehab.go.jp/ddis/
Moxley, D. P. (1989). The Practice of Case Management. Sage Publications, Inc.（マクスリー，D. P.（著），野中　猛・加瀬裕子（監訳）（1994）．ケースマネジメント入門．中央法規）．
内閣府（2019）．令和元年版子供若者白書．内閣府．
野中猛（1997）．図説ケアマネジメント．中央法規．10-15．
大野裕（2010）．認知療法・認知行動療法治療者用マニュアルガイド．星和書店．1．
生活困窮者就労準備支援事業費等補助金社会福祉推進事業（2023）．ひきこもり支援における支援者支援のあり方に関する調査研究事業報告書．有限責任監査法人トーマツ．精神保健及び精神障害者福祉に関する法律．　https://elaws.e-gov.go.jp/search/elawsSearch/elaws_search/lsg0500/detail?lawId=325AC1000000123_20180401_428AC0000000065&openerCode=1
全国社会福祉協議会（2021）．障害福祉サービスの利用について．
中央労働災害防止協会（2010）．職場における自殺の予防と対応．中央労働災害防止協会．
上田敏（2005）．国際生活機能分類ICFの理解と活用．きょうされん．0-31．

第 **3** 章 ┃ 子ども家庭福祉分野と法制度

子ども家庭福祉

　公認心理師として子どもの福祉の場で活動する際には，その理念を理解しておくことが大切である。児童福祉法第1条には，「全て児童は，児童の権利に関する条約の精神にのっとり，適切に養育されること，その生活を保障されること，愛され，保護されること，その心身の健やかな成長及び発達並びにその自立が図られることその他の福祉を等しく保障される権利を有する」と記され，子どもが**子どもの権利条約（児童の権利に関する条約：第7章7.1節参照）**に示されている**権利の主体**であることが明記されている。そして，第2条には，子どもの意見が尊重され，子どもの最善の利益が考慮されなければならないと記されている。

　子どもが権利の主体者として成長発達することに対しては，保護者がまず責任を負う。しかし，常に保護者のいる家庭がそうした責任をまっとうできるとは限らない。そのため，国や地方公共団体は保護者とともにその責任を負うことになっている。つまり，子どもが健全に成長発達するためには家庭機能が重要と捉えられており，家族がその機能を失ってしまわないような予防的な支援体制と，その機能を失ってしまった場合の家庭機能の提供を行う支援体制をとることが目指されている。これは，家庭を，子どもの福祉を担う「主体」から支援の「対象」にしていく必要があるという視点である（柏女，2016）かつては児童福祉という用語が用いられてきたが，こうした観点が示される中で子ども家庭福祉という用語が用いられるようになった。

　子ども家庭福祉を成立させている法律には，先の児童福祉法以外にも，児童福祉法から母子保健に関する項目が独立した**母子保健法**，子どもへの

虐待の防止や関連する事項について定めた「児童虐待の防止等に関する法律（**児童虐待防止法**）」，障害者向けサービスについて定めている「障害者の日常生活及び社会生活を総合的に支援するための法律（**障害者総合支援法**）」等があり，子どもの最善の利益のための社会，またそのための家庭機能を支える制度を支えている。

2023（令和5）年4月に**こども基本法**が施行されている。子どもの権利条約の理念に則り，こどもに関する政策を総合的に推進することを目的にしている。こども施策に関する重要事項を審議・実施を推進する役割をもつ「こども政策推進会議」はすでに開催され，「こども大綱」の策定が始まっている。「こども大綱」は，これまで別々に作成・推進されてきた少子化社会対策大綱，子供・若者育成支援推進大綱及び子供の貧困対策に関する大綱を1つに束ね，こども施策に関する基本的な方針や重要事項等を一元的に定めるものである。作成に当たっては，当事者等の意見を反映させることになっており，今後の進捗が期待される。

さて，福祉の現場において，公認心理師が子どもたちや妊産婦と関わる場はさまざまにある。身近な地域サービスでは保育所や児童発達支援センター，子育て世代包括支援センターや子ども家庭総合支援拠点，より専門性の高い児童相談所といった支援の場がある。また，さまざまな事情から家庭で必要な養育が得られない子どもたちに対する代替養育の場としての里親や乳児院，児童養護施設，障害児入所施設，児童心理治療施設，児童自立支援施設などが支援の場となっている。**表3.1**に主な施設等について概要を示した。「公認心理師の活動状況等に関する調査」（日本公認心理師会，2021）によれば，非常勤も含めると表に示した施設等のほとんどすべてにおいて公認心理師が働いている。福祉施設それぞれに役割がある。公認心理師は，次章以降で詳細に説明される施設や実施事業を理解し，心理学の専門的知識や技術を用いて対象となる方々に貢献していくことが求められる。

〈引用文献〉
柏女霊峰（2016）．子ども家庭福祉学とは何か．総合福祉研究，21，29-42．
日本公認心理師会（2021）．公認心理師の活動状況等に関する調査

1　2024年4月からは2つの支援機関を一本化し，「こども家庭センター」として自治体に設置の努力義務が課されている。

表3.1 主な福祉施設

施設等	役　割
助産施設	保健上必要があるにもかかわらず，経済的理由により，入院助産を受けることができないために入所した妊産婦の助産を行う
子育て世代包括支援センター	母親と乳幼児の健康の保持増進に関する包括的な支援を行う。そのために，実情の把握，相談の受付，保健指導，他機関との連絡調整を行う
保育所	保育を必要とする乳児・幼児に保育を行う。保護者からの相談を受ける。保育に関する情報を地域住民に提供する。地域住民からの乳児，幼児等の保育に関する相談を受け，助言を行う
幼保連携型認定こども園	義務教育及びその後の教育の基礎を培うものとしての満3歳以上の幼児に対する教育及び保育を必要とする乳児・幼児に対する保育を一体的に行う。保護者に対する子育ての支援を行う
保健所・保健センター	母子保健機関であるが，子ども家庭福祉においても重要な施設である。親子の健康の保持増進を目的にし，健康診査を実施し，妊娠期から子育てにかかる相談に応じている
児童発達支援センター	主に未就学の障害のある子ども又はその可能性のある子どもに対し，日常生活における基本的動作の指導，独立自活に必要な知識や技能の付与又は集団生活への適応のための訓練を行う。通所形態で支援を行う
市区町村子ども家庭総合支援拠点	コミュニティを基盤にしたソーシャルワークの機能を担い，すべての子どもとその家庭及び妊産婦等を対象として，その福祉に関し必要な支援に係る業務全般を行う。子ども及び妊産婦の福祉に関して支援を行うために必要な実情の把握，情報の提供，家庭その他からの相談等への対応，総合調整を行う。特に，要支援児童及び要保護児童等並びに特定妊婦等に関しては，支援拠点が中核となって必要な支援を行う
母子生活支援施設	独立して生活することが困難な母子世帯に居所と支援を提供し，自立に向けた生活支援を行う。また，退所後の相談援助を行う。地域の住民に対して，児童の養育に関する相談に応じ，助言を行う
児童家庭支援センター	地域の児童の福祉に関する問題全般のうち，専門的な知識及び技術を必要とする相談に応じ，必要な助言を行う。また，市町村の求めに応じて技術的助言その他必要な援助を行う。児童相談所から委託を受けて児童・保護者への支援を行う。児童相談所，児童福祉施設等との連絡調整等を行う

表3.1　主な福祉施設（つづき）

施設等	役割
児童相談所	児童及び妊産婦の福祉に関し，広域的な実情の把握，専門的な知識及び技術を必要とする事例への対応，市町村の後方支援を行う。基本的な機能として，市町村援助機能・相談機能・一時保護機能・措置機能がある。相談機能については，大きく養護相談・障害相談・非行相談・育成相談・その他の相談に分類される
乳児院	家庭での健全な成長発達が困難な乳児（必要な場合は幼児）を養育する居住の場。また，退院後の相談援助を行う。地域の住民に対して，児童の養育に関する相談に応じ，助言を行う。家庭の状況に応じ，家庭環境の調整を行う
児童養護施設	家庭での健全な成長発達が困難な児童（必要な場合は乳児）を養育する居住の場。また，退所後に相談援助を行う。地域の住民に対して，児童の養育に関する相談に応じ，助言を行う。家庭の状況に応じ，家庭環境の調整を行う
福祉型障害児入所施設	障害のある児童が日常生活の介護や日常生活・社会生活を送るための訓練や支援を受ける居住の場。また，家庭での健全な成長発達が困難な障害のある児童が養育の提供を受ける居住の場
医療型障害児入所施設	医療法における病院の指定を受けている。障害のある児童が日常生活の介護や日常生活・社会生活を送るための訓練や支援，治療を受ける居住の場。また，家庭での健全な成長発達が困難な障害のある児童が養育の提供を受ける居住の場
児童心理治療施設	家庭環境，学校における交友関係その他の環境上の理由により社会生活への参加が困難となった児童に，短期間入所にて社会生活に参加するために必要な心理に関する治療及び生活支援を行う居住の場。通所による支援もある。退所後に相談援助を行う。地域の住民に対して，児童の養育に関する相談に応じ，助言を行う。家庭の状況に応じ，家庭環境の調整を行う
児童自立支援施設	不良行為をなし，又はなすおそれのある児童及び家庭環境その他の環境上の理由により生活指導等を要する児童に，入所にて個々の状況に応じた自立支援を行う居住の場。通所による支援もある。また，退所後に相談援助を行う。地域の住民に対して，児童の養育に関する相談に応じ，助言を行う。家庭の状況に応じ，家庭環境の調整を行う

第4章 子育て支援と発達相談

　わが国では少子化が進み，子育て世帯の減少，一家庭の子どもの数が減ったことを背景に，厚生労働省によって子育て支援の総合計画，いわゆるエンゼルプランが1995（平成7）年から実施され，その後母子保健や相談事業を加えた新エンゼルプランが1999（平成11）年に開始した。それ以降，子育て支援に焦点を当てたさまざまな支援施策が行われている。その1つ「健やか親子21」では，親子が豊かな人生を送れることを目標に，虐待予防の観点から子育て不安・ストレスの問題に取り組んでいる。例えば子育て支援に対応する市町村における「ネウボラ課」の設置や，それまでの保育園と幼稚園を統合し，さまざまな養育者のニーズに合わせた保育を目指した形の認定こども園の設置，子育て支援の充実（例えば，地域子育て支援拠点や，一時預かり等）が挙げられる。

4.1節　子育て支援とは

　一昔前の子育て支援は乳児期から就学までが主であったが，現在の子育て支援は妊娠中から出産を挟んで，乳児，幼児，学齢期と，胎児期からの切れ目のない包括的な支援を目指している。その実施のために，**母子保健法で子育て世代包括支援センター**が2017（平成29）年から設置される運びとなった（法律上の名称は母子健康支援センター）。保健所，児童相談所，子育て支援機関はもちろん，医療機関や支援に関わる民間機関・団体などが協力して，妊娠期からの子育てを支援していくことで，包括支援の体制構築が考えられている（**図4.1**）。「子育て支援」の対象は，子どもはもちろんであるが，養育者も含まれるようになった。「養育者」も以前は母親だけであったが，最近は父親も含まれた「両親」が対象となっているように，子育て支援は時代の変化に応じて変化している。就労している両親への子育て支援の1つである育児休業制度について，ユニセフ（国連児童基金）の報告書によれば，制度整備は先進国41か国中1位だが，取得率が低いこと，保育従事者の社会的立場の低さが言及されている（ユニセフ，2021）。従来の母親だけの

育児から，母親と父親が協力し合って子育てすることが勧められているが，働く夫婦において，育児休業の利用者はほとんどが母親であり（例えば佐々井，2013），その傾向は依然として大きく変化していない。

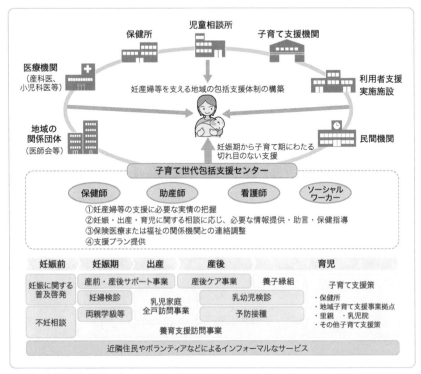

図4.1　母子保健施策としての子育て世代包括支援のイメージ図（こども家庭庁, 2023）

　これまで子育て支援は厚生労働省や内閣府などが担っていたが，わが国がその施策として子育て支援に力を入れていくことから，子どもを取り巻く行政を一元化するため，2023（令和5）年4月に**こども家庭庁**が設置された。こども家庭庁は「子どもに関する行政事務を一元化する」ことを目的としており，児童虐待，子どもの貧困，ひとり親支援，保育行政といった分野を担当していき，子育て支援はそこに含まれる。

　さて，**虐待相談**件数は年々増加しており，児童相談所の児童虐待相談対応件数が2022年には約22万件と過去最高となっている。特徴として「心理的虐待」の増加が挙げられる（**図4.2**）。乳児を育てている母親にインタ

ビューをしたときに，多くの母親が「一人で子育てをしており，一日中気が休まる時がない。自分だけのほっとする時間がない。虐待をする人の気持ちはわかる」と述べていた（日下部，2023）。すなわち，虐待は決して特別な親だけがするのではなく，孤立した育児や，心身の不調，ストレスなどが招くことでも起きる。虐待による死亡件数は乳児が最も多く，その加害者は母親が最も多いことから（こども家庭庁，2022），未就園児への支援の充実が重要である。その中でも社会・経済・心理的に課題を抱えている**特定妊婦**を確定し，適切な支援を行うことは喫緊の課題といえよう。

　子育てに困難を抱える世帯がこれまで以上に顕在化してきている状況等をふまえ，市町村における児童福祉および母子保健に関し包括的な支援を行うこども家庭センターの設置の努力義務化，子ども家庭福祉分野の認定資格創設，市区町村における子育て家庭への支援の充実等を内容とする「児童福祉法等の一部を改正する法律」が2022（令和4）年6月に成立した。

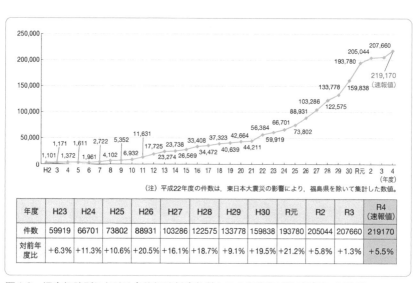

（注）平成22年度の件数は，東日本大震災の影響により，福島県を除いて集計した数値。

年度	H23	H24	H25	H26	H27	H28	H29	H30	R元	R2	R3	R4 (速報値)
件数	59919	66701	73802	88931	103286	122575	133778	159838	193780	205044	207660	219170
対前年度比	+6.3%	+11.3%	+10.6%	+20.5%	+16.1%	+18.7%	+9.1%	+19.5%	+21.2%	+5.8%	+1.3%	+5.5%

図4.2　児童相談所における虐待相談対応件数とその推移（こども家庭庁，2022）

A. 妊娠から出産直後までの支援

　出産前からの子育て支援は主に**母子保健**として行われている。その大きな柱の1つが妊婦健診に始まる，出産後の1歳6か月児健診，3歳児健診までの一連の流れとしての産後ケア事業である。妊婦健診は妊娠初期から始まり，分娩までその時期に応じて，全体で14回程度の受診が望ましいとされており，2015年以降は，すべての市区町村において，公費負担で受けることができるようになっている。このような妊婦健診と同時に，妊娠中に自治体あるいは病院（産科，産婦人科）によって「両親学級」が実施されている（**表4.1**）。そこでは，妊娠中はもちろん出産後についての身体的なケア，出産時の注意，出産後の例えば新生児ケア，沐浴，授乳の仕方等が学べるようになっている。講師は保健師，助産師，栄養士等が担っている。最近は妊娠前の支援も行われており，その1つに不妊相談がある。不妊相談はこども家庭庁が中心となり，全国に不妊専門相談センターが設けられてその支援を実施しており，2022年4月からは不妊治療が保険適用となっている。不妊治療には医療的治療に加え，心理カウンセラーによる相談をしているセンターも散見される。

　もう1つは妊娠に関する普及啓発である。WHOは2012年に「プレコンセプションケア（妊娠前の女性とカップルに医学的・行動学的・社会的な保健介入を行うこと）」の重要性を指摘しており，妊娠出産における女性の心身の健康はもちろんであるが，幼少期の子どもの愛着形成に影響することから，結婚した男女に加えて，若年層も含めてさらなる普及・教育が待たれる（荒田，2023）。さらに妊婦の中でも特定妊婦（**表4.2**）の問題が最近大きく取り上げられており，他の妊婦と比べて，より手厚い支援が必要とされている（日下部，2023）。特定妊婦は乳児への虐待予防の観点から，児童福祉法（2009）において定義され，その支援の必要性が明らかとなっている。

　出産後に病院・産院等から退院した母子に対して子どもの発達に加えて，母親の心身のケアや育児サポートを行う産後ケアも自治体によって行われている。退院直後に，家族等から十分な家事や育児の支援が受けられない産婦と新生児のうち，心身に不調や育児不安がある母親を対象として，宿泊・デイサービス・アウトリーチの形態で実施されている。このような支援は，その内容に応じて助産師，保健師または看護師が担当している。心理的ケアやカウンセリングも含まれているが，公認心理師をはじめとした心理職は実施

者に含まれていないことがほとんどである。

表4.1　両親学級の内容の一例

> **1）自治体が中心で行っている場合**
> ・妊娠中から出生までについて，母乳育児・授乳について，沐浴について，分娩・出産・産後についてなど，幅広くさまざまな情報を提供
> ・参加者は両親，あるいは母親だけなど，保健師が主に担当し，内容により専門家が講師
>
> **2）病院，産院，助産院が行っている場合（立ち合い出産を希望する父親は参加必須の場合もある）**
> ・1）と同様の内容もあるが，分娩・出産時への準備，心構えや注意等を中心にしていることが多い
> ・助産師が主に担当

表4.2　「特定妊婦」と判断される目安となる状況例（厚生労働省, 2016a）

> ・妊婦が18歳未満，あるいはパートナーが20歳未満
> ・未婚／パートナーがいない
> ・母子健康手帳が未交付
> ・妊婦健康診査を未受診，あるいは定期的に受けていない
> ・産みたくない，あるいは育てる自信がない，妊娠について悩みがある
> ・出産準備をしていない，育児への不安が強い
> ・精神科の受診歴，相談歴がある
> ・心身に障害がある（あった）が，適切な治療がされていない
> ・被虐待歴がある
> ・理解力，コミュニケーションに問題がある
> ・経済的困難，妊娠・出産・育児に関する経済的不安
> ・サポートしてくれる人がいない，社会で孤立している

B. 乳幼児期から学童期の子育て支援

　乳幼児期からの「子育て支援」施策の1つとして，自治体による**乳児家庭全戸訪問事業**が挙げられる。これは出産後4か月までの乳児がいる家庭を訪問し，情報提供や養育環境の把握，母親と乳児双方の状態把握等を主な内容とした子育て支援である。母親のメンタルヘルスの状態，特に**産後うつ病**あるいは抑うつ傾向に関しては，エジンバラ産後うつ病自己評価票（EPDS）を用いたスクリーニングが実施されている。この訪問事業は保健師を中心に，保育士，看護師，あるいは子育て経験のある人等が当たっている。この訪問によって，支援が必要であると判断された家庭については，医療機関や一時

預かり等必要に応じた支援につなげられている。

　核家族が多く，地域で子育てを支援する地縁が減少していること，また自分自身も核家族で育ち，自分の弟妹の育児を手伝うことなく，出産後の子育てに直面する人が多くなっている中，子育て支援は重要である。孤立しがちな妊産婦や養育者とその家族をサポートするための支援事業も行われている。例えば地域の児童館で子育ての悩み，幼稚園や保育園に関する相談したり，利用できる子育て支援情報を得たりすることが可能である。また，幼稚園や保育園などで，要支援者を対象に施設を開放（例えば園庭開放）する，保育士が子育て相談にのる等の支援を行っている。

　さらに，未就学児や小学生の養育者，保護者のフルタイム就労，あるいはパートタイム就労をしながらの子育てを支援する施策の1つとして，延長保育や放課後児童クラブなどの活用も広まっている。加えて，急な用事や，短期のパートタイム就労のようなことに加えて，養育者がリフレッシュしたいときに，保育所などでの一時預かりや短期預かり，あるいは家庭で子どもを預かる，自宅で世話をする等の支援も行われており，母親の社会からの孤立を防ぐことや，自分の時間が作れないなどのストレス軽減に一定の効果があると考えられる。

4.3節 ｜ これからの子育て支援

　少子化，核家族化等で，両親，親族の子育て支援が難しくなった中，地域で新たな子育て支援ネットワークを構築することは重要である。親族以外の仕事や地域等でのネットワークでの交流者が多いほど，手段的支援だけでなく情緒的支援も多く受けており（久保，2001），孤立している妊婦，養育者に子育て支援情報を伝えることは重要である。特に就労していない母親は，社会からの孤立や自分の時間のなさにストレスを感じているが（日下部，2023），抑うつ傾向が高いほど支援を求めることに抵抗感があることもわかってきており，心理職の介入が待たれる。地域の子育てに関わるリソースの利用によって，育児負担が軽減し，育児情報や子育てネットワークを得ることで，母親をエンパワメントすることができる（中谷，2014）。

　次に，異年齢児と遊ぶ機会の減少，遊び方を制限される公園の増加等を考えたとき，現在は児童館や幼稚園などの利用が多いが，都市公園を利用した育児支援活動は，育児支援の1つとして有効であろう。自治体によってはこ

のような活動が行われており，「広い屋外での遊び場の創出」，「子どもの体力・健康増進」，「環境教育」等に効果がみられるとの報告もある（宮地ら，2017）。

　さらに，「地域子育て支援拠点事業」に基づいて，自治体やNPOなどがさまざまな支援を行っているが，橋本（2018）がそれらの施設における支援状況をまとめたところ，利用者では，転勤・転居してきた家庭や，両親が就労している家庭，また発達の遅れや障害のある子どもの家庭の順で多かった。しかし，それ以外にも利用したい家庭，例えば専業主婦で子育てをしている人，母親が心身に問題を抱えているなど，幅広い家庭が利用できるような工夫が必要だと考えられる。住民票を届けていない，あるいは健診を受診しない者等も増えており，すべての親子の状況を自治体が確認できているとは言い難い。そのような確認できていない家庭で，育児放棄，虐待，幼稚園や保育園等への未就園児の存在など，支援を必要としている割合は高いと思われる。虐待予防の観点からも定期的な支援状況の見直しが必要である。

4.4節 ｜ 発達相談とは

　乳幼児の発達相談は，1937（昭和12）年に保健所法の制定から自治体の施策として開始された乳幼児健康診査（以下健診とする）事業として始まった。現在も全国の自治体で実施されている**3歳児健康診査**は1961年に，**1歳6か月児健診**は1977年に開始された。乳幼児健康診査の主となるこの2つの健診は，母子保健法第12条および第13条に基づいて実施されており，「法定健診」ともよばれる。法定健診以外にも，3-4か月児健診はほとんどの市町村で実施されており，次いで9-10か月児健診，6-7か月児健診，5歳児健診などが実施されているが，法定健診は市区町村が実施しており，それ以外は自治体及び病院が実施機関となっている。1歳6か月児健診と3歳児健診の受診率はどちらも95％前後で推移している。この2つの健診では，**表4.3**にあるように，全身発育に異常がないか，栄養状態に問題がないかといった身体的な問題の有無が検査される。3歳児健診では，1歳6か月児健診の健診内容に，目，耳，鼻，咽喉の検査項目が加わる。また，身体発育に加えて精神発達，すなわち精神発達の状況，言語障害の有無，育児上問題となる事項を明らかにすることも含まれている（**表4.4**）。基本的な事項は自治体による違いがないが，例えば養育者のメンタルヘルスや子育て状況など自治体によって異なる検査項目も含まれている。健診は心身の発達に障害や

表4.3　1歳6か月児健診と3歳児健診の健診内容（厚生労働省，2016b）

1歳6か月児健診	3歳児健診
①身体発育状況	①身体発育状況
②栄養状態	②栄養状態
③脊柱及び胸郭の疾病及び異常の有無	③脊柱及び胸郭の疾病及び異常の有無
④皮膚の疾病の有無	④皮膚の疾病の有無
⑤歯及び口腔の疾病及び異常の有無	⑤眼の疾病及び異常の有無
⑥四肢運動障害の有無	⑥耳，鼻及び咽頭の疾病及び異常の有無
⑦精神発達の状況	⑦歯及び口腔の疾病及び異常の有無
⑧言語障害の有無	⑧四肢運動障害の有無
⑨予防接種の実施状況	⑨精神発達の状況
⑩育児上問題となる事項	⑩言語障害の有無
⑪その他の疾病及び異常の有無	⑪予防接種の実施状況
	⑫育児上問題となる事項
	⑬その他の疾病及び異常の有無

（市区町村における子育て支援施策及び母子保健施策の概要，厚生労働省，2023 より一部抜粋）

疾病・異常がある場合の早期発見・早期対応によって，心身障害の進行を未然に防止することを目的としている。

　自治体によって健診の実施形態には多少の違いがあり，健診では，養育者からの聴き取りや検査内容を保健師や医師が実施し，有所見者が発達相談を行うことが必要とされる。こどもの精神発達，母親の心身の状況および育児環境等が身体的項目と同時にチェックされ，「要精密」「要相談」となった家族に発達相談は実施される。チェック項目には問題がなくても，言語の遅れや発達障害等，子どもの発達状況に不安を抱く（両）親の希望で発達相談を受けることも可能である。自治体によっては，健診当日に保健師，医師の検査と併せて心理職が発達相談を実施していることもある。健診の場で実施されない場合は，後日予約制で心理職の相談を受けるようにされていることが多い。

　ところで，小学校・中学校における特別支援学級在籍者数は2009年度の約13万5千人と比べ，2023年には約27万8千人と約2.1倍に増加している。また通常学級に所属して通級指導を受けている人数も2.5倍に増加している。小中学校における，**発達障害**（LD・ADHD・高機能自閉症等[1]）の児童生徒の在籍率は6.5％程度（文科省，2018）であり，発達障害をもつ児童生徒への対応は教育における1つの課題となっている。特別支援学級で

は，「自閉症・情緒障害」学級の在籍者数が，通級では，注意欠如多動症，学習障害，自閉症・情緒障害の児童生徒数が急増している。このような状況を受け，小学校入学時から児童の状況に応じた教育が行われるべく，5歳児健診を実施する自治体が増加している。小学校入学を前に発達相談を希望する家庭も増えている。

表4.4　乳幼児健診における標準的な精神発達や子育て状況等に関わる健診項目一覧（厚生労働省）

子どもの精神・神経発達（一部抜粋）
・周りの人の身ぶりや手ぶりをまねしますか。 ・何かに興味を持った時に，指さしで伝えようとしますか。 ・周囲の人や他の子ども達に関心を示しますか。 ・相手になると喜びますか。
親（主な養育者）や子育ての状況
・1歳半から2歳頃までの多くの子どもは，「何かに興味を持った時に，指さしで伝えようとする」ことを知っていますか。 ・あなたの最近の心身の調子はいかがですか。 ・お母さんはゆったりとした気分でお子さんと過ごせる時間がありますか。 ・お子さんのお父さんは，育児をしていますか。 ・あなたは，お子さんに対して，育てにくさを感じていますか。 ・地域の子育てサークルや子育て支援機関を知っていますか。 ・育児は楽しいですか。

発達検査

健診後の発達相談は，健診時の養育者が記入した調査用紙への回答，養育者の主訴，子どもへの発達検査結果，子どもの行動観察結果，養育者からの日常生活に関する聞き取りなどに基づいて実施される。また，乳幼児，児童の年齢により，主な相談内容も変化する。

自治体が行っている発達相談において，当該児の発達状況あるいは発達課題を明らかにするために用いられる主な検査は，**遠城寺式乳幼児分析的発達検査法，新版K式発達検査2020**のような発達検査と，**田中ビネー知能検査，**WPPSI知能診断検査やWISC-V知能診断検査等の知能検査が，年齢や検

1　ここにある発達障害は，文部科学省が行った調査で，学級担任を含む教員により判断された回答に基づいており，医師の診断によるものではない。

査目的によって用いられる（黒川，2021；瀬尾，2016）。また，病院では日本版デンバー式スクリーニング検査もよく使われている。

面接，行動観察，質問紙等によるアセスメントの結果，自治体の場合は「問題なし」か「要経過観察」「要治療（支援）」等に分けられる。経過観察では，数か月後にもう1度面談をしたり聞き取りをしたりする場合がある。要治療（支援）のときは，医療機関，療育施設，集団・個人のソーシャル・スキル・トレーニング，言語発達支援など，その子の状況に応じた施設等を紹介する。

4.5節 発達相談の実態

A. 乳児期の発達相談（育児相談）の内容

4か月健診では身体計測，内科健診が必須であり，身体の発達が主な健診項目となる。この時期の健診時，あるいはその後の相談内容で多いのは，子どもの発達に関する項目もあるが，その後の相談と比べると，養育や育児に関する相談が多いのが1つの特徴といえる（例えば平岩，2010）。例えば，寝つきが悪い，すぐ目を覚ます，夜泣き，抱いても泣き止まない，どうして泣いているのかわからない等がある。また，この時期は女性特有のうつ病である産後うつ病やマタニティブルー，育児不安や育児ストレス等，母親のメンタルヘルスに注意を払う必要があり，EPDSを実施している自治体もある。

B. 1歳6か月の発達相談の内容

1歳6か月児健診後の有所見の内容で最も多いのは言語発達の遅れである。言語発達は，**言語の表出と言語の理解**の2側面で発達の様子を確認していく（**表4.5**）。1歳6か月児健診の場合，有意語が3個以上出ていないと，「言語に課題あり」となる。健診の場では主に言語表出がチェックされており，発達相談の場面では表出と理解の両側面をアセスメントすることが求められる。言語表出に遅れがある場合，その原因として難聴，構音障害のような身体的な要因の場合もあるが，発達相談の場では，環境要因，自閉スペクトラム症の疑い等の要因が多い。面談・**行動観察**と検査を通して，その子の言語発達の遅れの要因を明らかにし，適切な支援につなぐことが求められる。また，相談場面だけでなく，家庭でどのように話しかけをしているのか，遊びながらの言葉がけはあるか，遊ぶときあるいは親に向かって喃語や発声はあるか

などを，聞き取りによって明らかにしていく。子どもの言語発達についての知識がなく，他児やその親との交流もないといった環境にあると，適切な話しかけ，あるいは言葉を発する以前の共同注視などがうまくできていないこともある。また，子ども自身に自閉スペクトラム症の傾向がある場合，表出だけではなく，対人関係にも課題があることが多く，家で一人遊びが多い，他児に関心がないなどがあるかを確認していく。特に2020年から2023年にかけてCOVID-19の影響で集団の発達支援事業が中断されていた時期は，言葉かけの仕方がわからない，他の子と比べられないので遅れているかわからないといった相談も多かった。

　また，検査項目には含まれていないが，検査場面での行動観察，家庭あるいは保育園等での状況から，かんしゃくの有無，転導性，多動性，目が合うか，応答性などにも注意をする必要がある。最近は，テレビや書籍，SNS等からの情報で，発達障害，特に自閉スペクトラム症や注意欠如多動症への不安を抱えて相談を希望する養育者も増えている。多動傾向，自閉傾向等で気になる行動がある場合にも，その子の発達をどのように支援していくかを考えていく。COVID-19の影響により他児との交流場面を見る機会が減少していた時期は特にそうであったが、その後も少子化、共働きの影響などで、他児と比較することが少ないなか、親が必要以上に心配している場合もあり、

表4.5　乳幼児の言語発達

時期	言語表出	言語理解
7か月〜9か月 1歳〜1歳6か月 2歳前後 2歳6か月〜3歳	喃語 有意語（1歳6か月で3語以上） 2語文，3語文を話す 自分の姓名が言える	「ダメ」がわかる 簡単な指示を理解する 鼻，髪，歯等を示す 大小，長短，色などがわかる

そのような親の不安に適切に対処することも求められている。

C．3歳児の発達相談の内容

　3歳児になっても，言語発達は発達相談の主な内容の1つである。この時期には，自分の姓名が言え，検査者との言語によるやり取りがスムーズかどうか，ごっこ遊び，おままごとなどができるかを検査の場で確認する。また，大小，長短，高低，色などがわかるようになるが，姓名も含め，これらのこ

とを尋ねて答えられるには，それらについて学んでいるか，認識できているか，言語表出できるかなど，さまざまな要因を含んでいる。

言語以外では，対人関係の問題も含めて，発達障害傾向の有無が相談内容のもう1つの内容となる。他児（きょうだいを含む）にちょっかいを出す，乱暴をする，かんしゃくを起こす，指示に従うことが難しい，極端に不器用，ルールが守れないといった目につきやすい問題は，家庭や保育園等でもいわゆる**「気になる子」**として保護者に伝えられることが多い。しかし，手がかからない，他児と問題を起こさない子の中に，一人遊びを好む，こだわりが多いといった自閉傾向の問題を抱えている場合がある。これらの子どもたちは親や保育士・幼稚園教諭の通常の関わり方では，その内容をうまく受け止めて理解する力が弱い，あるいは自分からの発信力が弱い場合があり，それらへの支援が必要となる。

発達相談の場は障害の有無を診断する場ではないので，面談やアセスメント等で課題を早期に発見し，早期に支援につなぐことで，心身の発達の課題を軽減することを目的とすることが大切である。また，そのことを養育者に理解してもらい，例えばペアレント・トレーニングのように親も一緒に支援していく視点をもつように促すことを目指す。

D. 5歳から児童期の発達相談の内容

5歳児健診の主な目的として，1歳6か月児，3歳児の健診内容に加えて，**「軽度発達障害」**児の早期発見・早期対応が挙げられる。ここでいう軽度発達障害には，注意欠如多動症（ADHD），学習障害（LD），高機能広汎性発達障害（HFPDD），軽度精神遅滞が含まれている（厚生労働省，2007）。就学を控えて，通常学級で問題ないのか，支援学級あるいは通級利用が必要かを検討する一情報としても，この時期の健診は重要であり，より多くの市区町村での実施が望まれる。

鳥取県で実施された5歳児健診におけるアンケート結果では，落ち着きのなさ，かんしゃくの多さ，指示の入りにくさは保護者の困っている代表的な「問題行動」であった（厚生労働省，2007）。健診（1,015名）の結果，軽度発達障害児の出現頻度は9.3％，栃木県（1,056名）では8.2％であり，その半数以上が3歳児健診では発達上の問題を指摘されていなかったことからも，5歳児健診の意義があるといえよう。また，山口県で実施された健診における，対処時の診断・判断結果から，広汎性発達障害（PDD）が約

32％と最も多く，続いて高機能広汎性発達障害（約26％）であった。以上のことから，5歳児の発達相談では，発達障害についての検査結果に基づいた支援についての相談が主になると考えられる。正確なアセスメントに基づいて相談が行われる必要があることはいうまでもなく，アスペルガー症候群尺度（ASQ），CBCL（Child Behavior Checklist）などの検査が用いられているが，加えて行動観察（個人場面，集団場面），問診，医師の診察も必要となってくる。

4.6節　発達相談における心理職の役割

　乳幼児期の子どもを対象に発達相談を行うにあたって忘れてならないのは，発達には個人差があることである。例えば表出言語の検査項目としては1歳6か月時点で「3個ぐらいの有意語がある」であるが，そのときに発達に遅れがあるとされても，そのときの発語の数と，言語に遅れのある状態が継続するかについては明らかな関係が認められていないことが多い。そこから，1つの遅れだけに注目せず，言語理解，指示理解，あるいは身体等を含んだ全体の発達をみていくことが必要である。

　発達相談においては適切なアセスメントと，その場での行動観察を当該児に実施することが基本であり，実施する検査に習熟していることはいうまでもない。ただし，乳幼児の場合，検査場面において人見知りや場所見知りのため検査を実施することが難しい場合がある。保護者への聞き取りにおいて，適切な質問によって，子どもの発達における課題を読み取るようにすることも必要となる。

　発達相談は子どもの発達の気になる点を明らかにして，支援の有無を検討していくことが中心となる。しかし，発達相談は子育てをしている（両）親も相談対象であることを忘れてはならない。検査結果を伝えるときに，子どもの発達の遅れや障害に気づいているのか，あるいは受け入れ準備ができているのかを見極めながら，親の気持ちに寄り添った結果や支援についての話をすることが，その後の支援へのスムーズなつながり，ひいては子どもの発達に関与する。

　虐待，ストレス等，養育者の心理的な課題への対応が増加している中，心理職の対応への期待は大きいが，市町村で正規雇用されている比率は高いとはいえず，ほとんどが非常勤の相談員として働いている。しかし，今後地域

保健の現場において，発達相談，心理カウンセリングはもちろん，虐待対応，危機的状況への対応，課題のある当事者を取り巻く人々への対応が求められていくとき，心理職が常勤として配属される必要性は高くなると推測される。

〈引用文献〉
荒田尚子（2023）．日本で必要なプレコンセプションケアとは？．女性心身医学，27，236-237．
橋本真紀（2018）．包括的な子育て支援体制における地域子育て支援拠点事業の可能性．社会保障研究，3（2），256-273．
平岩幹男（2010）．乳幼児健診ハンドブック　発達障害のスクリーニングと5歳児健診を含めて．診断と治療社．
こども家庭庁（2022）．令和4年度児童虐待相談対応件数．
こども家庭庁（2023）．母子健康施策の動向について．
厚生労働省（2007）．軽度発達障害児に対する気づきと支援のマニュアル．
　　https://www.mhlw.go.jp/bunya/kodomo/boshi-hoken07/
厚生労働省（2016a）．要支援児童等（特定妊婦を含む）の情報提供に係る保健・医療・福祉・教育等の連携の一層の推進について．
厚生労働省（2016b）．市区町村における子育て支援施策及び母子保健施策の概要．
久保桂子（2001）．働く母親の個人ネットワークからの子育て支援．日本家政学会誌，52（2），135-145．
黒川徹（2021）．遠城寺式乳幼児分析的発達検査法について．認知神経科学，23（2），45-51．
日下部典子（2023）．特定妊婦への支援に関わる一考察．福山大学人間文化学部紀要．
宮地創・市村恒士・金岡省吾（2017）．都市公園を活用した子育て支援サービスの現状．ランドスケープ研究，80（5），627-630．
文部科学省（2018）．特別支援教育の現状　参考資料10（令和元年5月1日現在）．
中谷奈津子（2014）．地域子育て支援拠点事業利用による母親の変化―支援者の母親規範意識と母親のエンパワメントに着目して―．保育学研究，52，319-331．
佐々井司（2013）．子育て環境と子育て支援．人口問題研究，69，35-52．
瀬尾亜希子（2016）．発達障害のアセスメントに用いる発達検査・知能検査．小児保健研究，75，754-757．
ユニセフ（2021）．先進国の子育て支援の現状（Where Do Rich Countries Stand on Childcare?）．

第5章 発達障害の早期支援

5.1節 発達障害とは

　わが国の発達障害支援に係る法的な根拠の1つに，2014（平成26）年に制定された**発達障害者支援法**がある。第2条において，発達障害は以下のように定義される。

〔発達障害者支援法：発達障害の定義〕

第2条　自閉症，アスペルガー症候群その他の広汎性発達障害，学習障害，注意欠陥多動性障害その他これに類する脳機能の障害であってその症状が通常低年齢において発現するもの

　2022年に文部科学省が行った調査によると，通常学級に在籍する小中学生のうち，発達障害の可能性がある児童生徒の割合は8.8％（文部科学省，2022）であり，支援を要する子どもの数はかなり多い可能性がある。ただし，この「発達障害」は，行政的，法律的に定義されたものであり，最新の学術的な定義とはずれが生じている点に留意しなければならない。医療現場等で精神疾患の診断基準として用いられる『DSM-5-TR 精神疾患の診断・統計マニュアル（2023）』においては，これまで自閉症，アスペルガー症候群，その他の広汎性発達障害と個別の診断がなされていた疾患が，自閉スペクトラム症（autism spectrum disorders：ASD）に統合された。またASDや注意欠如多動症（attention deficit hyperactivity disorder：ADHD），限局性学習症（specific learning disorder：SLD）を含む疾患群を**神経発達症**と称することや，それぞれの神経発達症はたがいに併存しうることが明記されるなど，改訂が進められた（**図5.1**）。公認心理師として支援にあたる際には，研究の発展や診断基準等の改訂など，常に最新の学術的なエビデンスを参照する必要がある。

図5.1　DSM-5-TRにおける神経発達症群の概要

　また，神経発達症の医学的診断には，症状の有無だけでなく，「これらの症状が社会的，職業的，またはその他の領域における現在の機能に臨床的な意味のある障害を引き起こしている」という事実が必要となる。公認心理師として支援にあたる際にも，障害や特性といった個人内要因と，周囲の環境や関わり，支援といった環境要因との相互作用により障害の度合いが変化することを理解し，生物心理社会モデルを前提に障害を捉えていくことが求められる。よって，障害特性のある本人のみならず，本人を取り巻く家族や支援者を含む環境を心理支援の対象と捉えていくことが必要となる。

発達障害の症状

　ASDは，こだわりや興味の幅の狭さ，社会的なコミュニケーションの困難さなどが特徴の先天的な脳の機能障害である。DSM-5-TR（2023）によると，男児の比率が多く，早期より特徴的な行動が示され，2歳前後（知的発達症の併存がある場合には，1歳以前）より明らかな症状がみられる。12〜24か月の間に，言語や社会性に関わる発達の退行がみられる場合もあり，これは「折れ線型（石井，1971）」といわれ，他の疾患においてはまれな現象である。

　診断基準の整備やスクリーニングの精度の向上の影響もあり，ASDの数

は年々増加傾向にある。例えば、米国の疾病対策予防センターが実施した調査（Baio et al., 2018；Maenner et al., 2023）によると、2014年の8歳時点での有病率は59人に1人（1.7%）であったが、2020年の有病率は36人に1人（2.8%）まで増加していた。Saitoら（2020）の日本における調査では、5歳時点での有病率は3.22%であった。また、ASDのある子どもの実に88.5%に他の神経発達症が少なくとも1つ併存しており、そのうち知的発達症の併存は36.8%であった。

ADHDは、不注意や衝動性・多動性を主な特徴とする障害である。発達水準に一致しない注意の持続の困難さや、落ち着きのなさ、行動の抑制困難といった特徴が持続的に現れる。DSM-5-TR（2023）によると5%程度の発症率とされ、男児の比率が多い。就学前は主な行動特徴としては多動傾向が目立つが、小学校年齢以降は、不注意傾向がより目立ってくるのに対し、行動上の顕著な多動は軽減していく傾向があるとされる。『注意欠如・多動症―ADHD―の診断・治療ガイドライン第5版（2022）』に「ADHDの治療・支援は環境調整に始まる多様な心理社会的治療から開始すべきであり、薬物療法ありきの治療姿勢を推奨しない」と明記されている通り、早期からの心理社会的な支援が重要とされる。

SLDは、読み、書き、計算に係る学習や技能の使用に限局した困難さを持続的に呈する障害である。DSM-5-TR（2023）によると、英語圏では5%程度の発症率とされ、男児の比率が多い。わが国では統計的な調査が不足しているが、文部科学省（2022）の調査では、学習面に著しい困難を抱える生徒の割合は6.5%であった。

ADHDやSLDは、未就学期の確定診断は困難であることが多く、多くの場合学齢期に同定される。しかし、適切な支援がない状態が継続すると予後に影響があるため、診断前より可能な限り早く特性把握を行い、支援を開始することが望ましい。特に就学への移行支援においては、学校場面での困りごとや困難さを予測し、学校関係者への情報共有や、予防的な観点での支援への接続を行うことで、2次障害を防ぐ視点が必要である。

5.2節　発達障害の早期発見・支援の制度

A. 発達障害の早期発見

早期発見において重要な役割を果たすのは、各自治体の保健センターが管

轄する乳幼児健診である。日本臨床心理士会が2012年に行った調査によると，約8割の自治体が乳幼児健診において発達障害のスクリーニングを行っていると回答した（日本臨床心理士会，2014）。わが国では，高い受診率を誇る乳幼児健診のシステムを軸に，早期発見の整備が進んできたといえる。乳幼児健診における発達障害のスクリーニングで特に重視されているのは，1歳半健診でのASDスクリーニングを的確に行い，早期に発達支援につなぐことである。自治体での活用が推奨されるASDの早期スクリーニングツールに，神尾（2005）が開発した日本語版M-CHAT（Modified Checklist for Autism in Toddlers）がある。16〜30か月の月齢で使用でき，簡便な23の質問項目で，保護者からの聞き取りにより，ASD特性を網羅的に確認することができ，一定の不通過項目があった場合にはフォローアップを行うことが定められている。

　乳幼児健診のスクリーニングで何らかの指摘を受けた後のフォロー体制は自治体によって異なる。健診での指摘が，そのまま発達支援の利用や医学的な診断等につながるわけではなく，多くは保健師や心理師による相談対応，親子教室，または何らかの保護者支援プログラム等を活用してフォローアップを行っていく。この段階では，保護者の発達支援へのニーズが顕在化していないことも多いが，そのような場合こそ，定期的に状況を確認し，親子教室や発達相談等への参加を呼びかけるなど，継続的・長期的なフォローを行うことが重要である。子どもの発達特性だけではなく，保護者の経済的困難や，メンタルヘルス，虐待を含む養育上の課題など複数のリスクが重複することもあるため，地域の社会資源や仕組みをよく理解し，保健師，児童福祉司，保育士など多職種連携を前提に支援にあたることも重要である。

B. 早期発達支援の制度

　早期発達支援を主に担うのは，児童発達支援事業所や児童発達支援センターである。これらは児童福祉法を根拠として都道府県または市町村が認可を行う，障害のある未就学児を対象とした障害児通所支援施設であり，2023年9月時点で全国に11,867箇所存在する（厚生労働省，2023）。認可を受けた施設は，人員配置や施設基準を満たし，かつ個別支援計画の策定や半年ごとの評価・記録を含む所定の書類の管理が求められる。利用者は，乳幼児健診や発達相談の利用等をきっかけに，自治体より障害児通所支援施設通所受給者証の発行を受けることで，1割負担または無料でこれらの施設

を利用できる。子どもや保護者のニーズ，医師や心理師等専門家の意見，自治体が定めるルールなどを基に支給日数が決定され，その日数の範囲で通える施設を利用することとなる。一般的な施設の利用方法の１つは児童発達支援施設を主たる所属先として毎日通園する方法であり，もう１つは保育所や幼稚園等への通園と並行し，月数回など低頻度で利用する方法である。

　なお，児童福祉法の第４条第２項に，「通所給付決定を行うに際し，医学的診断名又は障害者手帳を有することは必須要件ではなく，療育を受けなければ福祉を損なうおそれのある児童を含むものとする」と明記されている通り，通所受給者証の発行対象となる「障害児」は幅広く定義されている。診断前からの早期支援を想定した制度設計になっている点を理解し，可能な限り早く必要な支援につないでいかなければならない。

5.3節 発達障害のアセスメント

　公認心理師は，支援者や保護者から専門性の高い心理アセスメントを要請される立場である。心理アセスメントは当事者の生活の質（QOL）向上と質の高い支援提供を目的に実施するべきであり，そのためには，過不足なく情報を得られるアセスメント方法の選択や，正確に実施する技術の研鑽が必要である。また，標準化されたアセスメントツールだけでなく，面接や行動観察等を通じ多面的に情報を集めることも心理アセスメントの一部である。

A. 面接や行動観察を通じたアセスメント

　生活状況の把握については，保護者に対する聞き取りや母子手帳の参照等を通じ，乳幼児健診等での指摘事項，相談歴の確認，共同注意や模倣などの前言語行動の発達の状態，始語の時期，病歴等の生育歴を確認する。併せて，保護者の相談の主訴や，養育方針，家庭での１日の生活スケジュールや困りごとも把握しておく必要がある。行き帰りの場面や，簡単な親子遊びの場面での行動観察を通じ，親子間でのやりとりの様子も確認するとよい。

　所属している保育園や幼稚園等がある場合は，そこでの適応状況や困りごとの把握も重要である。場合によっては，保護者の同意を得て，園における聞き取りや行動観察を通じて，所属先での適応／不適応状況を把握する。

　発達障害は虐待のリスクが高いことや，虐待の２次的な症状として発達障害のような臨床像が呈される場合があることも念頭においておくとよい（杉

山, 2006)。複数のリスクや課題が重なっているケースでは，関連機関と連携をとりながら，保護者の養育困難感や困りごとを丁寧に聞き取り，家庭内でのこれまでの取り組みを支持しながら，保護者の相談や支援を利用するための意欲や動機づけを高めることを目指した関わりを行うことが重要である。

B. アセスメントの領域

アセスメントの対象となる主な領域として，発達障害特性，認知機能，生活への適応行動，そのほか感覚特性や家族関係等がある。以下に，領域ごとの特徴や一般的に用いられるツールについて簡潔に紹介する。

ⅰ) 発達障害特性のアセスメント

ASDやADHD等の発達障害特性は，保護者への半構造化面接や質問紙形式のアセスメントで評価できる。ASD特性は，3歳未満であれば乳幼児健診で用いられるM-CHATの結果を参考とする。3歳以上では，半構造化面接形式で行うPARS-TR 親面接式自閉スペクトラム症評定尺度を通じ，日常の困難の背景にASD特性が関連する可能性を検討する。ADHD特性については，5～18歳が対象のADHD評価スケールがある。保護者や教師への質問紙形式で，スクリーニングや重症度評価，診断等に用いられる。また，吃音・チック症・LD・DCD等の可能性に就学前に気づくためのチェックリストとしてはCLASP（check list of obscure disabilities in preschoolers）がある。

ⅱ) 認知機能のアセスメント

全般的な知的機能や発達水準については，個別式の発達／知能検査を用いる。言語や視覚認知，運動といった領域ごとの水準を評価することができ，個人内の強み（ストレングス）を明らかにすることにも役立つ。乳幼児期は，0歳から使用できる新版K式発達検査2020が，5歳以降は，WISC™-V知能検査がよく用いられる。特に，就学時の所属先の判断や特別支援教育の利用において，個別式の発達／知能検査の結果が求められることがあり，検査が実施できる場所や人材不足が課題となる地域は多い。公認心理師として，個別式検査を正確に実践し，結果を簡潔に所見にまとめ，ストレングスを軸にした支援方法を提案していくスキルが求められる。

ⅲ) その他の重要なアセスメント

子どもや保護者のニーズに応じ，適応行動，感覚特性，運動，不適応行動，保護者の養育傾向のアセスメントツールを組み合わせることで，より

包括的な支援が可能となる。

　適応行動のアセスメントは，特性や能力の評価ではなく，「日常で社会的行動や生活動作が実際にどの程度生起しているか」を評価する点が特徴である。障害特性や認知機能といった個人内要因のアセスメントに加え，日々の環境との相互作用における具体的な行動の発現程度を評価することで，当事者の生活に即した妥当性の高い支援計画につながる。代表的ツールとしては，日本版Vineland-II適応行動尺度やS-M社会生活能力検査第3版がある。いずれも乳児期から活用でき，保護者を対象に半構造化面接や質問紙形式で実施する。コミュニケーションや運動，身辺自立など複数の領域に分けて評価できる点も特徴である。

　感覚特性のアセスメントに活用できるSP感覚プロファイルは，全年齢対象であり，保護者の質問紙形式で実施する。感覚刺激への反応パターンとして低登録，感覚探求，感覚過敏，感覚回避の4領域を評価できる。

　運動機能のアセスメントに活用できる改訂版随意運動発達検査は，2〜6歳が対象で，運動パターンを幼児に模倣させ，運動発達の特徴を評価する。「手指」，「顔面・口腔」，「躯幹・上下肢」の3領域を評価できる。

　情緒や不適応行動に関わるアセスメントとしては，保護者への質問紙であるSDQ日本語版や行動観察で評定を行うABC-2異常行動チェックリスト日本語版がある。

　養育に関連するアセスメントとしては，養育傾向が評価できるPNPS肯定的・否定的養育行動尺度や，育児ストレスの評価ができるPSI育児ストレスインデックスがある。いずれも保護者への質問紙形式である。

C. アセスメント結果の活用

　心理アセスメントによる多様な情報を統合し，ケースフォーミュレーションを行い，本人の特性や行動上の特徴，生活上の課題，および環境をきめこまやかに把握したうえで，支援計画の策定を行う。

　厚生労働省が2017年に策定した児童発達支援ガイドラインでは，（1）健康・生活（2）運動・感覚（3）認知・行動（4）言語・コミュニケーション（5）人間関係・社会性の5領域にかかる支援の重要性が述べられている。アセスメント結果を基に支援計画を立てる際には，この5領域を包括的にみながら，明らかになったストレングスを軸に策定する。具体的には，苦手／できないことを支援目標とするのではなく，現状できかけていることや，少し

援助があれば達成できることを軸に計画を策定する。併せて，科学者－実践家モデルの実現のためには，定期的に支援の効果を測定し，次の支援計画の根拠とする必要がある。よって，支援計画は客観的な視点で達成評価が行えるものでなければならない。また，アセスメントを計画的に実施し，定期的に支援の効果や支援ニーズの把握を行い，支援計画を修正するサイクルを管理することも公認心理師の役割である。

5.4節 ## 早期発達支援

　支援目標の達成のためには，科学的根拠に基づいた支援を行うことが重要である。本稿では主に，ASDを対象とした早期発達支援の知見を紹介する。

A. 早期発達支援研究の変遷

　ASDの早期支援においては，**応用行動分析学**（Applied behavior analysis：**ABA**）に基づいた介入の成果が蓄積されてきた。

　ABAとは，米国の心理学者スキナー（Skinner, B. F.）によって創始された学問である。行動に着目し，環境の変数を分析することで，行動の「予測」と「制御」を行うことを目指した心理学であり，行動の因果を「個人の心の中」ではなく「個人と環境の相互作用」に求める点が大きな特徴である。行動の前後に起こることを分析し，操作することにより行動を変えることに焦点をあてる。例えば，適切な行動の後に，子どもにとって好ましい事象を提示することにより行動が増える「強化」や，行動の前後で刺激に変化がないことで行動が減少する「消去」の理論的枠組みを応用し，適切な行動の習得や増加，不適切な行動の減少を目的とした支援を行うものである。

　ASDの早期介入研究は，Lovaas（1987）によるABAの理論に基づいた高密度介入（Early Intensive Behavioral Intervention：EIBI）研究の成果とインパクトを皮切りに，飛躍的な発展を遂げた。複数の研究により，ABAに基づく週20～40時間のEIBIにより，ASD児の平均IQは20程度上昇し，約50％が知的に定型発達域に達するという結果が示された（Lovaas,1987；Dawson et al., 2010）。

　その後もさまざまな研究者が追試を行い，EIBIのタイプは多様化してきたが，その共通点をまとめた定義として，Maurice, Green & Foxx（2001）は①ABAの理論に基づき体系的に実施されるアプローチ，②でき

るだけ早期に（3歳までに）開始される，③1対1の個別指導が行われてから，他場面や人への般化手続きがとられる，④個別化され，包括化された多くのスキルを介入対象とする，⑤発達に基づく階層的なスキルが組み込まれている，⑥保護者の教育・支援と連携して行われる，等を挙げた。

　EIBIの効果は欧米を中心に明らかにされてきたが，高密度かつ長期的な支援が前提であった。また，構造化された環境で習得したスキルが他場面で十分に発揮されないといった「般化」の限界も指摘されてきた。このEIBIの限界を補う文脈から，遊びや日常生活場面を利用した，より社会性やコミュニケーションに焦点を当てたさまざまな早期療育プログラムの開発がなされ，それらは日常場面に近い環境での行動介入と発達カリキュラム・デザインを統合した日常環境発達行動支援法（Natural environmental developmental behavioral intervention：NDBI）アプローチとして体系化され，知能や社会性，遊び，言語などさまざまな指標の改善を示してきた（Schreibman et al, 2015）。ASD幼児に対する早期支援のレビュー研究でも，EIBIやNDBIは知能やコミュニケーションの改善に関する有効性が十分に確立されたアプローチとされている（Rogers & Vismara, 2008；Smith & Iadarola, 2015；Sandbank et al., 2020）。近年では，行動論的なアプローチに基づく発達支援の手法は，DTTとNDBIの両方の要素を組み合わせた統合的アプローチも模索されている。

B. 早期発達支援のアプローチ

i）離散型試行訓練（DTT）

　EIBIにおける介入の手法として多く用いられてきたのは，Discrete Trial Teaching（DTT）である。DTTは離散型試行訓練と訳され，構造化された環境で，机上での1対1での指導を基本とする。指示－反応－強化のラーンユニットを明確に区切り，短時間に素早くくり返し行うことで，さまざまな行動の獲得を促していく方法である（Smith, 2001）。DTTで介入対象とする行動は多岐にわたっており，共同注意や模倣といった前言語行動や，要求や命名といった言語・コミュニケーション，マッチングなどの視覚的な課題や，運動といった領域を含む。これらの多岐にわたる行動から，対象児の発達段階にあった標的行動を明確に定め，明確な手がかり刺激や，プロンプトという援助手続きを用いて標的行動を引き出し，その行動の直後に強化子を提示する。徐々にプロンプトを

フェーディング（段階的に減らしていくこと）することで，誤反応をさせずに，自発的な行動の習得につなげていく支援法である。

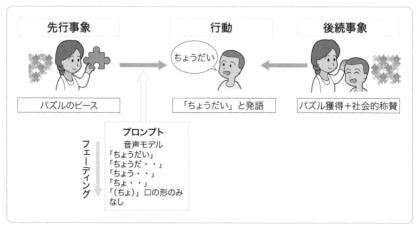

図5.2　パズルを使った要求行動の支援例

　パズルを使った要求行動の支援例を**図5.2**で説明する。はじめは「ちょうだい」の発語をプロンプトして引き出し，即座に強化子としてパズルを渡す。その後，プロンプトをフェーディングすることで，自発的な反応に導くプロセスをたどる。プロンプトをスモールステップで漸次的に減らしていくことで，無誤学習（エラーレスラーニング）を実現することもポイントである。

ⅱ）日常環境発達行動支援法（NDBI）

　NDBIは，遊びなどの比較的自由な環境の中で，多様な強化で行動が維持される動機づけの高い状態を保ちながら，環境内の多様な社会的手がかりに対する自発的な反応を引き出し，自然な強化を受ける機会を最大化する支援法といえる。DTTよりも自然な環境で実施しやすく，保育園といった集団場面でも実施しやすい点も強みといえる。Bruinsmaら（2020）は，NDBIに共通する指導方略として，①子どもが望む物や好む活動，または慣れ親しんだ習慣や日課にアクセスするために，自発的な行動または大人と相互作用しなければならないような環境を整える，②自然な強化やその他の意欲を高める方法を用いる，③新しいスキルの習得には，プロンプトおよびフェーディングを用いる，④モデリングを使用する，

⑤子どもの言葉，遊び，体の動きを大人が模倣する，⑥何らかの形で子どもが自発的に教えるエピソードを取り入れる，の6つを挙げた。

NDBIの1つであるPivotal Response Training（PRT）は，子どもとセラピストで主導権をシェアする形で療育を進められるため，子どもの動機づけが高い状態で効率的に学習を進めることができる。また，指導場面も日常に近く，標的行動もコミュニケーションの基盤となるような反応が中心となるため，着席など学習姿勢の確立を待たずに療育を開始でき，日常への般化がしやすい。このような特徴から，2歳前後からのより早期の支援にも適用可能であり，例えば，発達心理学をモデルにした支援方法である「早期支援デンバーモデル（The Early Start Denver Model：ESDM, Dawson et al., 2010）」においても活用されている。

C. 不適応行動のABC分析

早期発達支援の重要な役割の1つに，強度行動障害のリスク因子や重篤化プロセスを認識し，不適応行動に適切に対応する環境を整え，重篤化を予防することがある。重度知的障害とASDの併存は強度行動障害のハイリスク要因であり，不適応行動は環境との相互作用により重篤化することがわかっている。Inoue et al.（2022）が行った振り返り型の研究では，行動障害は年齢によって発現のタイプが変遷していく可能性を指摘し，幼少期は，特に睡眠や偏食で現れやすく，年齢を追うごとに他害やこだわりといった行動様式に変遷する可能性を示唆した。

不適応行動の対応については，Iwata et al.（1982，1994）により，行動が生起する意味を行動分析学の枠組みによって分析し，結果に基づいて援助する方略が体系化された。その方略は現在，機能アセスメントとよばれている（Matson, 2012）。

機能アセスメントは，機能分析，またはABC分析ともよばれ，特定の行動がなぜ起こるのかを理解するために行うプロセスである。その行動が果たしている機能を特定し，対象児のニーズを明らかにし，適切な支援を提供することに寄与する。具体的には，不適応行動を「A：行動の前の状況（先行事象）—B：行動—C：行動の後の状況（後続事象）」という3項随伴性の枠組みで整理し，記録をつけながら，行動の機能を同定していく。行動の機能は，行動を増やす後続事象（強化子）の種類により注目，回避，要求，感覚の4つに分類できるが，複数の機能が重複しうる点は注意が必要である。

表5.1 行動の4つの機能

機能	後続事象（強化子）	具体例（A：先行事象― B：行動―C：後続事象）
注目	他者の注目刺激が提示されること	A：保護者が電話中→B：物を投げる←C：保護者が電話を中断し叱責
回避	嫌悪事象が取り除かれること	A：苦手なプリント課題→B：破り捨てる←C：課題回避
要求	活動や事物を獲得にすること	A：お菓子売り場→B：寝転がり泣き叫ぶ→C：お菓子の獲得
感覚	感覚刺激そのもの	A：ドア→B：開閉する→C：蝶番の音や光の動き

　以下の保育園での事例をもとに，ABC分析の手順に沿って解説する。

保育園での事例

　自閉症の診断がある4歳のAは，ブロックや積み木が上手で，見本をみてその通りに作るのを好む。虫や車の絵本も好きで，時折遊びにいく年長児のクラスでは，そこにしかない図鑑をじっと読んでいる。

　そんなAだが，最近，1日に何回も手洗い場の水を出し，床や机をびしょ濡れにする行動があり困っている。集中して遊んでいると思い，職員が少し離れて他児に関わっていると，教室内の手洗い場に走っていき，蛇口をひねって水を出してしまう。真冬のため濡れるのを嫌がる子どもは多く，教室内が水浸しになり滑って危険でもあるので，毎回急いで駆け寄って「水だめよ」と制止している。その時はやめるが，また目を離すと「水だめよ！」と言いながら，手洗い場に行こうとする。別の気に入る遊びにうまく誘導できれば，やらなくなるが，なんだか以前より，頻度が増えているような気がする。

ⅰ）情報の収集

　対象の行動について，行動観察や記録，聞き取りなどを通じ，行動の頻度，時期，前後の具体的な状況の情報を集める。行動の背景や関連する環境要因，行動の発生に影響を与える可能性のある要因などについても，保護者や支援者から情報を収集する。相談内容の傾聴や共感を行いつつ，「どんな時によく行動が起きますか？（先行事象の確認）」「行動後，どのよ

うに対応していますか？（後続事象の確認）」「どのような／どれくらい行動がありますか？（行動の頻度や強度の確認）」といった質問を通じて，必要な情報を補う。

ⅱ）行動の分析

適応行動の発見　まずは，いまある適応行動を明らかにする。本事例では，Aはずっと水を出し続けているわけではなく，ブロックや積み木で集中して遊ぶ，図鑑を読むといった適切な遊び行動も報告されている。

機能の仮説形成　次に，情報を［先行事象―行動―後続事象］という3項随伴性の枠組みに当てはめ，不適応行動の機能について仮説を立てる。本事例の場合，子どもの「水を出す行動」の直後に，保育士の接近や注意といった刺激が提示されている。このように，他者の接近や注意といった刺激により行動が増えている場合は，行動の機能は「注目」と仮説を立てることができる。また，行動後には水の感触刺激が生起し，かつ新規の遊びへの誘導も行われているため，「感覚」や「要求」といった機能も重複する可能性がある。

ⅲ）介入の計画と実施

既存の適応行動への適切な強化の導入，不適応行動の事後的な支援，予防的支援，代替行動の獲得支援を計画する。支援は適応行動の拡大を目的に行うため，不適応行動を減らすための事後的支援は補助手段と位置づけ，適応行動を増やす予防的支援，代替行動獲得支援の計画と実行を優先する。

適切な強化の導入　まず行うのは，現状ある適応行動への適切な強化の導入である。本事例では，ブロック遊びや図鑑を読むといった既存の適切行動に対し，こまめな注目や関わりを行うことである。具体的には，「クワガタだね」等と一緒に図鑑の虫の名前を言う，ブロックでの制作物について質問する，「次は赤を使うんだね」など実況中継のように注目を示す等が挙げられる。

事後的支援　次に，不適応行動が生起した後の事後的支援を検討する。本事例は，職員制止による「注目」，水の「感覚」，遊びの誘導による「要求」の機能の仮説が立ったため，水を出しても制止をせず，遊びへの誘導も行わず様子を見るのが理論上の適切対応である。しかし，それでは水の感覚刺激は遮断ができず，本児や他児が濡れる，滑って転ぶなど健康や安全上のリスクもある。現場では子どもの安全管理が最も優先するため，事後的支援だけでは問題解決は難しい。また，行動レパートリー

が少ない子どもの場合，別の不適切な行動が生じることもあるため，次の予防的支援の計画が重要となる。

予防的支援　予防的支援とは，不適応行動を引き起こすきっかけとなった先行事象に着目し，操作することで，不適応行動を予防し，適切な行動を引き出すことを目的に行う（**図5.3**）。本事例でまず行うのは，物理的な環境整備の検討である。具体的には，手洗い場周りに子ども用の柵を設置する，使わない時間は元栓を閉めるといった対応を検討する。次に，職員が他児に関わることによる注目刺激の欠如を補うため，職員が一人遊び中も子どもに声掛け（注目）を定期的に行うという対応も行う。また，新たな遊びへの誘導による「要求」機能もあることから，自由遊び場面で本人が好む遊びの不足や飽きといった状況が先行事象となっていた可能性がある。そのため，本人が好む車や虫などを参考に，ブロック用の新規な見本シートをつくったり，年長児クラスの図鑑を教室に準備したりする工夫が考えられる。これらを，遊びに飽きたタイミングや，職員が他児に関わるタイミングで提示するのである。これら3つの工夫を行うことで，水出し行動を予防し，かつブロック遊びや図鑑読みといった適切な行動を引き出すことができる。

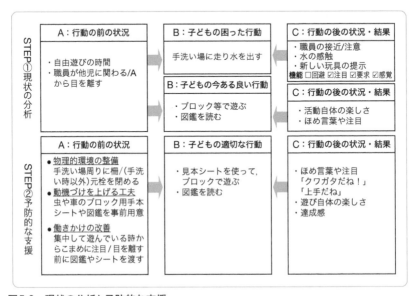

図5.3　現状の分析と予防的な支援

代替行動の獲得支援　子どもの生活の質を上げる視点から，要求行動や余暇につながる適応行動のレパートリーや頻度を増やす支援は非常に重要である。本事例では，自身で使いたい玩具の写真を選んで，保育者に要求する行動の獲得支援などが考えられる。代替行動の獲得支援（**図5.4**）においては，初めはふんだんにプロンプト（援助）を行い，徐々にそれをフェーディングするプロンプトフェーディングのアプローチを用いる。本事例では，要求対象物を確認してから，子どもの手をとって該当の絵カードに誘導するといったプロンプトが考えられる。保護者や支援者が無理なく取り組めるよう，可能な限り日常の自然な文脈で実施可能な手続きを設定することも重要となる。

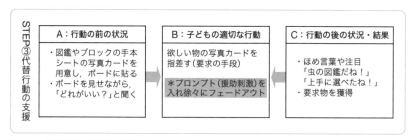

図5.4　代替行動の獲得支援

iv）記録と支援効果の検討

　支援計画を立て，それを実行する際には，不適応行動の生起頻度を数える，特定の場面・時間を定め行動の有無を0/1で評価するなど，行動について何らかの形で客観的に評価することが必要となる。また，支援の効果を検討できるよう，事前に達成基準を定めておくことも必要である。本事例では，自由遊び場面の水出し行動の有無を0/1で評価し，0が1週間続いたら達成といった基準を設ける等が考えられる。支援者が職務中に記録をとる必要がある場合には，記録が支援者の負担となることも忘れてはならない。記録の重要性や意義を丁寧に説明し，かつ可能な限り簡易で，つけやすい記録方法を検討し，記録用紙を作成するといった支援者への支援を行う必要がある。

ASD特性のある子どもを育てる保護者は，定型発達児の保護者だけでなく，ダウン症や知的発達症といった他の障害をもつ子どもの保護者よりも強いストレスを経験するとされる（Weiss, 2002）。2005（平成17）年に制定された発達障害者支援法や，厚生労働省が定めた「児童発達支援ガイドライン」においても家族への適切な支援の重要性が明記されているが，子どもの直接支援と並行して家族支援を行っていくことで，子どもへのより良い理解と関わり，そして家族全体の生活の質の向上を目指すことが可能となる。

家族支援においては，発達障害の特性に関する基本的な知識の提供が求められる。また，日常生活における特性に合わせたコミュニケーションの取り方や，癇癪やこだわりといった困りごと対応の技術を伝えることも重要である。その他，同じ悩みをもつ保護者同士のつながりづくりや，ライフステージをまたいだ情報の連携支援等も重要な家族支援となる。

A. ペアレントトレーニング

わが国では，行動理論を軸に，望ましくない行動に対処するための分析方法や，ポジティブな強化や，予防的な対応策等を伝える**ペアレントトレーニング**の充実が図られてきた。ペアレントトレーニングとは，保護者や養育者を対象に，行動理論をベースとして環境調整や子どもへの肯定的な働きかけについて，ロールプレイやホームワークを通して学び，保護者や養育者のかかわり方や心理的なストレスの改善，お子さんの適切な行動を促進し，不適切な行動の改善を目ざす家族支援のアプローチの1つである。

日本発達障害ネットワーク（2019）によると，ペアレントトレーニングは，「講義，演習，ロールプレイ，ホームワーク等によって，グループ（集団）で，行動理論に基づく子どもへの関わり方をステップバイステップで（つまり，系統的，連続的に）学べる機会を提供するプログラム」と定義されており，自治体や障害児通所支援施設だと5～8回程度の連続講座として実施される場合が多かった。自治体や機関により，頻度や期間，細かい内容には違いがあるが，よく参考にされるプログラムの1つとして，まめの木式ペアレントトレーニングプログラムがある。これは，カリフォルニア大学ロサンゼルス校でウィッタムが開発したADHDのペアレントトレーニング（ウィッタム，2002）を日本の現状に合わせて改変したものである。

具体的には，子どもの行動を「好ましい行動」「好ましくない行動」「危険な行動」に分け，好ましい行動をした時はほめ，好ましくない行動をした時には注目を与えない，危険な行動をした時には警告を与える，といった具体的な対処のルールを学ぶ。ロールプレイや家庭での実践，そしてその振り返りを通じて子どもへの関わり方の習得を実践的に支援する点もポイントである。また，具体的な対象児の行動の分析や対処，改善を目指すペアレントトレーニングの前段階のプログラムとして，厚生労働科学研究の成果を基に開発されたのが「ペアレントプログラム」である。これは，子どもや自分自身について「行動」で把握することで，保護者の認知的な枠組みを修正していくことを目的にした簡易的プログラムであり，厚生労働省のHPにマニュアルが公開されている。令和元年度障害者総合福祉推進事業では「ペアレントトレーニング実践ガイドブック」（日本発達障害ネットワーク事業委員会）が作成されており，その中で複数のペアレントトレーニングに共通する6つのコアエレメントがまとめられている。それは，①子どもの良いところ探し＆ほめる，②行動理解（ABC分析），③環境調整・行動が起きる前の工夫，④子どもの不適切な行動への対応，⑤子どもが達成しやすい指示，⑥子どもの行動の3つのタイプ分け，である。家族支援の実践においては，ペアレントトレーニングの6つのコアエレメントを理解し，体系的に実践する技術を習得するとともに，対象やフィールドに合わせ，厚生労働省等が公開しているマニュアルや資料を活用していくことも重要である。

B. ペアレントメンター

　発達障害のある子どもを育てる保護者支援の1つとして，厚生労働省が2010年度から取り組んでいる事業に，「ペアレントメンター養成事業」がある。**ペアレントメンター**とは，発達障害のある子どもを育てた経験を有する保護者が，一定のトレーニングを受けた後，自らの体験談を話したり，子育てに悩む保護者の悩みを聞いたり，助言を行ったりする者を指す。各地の発達障害者支援センターや親の会，自治体等で，ペアレントメンターの養成や派遣が行われている。欧米の研究では，障害のある子どもを育てる保護者が共感的なサポートを行うことで，保護者の情緒的な課題の改善や，孤立感の低減などの効果が示唆されてきた（Lee et al., 2023）。

　当事者性を共有できる仲間とつながることは，保護者のメンタルのケアに非常に重要であることがわかっているが，まだまだ普及が十分ではない現状

がある。各現場で公認心理師が中心となり，保護者同士のコミュニティを醸成する取り組みが望まれる。

C. サポートファイル等を活用した情報の連携

　発達障害者支援に関する行政評価・監視結果報告書（総務省行政評価局，2017）では，進学先等への情報の引き継ぎに関する重要性の認識不足や，内容の不十分さにより，当事者へのサービスが低下する可能性について指摘している。切れ目なくインクルーシブな支援環境の実現を目指すため，子どもの特性や支援に関する情報を機関同士，支援者同士で共有することは，早期発達支援に欠かせない重要な支援である。

　公認心理師として支援にあたる際には，日ごろからの他機関との連携や情報共有を行える関係づくりを行うことが重要である。特に，就学など制度の切れ目となる場面では，学校長や副校長，担任といった関係者に子どもの特性や得意不得意，今後起こりうる困りごとや対応のヒントなど，早期発達支援の中で蓄積されてきた情報をとりまとめ，簡潔にわかりやすく共有することが重要である。その際，共有内容について保護者の意向を丁寧に確認し，相談しながら進めていかなければならない。

　本人の発達にかかる情報についてライフステージを通して引き継ぐために，自治体等で整備が進む情報共有手段として，本人の特性や関係機関，効果的な支援方法などの情報を1つのファイルに記入し集約するサポートファイルがある。平生ら（2021）がサポートファイルの有用性に関して検討した研究によると，保護者の73.2％，支援機関の85.6％が肯定的な評価をするという結果となった。また，サポートファイルの活用により，子どもの特性理解や，継続した支援につながることで，子どもが適応的に過ごすことや保護者の安心感に寄与する可能性が示唆された。

5.6節 ｜ 地域支援

　発達支援を受けながら，並行して幼稚園や保育園に在籍している子どもは多い。発達支援の早期から子どもを取り巻く環境全体への支援を前提に，多職種で連携をとり，地域全体で発達障害のある児童の支援体制をつくっていく姿勢が求められる。先述の，小中学校の通常学級に在籍する生徒の8.8％に発達障害の可能性がある（文部科学省，2023）という調査結果からもわ

かるように，早期の段階で発達支援につながらずに，学齢期になってから支援ニーズが顕在化する児童もいる。制度のはざまにいる子ども達に支援を届けるという意味でも，地域の多様な機関や支援者を支援することで，地域全体の支援力を底上げしていくことにつながるため，非常に重要である。

地域支援の制度

　地域での支援に使用できる福祉制度としては，保育所等訪問支援がある。2012（平成24）年の児童福祉法の改正によって創設された支援である。子どもや保護者が適切な支援を受けられるよう，専門職と地域の保育機関が連携して継続的なサポートを提供する。児童発達支援事業所やセンターの職員が保育園や幼稚園等に訪問し，支援を行うのが一般的である。

　その他，こども家庭庁による「巡回支援専門員整備事業」による保育所や幼稚園，こども園といった乳幼児施設を対象とした巡回相談支援の取り組みがある。巡回相談支援は，「保育所や放課後児童クラブ等の子どもやその親が集まる施設・場への巡回等支援を実施し，施設等の支援を担当する職員や障害児の保護者に対し，障害の早期発見・早期対応のための助言等の支援を行う」（厚生労働省HP巡回支援専門員整備事業より）ことを目的とした事業である。地域における障害のある子どもへの支援だけでなく，発達や障害が「気になる」段階の子どもに関しても相談することができる。また，児童発達支援センターの役割には，地域支援の機能が明記されており，それぞれのセンターにて研修会の開催や支援者の相談に応じる活動が行われている。

　保育所等訪問支援といった福祉サービスは，保護者の希望を軸に支援が進んでいくが，巡回相談支援等の事業は，現場の保育士などが対応に困る事例について巡回相談員に相談する形で運用されることが多く，支援者支援の色合いが強い。活用する事業によって，ニーズの主体や支援対象，目的が異なるので，日ごろから，地域の支援資源やその特色をよく把握し，柔軟な活用をすることが求められる。

5.7節 ‖ まとめ

　発達障害の早期発見・支援で重要な点を改めて整理すると，以下の6点にまとめられる。

（1）1歳半頃からの早期スクリーニング

（2）障害特性や認知特性，適応行動を含む包括的なアセスメント

（3）ABAに基づく個別の早期発達支援（DTTやNDBI）

（4）不適応行動の機能分析と予防的支援，代替行動の獲得支援

（5）ペアレントトレーニングやペアレントメンター等を通じた家族支援

（6）支援者支援・地域支援

　これらを早期から地域で一貫して行っていくことが望ましいが，わが国におけるエビデンスに基づいた発達支援の社会実装は，十分に進んでいるとはいいがたい。社会実装において公認心理師が果たすべき役割は多く，エビデンスに基づく発達支援方略を学び，臨床に取り入れ，記録と検証をくり返すことはまさにその一歩といえる。

　また，発達障害は，行動障害，不登校，鬱，ひきこもりといった学齢期以降のさまざまな2次障害との関連が指摘されている。井上（2010）は，2次障害の予防的観点からも，本人への早期支援に加え，ペアレントトレーニングやピアカウンセリングなどの家族支援，巡回相談等の重要性を指摘している。公認心理師は，障害のある子ども本人だけでなく，子どもを取り巻く環境に積極的にアプローチし，家族支援や地域支援に取り組んでいくことが求められる。公認心理師として，科学者―実践家モデルを体現しながら，エビデンスに基づく発達障害支援の社会実装を担っていただきたい。

〈引用文献〉

ADHDの診断・治療指針に関する研究会, 齊藤万比古・飯田順三（編）(2022). 注意欠如・多動症―ADHD―の診断・治療ガイドライン第5版. じほう.

Baio, J., Wiggins, L., Christensen, D. L., et al. (2018). Prevalence of Autism Spectrum Disorder Among Children Aged 8 Years - Autism and Developmental Disabilities Monitoring Network, 11 Sites, United States, 2014. *MMWR Surveillance Summaries*, 27, 67(6), 1-23.

Bruinsma, Y., Minjarez, M., Schreibman, L., et al. (2020). Naturalistic developmental behavioral interventions for autism spectrum disorder. Baltimore, MD. Paul H. Brookes.

Dawson, G., Rogers, S., Munson, J., et al. (2010). Randomized, controlled trial of an intervention for toddlers with autism: the Early Start Denver Model. *Pediatrics*, 125(1):e17-23.

平生尚之・平生綾乃・井澤信三（2021）. 発達障害児者のための行政版サポートファイルの有用性に関する研究. LD研究, 30(4), 362-373.

石井高明（1971）. 幼児自閉症の診断. 日本医事新報, 2459, 27-30.

井上雅彦（2010）. 二次障害を有する自閉症スペクトラム児に対する支援システム. 脳と発達, 42(3), 209-212.

Inoue, M., Gomi, Y. & Matsuda, S. (2022). Developmental trajectories of challenging behaviors reported retrospectively by Japanese parents of adult children with intellectual disabilities. *International Journal of Developmental Disabilities*, 70(2), 287-295.

Iwata, B. A., Dorsey, M. F., Slifer, K. J., et al. (1994). Toward a functional analysis of self-injury. *Journal of Applied Behavior Analysis*, 27, 197-209.(Reprinted from Analysis and Intervention in Developmental Disabilities, 2, 3-20, 1982)

神尾陽子（2005）．乳幼児健康診査における高機能広汎性発達障害の早期評価及び地域支援のマニュアル開発に関する研究．厚生労働科学研究費補助金 子ども家庭総合支援事業：課題番号H16-子ども-018．

厚生労働省（2017）．児童発達支援ガイドライン．

厚生労働省（2023）．福祉・介護統計情報4 障害福祉サービス等の利用状況について．

Lee, J. D., Terol, A. K., Yoon, C. D., et al.（2023）. Parent-to-parent support among parents of children with autism: A review of the literature. *Autism*, 28（2）.

Lovaas, O. I.（1987）. Behavioral treatment and normal educational and intellectual functioning in young autistic children. *Journal of Consulting and Clinical Psychology*, 55, 3-9.

Maenner, M. J., Warren, Z., Williams, A. R., et al.（2023）. Prevalence and Characteristics of Autism Spectrum Disorder Among Children Aged 8 Years - Autism and Developmental Disabilities Monitoring Network, 11 Sites, United States, 2020. *MMWR Surveillance Summaries*, 24, 72（2）, 1-14.

Matson, J.（Ed.）（2012）. Functional assessment for challenging behaviors. New York, Springer.

Maurice, C., Green, G. & Foxx, R. M.（Eds.）（2001）. Making a difference: Behavioral intervention for autism. PRO-ED.

文部科学省（2022）．通常の学級に在籍する特別な教育的支援を必要とする児童生徒に関する調査結果について．

日本臨床心理士会（2014）．乳幼児健診における発達障害に関する市町村調査．

日本発達障害ネットワーク（2019）．発達障害支援における家族支援プログラムの地域普及に向けたプログラム実施基準策定及び実施ガイドブックの作成に関する調査報告書．

Rogers, S. J., Vismara, L. A.（2008）. Evidence-based comprehensive treatments for early autism. *Journal of Clinical Child & Adolescent Psychology*, 37（1）, 8-38.

Saito, M., Hirota, T., Sakamoto, Y., et al.（2020）. Prevalence and cumulative incidence of autism spectrum disorders and the patterns of co-occurring neurodevelopmental disorders in a total population sample of 5-year-old children. *Molecular Autism*, 11（1）, 35.

Sandbank, M., Bottema-Beutel, K., Crowley, S., et al.（2020）. Project AIM: Autism intervention meta-analysis for studies of young children. *Psychological Bulletin*, 146（1）, 1-29.

Schreibman, L., Dawson, G., Stahmer, A. C., et al.（2015）. Naturalistic Developmental Behavioral Interventions: Empirically Validated Treatments for Autism Spectrum Disorder. *Journal of Autism and Developmental Disorders*, 45（8）, 2411-28.

Smith, T.（2001）. Discrete trial training in the treatment of autism. *Focus on Autism and Other Developmental Disabilities*, 16（2）, 86-92.

Smith, T. & Iadarola, S.（2015）. Evidence Base Update for Autism Spectrum Disorder. *Journal of Clinical Child & Adolescent Psychology*, 44（6）, 897-922.

杉山登志郎（2006）．発達障害としての子ども虐待．子どもの虐待とネグレクト, 8（2）, 202-212.

総務省行政評価局（2017）．発達障害者支援に関する行政評価・監視結果報告書．
https://www.soumu.go.jp/main_content/000458776.pdf

高橋三郎・大野 裕（監訳），染矢俊幸他（訳）（2023）．DSM-5-TR 精神疾患の診断・統計マニュアル．医学書院．

Weiss, M. J.（2002）. Hardiness and Social Support as Predictors of Stress in Mothers of Typical Children, Children with Autism, and Children with Mental Retardation. *Autism*, 6（1）, 115-130.

ウィッタム, C.（著）（2002）．上林靖子・中田洋二郎・藤井和子他（訳）．読んで学べるADHDのペアレントトレーニング―むずかしい子にやさしい子育て．明石書店．

第6章 虐待対応と心理支援

6.1節 虐待の定義・分類・動向と背景

A. 虐待の定義

　児童虐待は，英語表記ではchild abuse（チャイルド・アビューズ）あるいはchild maltreatment（チャイルド・マルトリートメント）である。わが国においては，児童虐待の防止等に関する法律（以下，児童虐待防止法）第2条で，**保護者**（親権者，未成年後見人など児童を現に監護する者）が監護する**18歳未満**の児童について行う行為（身体的虐待，性的虐待，ネグレクト，心理的虐待）と定義される。**保護者の意図の如何によらず，あくまで，子どもの立場から，子どもの安全と健全な育成が図られているかどうか**に着目し判断されることが重要である。児童虐待は，子どもの心身の成長発達および人格形成に重大な影響を与え，**子どもに対する最も重大な権利侵害**である。

B. 虐待の分類

　児童虐待防止法では，児童虐待を**4類型**に分類している（**表6.1**）。実際には，「夜間，家の外に子どもが閉め出されている」との通告から，調査の結果，性的虐待が開示される場合など，複数の種別の虐待が混在していることも稀ではない。また，きょうだいのうち，一人だけが差別的対応をされ，激しい暴力を受けたり，食事を極端に制限されている場合，暴力を受けている子どもは身体的虐待，他のきょうだいは心理的虐待というように，きょうだいによって虐待の種別が異なるということもある。保護者以外の同居している大人やきょうだいによるわいせつ被害については，保護者が子どもの監護を怠ったとして，ネグレクトに該当する。

　身体的虐待は，深刻であれば後遺症を残したり，命に関わることにもなり得る一方，それ以外の虐待に比し，ケガやあざなど客観的証拠も残りやすく，顕在化しやすい傾向がある。最も顕在化しにくい虐待は，性的虐待である。性的虐待は，家庭という密室で行われ，**グルーミング**により長期的，段階的に深刻化し，被害児の**恥辱感，恐怖，トラウマティック・ボンディング**（虐

待的な絆）などのために**開示が遅れる**ため**長期化**しやすく，心理学的・精神医学的な症状が**重篤化**しやすい傾向がある。

表6.1　児童虐待の4類型

身体的虐待	殴る，蹴る，叩く，投げ落とす，激しく揺さぶる，やけどを負わせる，溺れさせる，首を絞める，異物を飲ませる，食事を与えない，戸外に閉め出す，縄などにより一室に拘束する，意図的に子どもを病気にさせる　など
性的虐待	子どもへの性交・性的行為（教唆を含む），子どもの性器を触るまたは触らせるなどの性的行為（教唆を含む），子どもに性器や性交を見せる，子どもをポルノグラフィーの被写体にする　など
ネグレクト	乳幼児を家に残したまま外出する，長時間子どもだけで放置する，子どもの意思に反して学校等に通わせない，子どもにとって必要な情緒的欲求に応えない，衣食住が極端に不適切で子どもの健康状態を損なうほどの無関心・怠慢（適切な食事を与えない，下着などを長時間不潔なままにする，不潔な環境で生活させるなど），子どもを遺棄・置き去りにする，病気や怪我でも病院に連れて行かない，子どもに対する同居人や自宅に出入りする第三者（祖父母，きょうだい等を含む）の虐待行為を放置する　など
心理的虐待	言葉で脅迫する，無視する，拒否的な態度を取る，子どもを傷つけることを繰り返し言う，他のきょうだいと比べて著しく差別的な扱いをする，家族に対する暴力や暴言，子どものきょうだいに虐待行為を行う　など

C. 動向と背景

　2022年度中に全国232か所の児童相談所が児童虐待相談として対応した件数は，過去最多の21万9,170件（速報値。対前年度比＋5.5%）であり，心理的虐待の相談対応件数の増加，警察や関係機関からの通告の増加を認める（こども家庭庁，2023a）。4類型の内訳は，心理的虐待（59.1%），身体的虐待（23.6%），ネグレクト（16.2%），性的虐待（1.1%）となっている。

　児童相談所に寄せられた虐待相談の相談経路は，警察等が最も多く，次いで近隣・知人，家族・親戚，学校からが多い。特に警察からの相談は，2011年度以降増加傾向を認め，2017年度以降，おおむね5割を占めている状況が続いている。この背景として，2015年10月，警察および児童相談所とのさらなる連携強化についての通知が，法務省，警察庁，厚生労働省から同時に発出されたことが挙げられる。

A. 虐待対応の仕組み

ⅰ）通告と受理および調査

　虐待が疑われる，あるいは将来虐待にいたる可能性が高い事例の相談や情報提供を受けると，児童相談所で通告として受理され，緊急受理会議が行われる。情報提供者や関係機関が通告をためらう場合もあるが，虐待は，疑いの段階で通告することが望ましく，児童相談所が調査のうえで虐待に該当するかを判断する。児童相談所は，虐待の内容と子どもの安全を確認するための調査と情報収集を行い，緊急保護の必要性を判断する。**48時間以内の安全確認（子ども本人を直接目視**する）が原則である。調査・保護には，学校等との情報共有や連携が重要である。長期間，子どもの安否が確認できない場合，**立入調査**等を実施する。

　特に，外傷がある場合および性的虐待が疑われる場合など重大な案件においては，初期段階からの警察，検察との連携が重要であり，事前協議を経て**警察・検察・児童相談所**の3機関による司法面接（協同面接，代表者聴取とも呼ばれる。**コラム**）が行われる。司法面接を実施する理由として，子どもの心理的負担を軽減するため，被害に関する聴取回数を最小限に（可能な限り1回に）することと，子どもにおいては誘導や暗示の影響を受けやすく，聴取方法や回数についての留意が必要であることが挙げられる。司法面接は，可能な限り早く実施することで**記憶の変容・汚染**を防ぎ，実施にあたっては，**録音録画**を実施し，信頼性の高い正確な供述を証拠化する。司法面接の実施が予想される場合，汚染防止のため，非加害親や支援者など子どもに関わる大人は，**虐待に関する詳細を子どもから聞き出すことは控えなければならない**。今後，司法面接の録音録画記録媒体の公判での採用が増える可能性が指摘されている。

🐻 **Column**　司法面接と多機関連携

　欧米では1980年代から司法面接的技法の開発が進み，現在日本で普及している司法面接的手法は，NICHDプロトコルとChildFirstプロトコルの2つである。面接者は研修受講により面接技術を習得すること，面接で子どもとのラポール形成や子どもの年齢・発達段階に合わせることが重視されること，ピア・レビューや継続した研

修受講によるスキルアップが重要であることは，両者の共通事項である。

司法面接が導入されるまで，子どもは警察・検察・児童相談所の各機関で何度も話を聞かれ，そのたびに被害体験を再体験し二次被害に遭いやすく，開示を撤回したり，何度も話を聞かれることで記憶の変容・汚染が起きることがあった。

そもそも児童虐待は，本来，子どもを保護し安全基地としての役割を担うはずの保護者からの脅かし，権利侵害であり，子どもにとっては解決なきパラドックスである。そして，第3者に虐待内容について話をすることは，トラウマの再体験となる。一方で，何があったのかを子ども本人が話をすることは，子どもの安全確保のために必要な法的手続きを進めるためには重要なステップである。

司法面接をはじめとした多機関の緊密な連携のため，現役の警察官や警察OB嘱託員，常勤弁護士，医師を置く児童相談所も増えている。司法面接の実施数も年々増加傾向であるが，地域格差も指摘されている。また，日本における司法面接は先に述べた3機関で行われる場合が多く，他先進国における児童虐待に比し，医療機関の関与が少ないことなどの問題点も指摘されている。

児童虐待は，家庭という閉鎖的な空間で，圧倒的な力の不均衡のある関係性の中で発生するという特徴がある。そのため，他の事件に比し，第3者の証言や防犯カメラの映像などの客観的証拠が得づらい。事件化において重要とされる日時の特定も，子どもの年齢や発達段階によっては難しい場合もある。捜査機関として事件化が困難であったとしても，児童相談所が虐待の事実を評価し，子どもの安全と最善の利益のために，介入と支援を行っていくことが肝要である。

ⅱ）一時保護・援助方針の決定

子どもの安全が危ぶまれる場合，児童相談所は子どもを一時保護（コラム）したうえで調査を行うこともある。子どもは，自ら保護を求める場合もある一方で，家庭や学校等から離れることを嫌がり一時保護を拒む場合もある。子どもの不安や悲しみ，加害親に対する両価的な感情に寄り添いながら，各子どもの発達段階や理解度に合わせ，保護の必要性を丁寧に説明することが求められる。

ⅲ）措置

一時保護後，保護者による監護が適当でないと判断されれば，子どもは，家庭養護（里親あるいはファミリーホームに委託）または施設養護（乳児院，児童養護施設，児童自立支援施設，児童心理治療施設，自立援助ホーム）に措置され，公的責任で社会的に養育されることとなる。2023年にこども家庭庁が報告した社会的養護の種別と現状を表6.2に示す（こども家庭庁，2023b）。

Column 一時保護の課題と司法審査の導入

一時保護の課題として，保護の長期化（一時保護は，原則2か月を超えてはならない。一時保護が2か月を超え親権者が同意しない場合，家庭裁判所における承認審判が必要。児童福祉法第33条）や慢性的な定員超過，保護中の子どもの**安全確保と権利擁護の相反**による問題（私物の持ち込み制限や外出の制限），**学習権の保障**（一時保護中は在籍校に登校できないことが多い）などが挙げられる。特に子どもの権利擁護の観点から，保護所での処遇については議論がある。

また，これまでは子どもの安全が危ぶまれる場合，子どもや親権者の意向に反して児童相談所長の判断で子どもを一時保護することが可能であったが，2022（令和4）年6月の改正児童福祉法の成立により，虐待が疑われる子どもの一時保護に親権者が同意しない場合，児童相談所が裁判所に**一時保護状**を請求することが必要となり，一時保護の妥当性に司法審査が導入されることになった。

家庭から離れ，しばらくした後に**フラッシュバック**や**不眠**，**悪夢**，**解離**などのトラウマ症状が顕在化することが稀ではなく，一時保護所での子どもの行動観察とアセスメントは極めて重要である。一時保護所での自傷・他害の増悪により，精神科への通院や入院を要する場合もある。これについて，児童相談所が保護したことによる影響であると加害親から主張され，虐待に関する調査や対応が不十分なまま家庭に返され，虐待が再発したり，自傷・他害，非行等が悪化する場合があり，加害者から分離された後の子どもの反応をよく理解しておくことが重要である。

また，**子どもは保護されて速やかに虐待被害についてすべて開示するとは限らない。**比較的軽微なネグレクトや身体的虐待での保護後，初めて性化行動（年齢・発達段階にそぐわない性的言動。遊びや生活の中での性的虐待の再演など）に気づかれる場合も少なくなく，改めて聞き取りをして初めて開示する例や，児童養護施設等に入所して何年も経ってからようやく開示する例もある。

児童相談所において，児童福祉司による社会診断，児童心理司による心理診断，医師による医学診断，一時保護所の児童指導員・保育士等による行動診断を総合的に判断し，子どもにとって望ましい援助方針が決定される。

国連で採択された**子どもの権利条約**（児童の権利に関する条約）では，児童は，調和のとれた発達のため，**「家庭環境の下」で成長すべき**とされている。一方，わが国では，保護者の下での養育が困難な要保護児童の**約8割に施設養育**が行われ，概ね半数以上の要保護児童を里親委託している諸外国に比し，日本は施設養育に依存している状況が続いている。さらに，2008年3月時点では児童養護施設の7割が大舎制であった（図7.3も参照）。施設養育の小規模化，里親やファミリーホームなどの家庭的養護への変革（過去10年で里親等委託児童数は1.6倍，児童養護施設の入所児

表6.2　社会的養護の種別と現状（こども家庭庁，社会的養育の推進に向けて）

保護者のない児童，被虐待児など家庭環境上養護を必要とする児童などに対し，公的な責任として，社会的に養護を行う。対象児童は，約4万2千人。

里親	家庭における養育を里親に委託		登録里親数	委託里親数	委託児童数
			計15,607世帯	計4,844世帯	計6,080人
	区分（里親は重複登録有り）	養育里親	12,934世帯	3,888世帯	4,709人
		専門里親	728世帯	168世帯	204人
		養子縁組里親	6,291世帯	314世帯	348人
		親族里親	631世帯	569世帯	819人

ファミリーホーム	養育者の住居において家庭養護を行う（定員5〜6名）
ホーム数	446か所
委託児童数	1,718人

施設	乳児院	児童養護施設	児童心理治療施設	児童自立支援施設	母子生活支援施設	自立援助ホーム
対象児童	乳児（特に必要な場合は，幼児を含む）	保護者のない児童，虐待されている児童その他環境上養護を要する児童（特に必要な場合は，乳児を含む）	家庭環境，学校における交友関係その他の環境上の理由により社会生活への適応が困難となった児童	不良行為をなし，又はなすおそれのある児童及び家庭環境その他の環境上の理由により生活指導等を要する児童	配偶者のない女子又はこれに準ずる事情にある女子及びその者の監護すべき児童	義務教育を終了した児童であって，児童養護施設等を退所した児童等
施設数	145か所	610か所	53か所	58か所	215か所	229か所
定員	3,827人	30,140人	2,016人	3,340人	4,441世帯	1,575人
現員	2,351人	23,008人	1,343人	1,162人	3,135世帯 児童5,293人	818人
職員総数	5,555人	20,639人	1,522人	1,839人	2,073人	874人

小規模グループケア	2197か所
地域小規模児童養護施設	527か所

＊里親数，FHホーム数，委託児童数，乳児院・児童養護施設・児童心理治療施設・母子生活支援施設の施設数・定員・現員は福祉行政報告例（令和4年3月末現在）

＊児童自立支援施設の施設数・定員・現員，自立援助ホームの施設数，小規模グループケア，地域小規模児童養護施設のか所数は家庭福祉課調べ（令和3年10月1日現在）

＊職員数（自立援助ホームを除く）は，社会福祉施設等調査報告（令和3年10月1日現在）

＊自立援助ホームの定員，現員（令和4年3月31日現在）及び職員数（令和3年10月1日現在）は家庭福祉課調べ

＊児童自立支援施設は，国立2施設を含む

童数は約2割減，乳児院の入所児童数も2割減）も少しずつではあるが進みつつある。しかし，社会的養護の慢性的な飽和状態と，要保護児童における**被虐待児の増加**，**障害等のある児童の増加**もあり，施設職員の負担は大きい。トラウマや発達障害への理解と対応が求められる場面が増え，社会的養護の量・質の拡充は喫緊の課題である。

iv）**家族との再統合**

　一時保護を要さず，児童福祉司や児童心理司が支援的に親子の面接や指導を行う場合も多い。一時保護後，施設入所した場合でも，子どもと保護者双方の様子を見ながら，面会，外出，外泊と段階的に交流を進め，家庭養育に戻る場合もある。家庭養育となった場合，必要に応じ，親子にさまざま支援サービスを調整し，福祉，教育，医療などが連携しセーフティネットを広げ，継続して世帯を見守り支援し，再発防止に努めることが重要である。

B. 虐待通告と相談

　わが国でも，子どもの虐待死が次々と報道され，児童虐待に対する意識は社会的に高まり，相談対応件数が年々増加していることは先に述べた通りである。虐待相談の相談経路は，**警察**（51.5％；2022年度速報値。以下同じ），次いで近隣・知人（11.0％），家族・親戚（8.4％），学校（6.8％）の順に多い。**DV目撃による心理的虐待の警察通告の割合が急増し，主たる虐待者として最多の「実母」の割合が低下，「実父」の割合が増加している**との報告もある（森田，2020）。子どもの養育を担う母の背後に隠れる暴力的な父の存在というDV家庭の理解が進んでいるといえるかもしれない。

　時折，虐待を開示した子どもに対し，周囲の大人が「自分で乗り越えられるか」と尋ね，通告をしていないことがある。家庭という密室で，子どもが

🐻 **Column** 　**通告義務と通告者保護**

　医療従事者や公務員が，職務上知った虐待事実を児童相談所に通告することは，児童福祉法第25条の通告義務を果たすことになり，**守秘義務違反には当たらない**。児童虐待防止法第6条において，児童虐待を発見したものが児童相談所に通告することは守秘義務違反には当たらないことが明記され，**躊躇なく通告することが促されて**いる。また，通告者保護の観点から，**保護者には通告の情報源は秘匿**とされる。

虐待被害に遭っているとき，子どもが自分の力で状況を変えることは極めて困難である。通告は，子どもと関わるすべての大人の義務である。

A. さまざまな研究が示す児童虐待の影響

　近年，虐待が与える心理・発達的影響はさまざまな視点から研究され，虐待の与える負のインパクトが解明されつつある。以下に主な研究を紹介する。

i）ブカレスト早期介入プロジェクト（BEIP：Bucharest Early Intervention Project）

　1960年代から80年代にかけ，ルーマニアのチャウシェスク政権は，国力増大のため避妊と中絶を事実上禁止し，子どもが4人以下の家庭に「少子税」を課し，「月経警察」により妊娠していない妊娠可能年齢の女性には罰金が科せられた。家庭は貧困に窮し，多くの乳幼児が施設に遺棄され，政権崩壊時，国営の大型孤児院には十数万人の子どもがいた。子どもたちには衣食住は与えられていたが，一人の保育者が15人以上の子どもをみており，子どもは一日大部屋に収容され，玩具も与えられないなど，情緒的交流の乏しい環境に置かれていた。

　チャウシェスクベビーとよばれるこの子どもたちを長年に渡り追跡したランダム化比較試験（RCT）が**BEIP**である。施設で養育されていた子どもたちを，そのまま施設養育される通常施設養育群と里親に預けられる里親養育群に無作為に2群に分け，さらに施設に預けられたことのない非施設養育群を対照として包括的に追跡調査を行った。この調査から，通常施設養育群と里親養育群では，里親養育群でIQが高く，2歳までに里親養育に託された場合は標準的なIQになることがわかり，里親養育開始月齢はIQに関して臨界期があると示された。

　情緒的ネグレクトの影響は，IQの違いだけでなく，子どもの愛着形成や社会性の発達にも影響を及ぼし，施設養育群では**常同行動**（反復的・儀式的な行動。知的障害，自閉症，認知症等のある人にみられることが多い）や**言葉の遅れ**も指摘された。近年では，施設養育により子どもの脳に構造的な違いをもたらし，後年の抑うつ，不安，ADHD（注意欠如多動症）等のメンタルヘルスとの関連も示されている。

　子どもの発信に養育者が応答する**サーブ＆リターン**が，子どもの健やか

な発達に不可欠であることが示され，情緒的ネグレクトが子どもの発達に及ぼす影響を大規模に研究した重要な研究である。

ⅱ）ACEs（Adverse Childhood Experience：逆境的小児期体験）研究

　ACEs研究とは，小児期の逆境的体験が成人後の心身の健康に及ぼす影響を調査した大規模な疫学研究である。米国で肥満治療に携わっていた医師フェリッチ（Felitti, V. J.）は，減量に成功しない患者の多くから幼少期の被虐待体験（特に性的虐待）が語られることに気づき，CDC（米国疾病予防管理センター）とともに17,000人を越える成人に，**18歳までの逆境体験の有無**を質問し，現在の健康状態と併せて調査した結果を1998年に報告した（Felitti, 1998）。逆境体験を7つのカテゴリに分類（**表6.3**）し，各カテゴリの体験を各1点として各人のACEスコアを算出し，予後との関連を解析した。被験者の過半数がスコア1以上，4分の1がスコア2以上であった。**ACEスコア4以上の人は，0の人に比べて，生活習慣病や嗜癖，疾病罹患などのリスクが格段に高い**ことが示された（**表6.4**）。

表6.3　ACE質問項目

| ①心理的虐待 |
| ②身体的虐待 |
| ③性的虐待 |
| ④同居家族の物質依存 |
| ⑤同居家族の精神疾患 |
| ⑥家庭内のDV |
| ⑦同居家族の収監 |
| ⑧身体的ネグレクト |
| ⑨情緒的ネグレクト |
| ⑩両親との別離 |

注）Felittiが分類したカテゴリは①〜⑦。
後に⑧〜⑩が追加された

表6.4　ACEスコアと生活習慣病，嗜癖，疾病等の関連（Felitti, 1998）

虚血性心疾患	2.2倍
がん	1.9倍
脳卒中	2.4倍
糖尿病	1.6倍
高度肥満（BMI≧35）	1.6倍
過去1年間で2週間以上のうつ症状	4.6倍
自殺企図	12.2倍
違法薬物の使用歴	4.7倍
50人以上との性行為	3.2倍
性感染症の罹患歴	2.5倍

注）ACEスコア0と4以上の人の比較

　フェリッチは，ACEピラミッド（**図6.1**）により小児期逆境的体験が後年の健康に及ぼすメカニズムを説明している。すなわち，**小児期逆境的**

体験が多い人ほど，社会的・情緒的・認知的障害を抱え，その結果として健康を害する行動をとりやすく，疾病・障害等の健康問題や犯罪等の社会的問題につながり，最終的には寿命にも影響するということである。ACEスコアが6以上の人は，0の人に比べて寿命が**20年近く短い**ことも後の研究で示されている（Brown et al., 2009）。

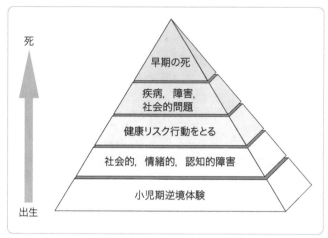

図6.1 ACEピラミッド（Felitti, 1998）

フェリッチの研究は大きなインパクトをもって受け止められ，そこから派生して多数の研究が行われている。ACEすなわちトラウマ体験のネガティブな影響を軽減する保護因子も指摘され，**PCE**（Positive Childhood Experience：肯定的小児期体験）とよばれる（Bethell et al., 2019）。PCEとして，**支援的な大人や友人の存在，居場所としての学校**などが挙げられる。教育，福祉，経済など多方面から総合的に子育て世帯を支援することで，子どものレジリエンスを高め，ACEによる社会的な損失を予防できることが示唆されている。

iii）脳の画像研究

近年の脳画像研究の進歩により，虐待の脳への影響が可視化されている。**児童虐待は，ヒトの脳の構造，機能および神経学的な回路に影響を及ぼす**ことがわかっている。幼少期に暴言を浴びると**聴覚野灰白質の容積の増加，DVを目撃**すると**聴覚野灰白質の容積の減少**，性的虐待を受けると**視覚野や体性感覚野の灰白質の減少**が起きることが友田やタイチャーらにより

次々と報告された（友田，2019；Teicher et al., 2016）。脳のこのような形態学的変化は，**ストレス反応や感情制御，報酬系の機能**に影響していると予想される。

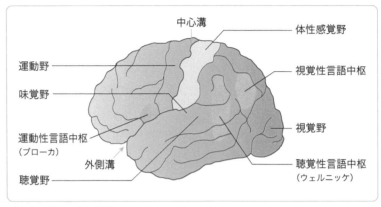

図6.2　脳の部位と機能

iv）エピジェネティクス

　DNAの塩基配列の変化（遺伝子変異）を伴わない遺伝子の発現制御機構をエピジェネティクス（後成遺伝学）という。**DNAへの化学的な修飾（メチル化やヒストン化）により，遺伝子発現のスイッチのオン・オフが制御される**のである。エピジェネティクスは，ヒトの発生や分化の過程で重要な役割を果たす。近年，環境の影響によってDNAにエピジェネティックな変化が起こることがわかり，このエピジェネティクスにより，**児童虐待が被害者にDNAレベルで痕跡を残す**ことが明らかになっている。

　出産後，毛繕いをよくする母ラットに育てられた仔ラットと毛繕いをほとんどしない母ラットに育てられた仔ラットを比較すると，毛繕いをしてもらっていない仔ラットは，不安が高く，ストレス応答が亢進している。これら2群の仔ラットでは，海馬のグルココルチコイド[1]受容体（Glucocorticoid Receptor：GR）遺伝子のメチル化に違いがみられた。すなわち，毛繕いをしてもらった仔ラットではそうでない仔ラットに比し，

1　ストレス応答に重要な働きをもつステロイドホルモン。GRは多くの重要な遺伝子の発現を調節している。

GR遺伝子のDNAメチル化が低下し，GR遺伝子の発現が増えていたのである。さらに，仔ラットにおけるGRのメチル化は，母ラットの交換（交叉哺育）により変化し，その変化は成人期までもち越された。つまり，毛繕いをほとんどしない母ラットから生まれても，毛繕いをよくする母ラットに育てられれば，毛繕いをよくする母ラットの仔と同じように育ち，成長すると毛繕いをよくする母になりやすいという可逆性を認めた（Weaver at al., 2004）。さらに，ヒトのGR遺伝子のメチル化も，被虐待歴の有無による違いがみられたとの報告や，マルトリートメントを経験した児は，そうでない児に比し，**オキシトシン[2]遺伝子のメチル化率が高い**との報告もある（Nishitani et al., 2021）。エピジェネティクスは，虐待の世代間伝達を科学的に説明している。

B. 被虐待児の臨床像

虐待を受けた子どもたちは，多彩な症状を呈する。**発達の遅れや凸凹，社会性の苦手さ**がみられ，**集中が困難**であったり，**衝動性が高い**ことも稀ではなく，**自閉スペクトラム症や注意欠如多動症との鑑別が困難**であることが多い。そして，愛着形成不全は，**自己と他者に対する認知に大きな負の影響**を与える。すなわち，「自分は生きるに値しない人間で，他者は信用できず，世界は危険に満ちている」と認知するのである。子どもは，虐待を生き延びるために加害者に迎合することが習慣化しており，対人距離の取り方が極端（人に近づかない，あるいは極端に距離が近い。これらの相反する行動が混在する）で，**支配―被支配，敵か味方か**といった対人関係を再現しがちで再被害に遭いやすい傾向がある。**慢性的な気分の浮き沈みや希死念慮**に苛まれるが，**援助希求能力に乏しく**，支援につながりにくい。**感情や行動の制御が困難**でトラブルに遭いがちであっても，社会的に孤立し，自己対処を続け，思春期以降，自傷行為や摂食障害，依存症などの問題にもつながりやすい。過去に性的虐待の既往をもつ子どもが，思春期になって売春などの性非行に走ることも稀ではない。

性的虐待は，子どもが性的行為の意味を理解できなかったり，恥辱感が影響し，**開示が遅れ，被害が長期化しやすい**傾向がある。また，一旦開示して

2　妊娠時の子宮収縮や出産後の乳汁分泌を促進することで古くから知られるホルモン。近年では，信頼など社会行動に関与することがわかっている。

も 20％ が撤回するとの研究があり，撤回の最大のリスク因子は，非加害親のサポートの欠如とされている（Malloy et al., 2007）。例えば，父親から性的虐待を受け，ようやく母に開示したところ，「そんなことはありえない」「あなたが悪い」と責められることは往々にして起こり，子どもは被害そのものだけでなく，母が自分を信じてくれないという苦しみに直面する。このような子どもは絶望感に打ちひしがれ，トラウマからの回復は非常に困難となる。また，グルーミング（手なづけ行為）やトラウマティックボンディング（虐待的な絆；しばしば**自責的**かつ**自己犠牲的**）の影響で，認知の修正が困難であることが多く，心理的な影響は重篤である。

　児童虐待は，単回のエピソードに終わらず，**長期的反復的**に続くこと，そして本来は**安全基地であるはずの親からの迫害体験**であるということが特徴である。子どもは，実質的に逃げ場がない状況に追い込まれる。子どもはその受け入れがたい苦痛な体験を，記憶を飛ばすことでやり過ごすようになり（解離），何とかその生活に適応しようとする。しかし，切り離されたトラウマ記憶は，**冷凍保存記憶**となり，本人の予期しないタイミングで悪夢やフラッシュバックとなって強烈に甦り，日常生活を脅かす。フラッシュバックはトラウマ症状の中でも特に耐え難い再体験症状であり，それに対処するためにリストカットやアルコールや薬物（違法ドラッグ，合法ドラッグ，処方薬など）などの手段で，その生々しく忌まわしい記憶から自分を守ろうとするのである。解離性幻覚（解離に伴う幻聴，幻視。子どもはしばしばお化けの声が聞こえる，お化けが見えるという）を伴う例も稀ではなく，統合失調症と誤診される場合もある。解離によって，トラウマ記憶は**断片化**されるため，**被害体験を時系列に沿って詳細に語ることが困難**となる。司法面接で重要な情報について「覚えていない」と答えたからといって，被害そのものが虚偽申告であることを意味するものではない。

　1990 年代からテア（Terr, L.）やハーマン（Herman, J. L.）らが慢性複雑性のトラウマの影響を指摘し，のちにヴァン・デア・コーク（van der Kolk, B.）が**発達性トラウマ障害**という概念を提唱したように，長期的反復的なトラウマ体験は，**自己と他者への信頼を破壊**し，単回性のトラウマ体験とは異なる臨床像を呈する。2017 年になってようやく WHO（世界保健機関）の国際疾病分類の第 11 回改訂版（ICD-11）に複雑性 PTSD が国際的な診断基準として定められた。

　さまざまな研究による報告は，一部重なり，一部補完し合いながら，児童

虐待の影響が，遺伝子という個人の設計図（DNA；ミクロ）から，個人の行動（脳；メゾ），そして社会集団（社会；マクロ）に至ることを我々に教えてくれる。児童虐待は，臨床像から予想されたよりもはるかに深く，長く，世代を超えて爪痕を残す。さまざま研究で得られた知見は，臨床像を呈する理由を科学的に裏打ちすると同時に，私たちが虐待にいかにして立ち向かえばよいかの示唆に富んでいる。

6.4節 被虐待児者への支援

　虐待を受けたことについて，子どもは**自責**や**罪悪感**にとらわれていることがしばしばある。トラウマからの回復のために，**虐待の責任は加害者にあることを明確に子どもに伝える**ことが重要である。一方で，家庭内での被害においては特に，加害者に対する子どもの**両価的な感情**には十分な配慮が必要である。親の行為は，法に触れるものであり，してはならないことであったことを説明しつつ，いかに加害者であっても，親を子どもの面前で否定する言動は控えることが望ましい。特に，性的虐待を行った実父と血縁関係にある事実を終生背負わなければならない子どもの葛藤を忘れてはならない。

　被虐待児者への支援において重要な2つの視点を紹介する。

A. トラウマインフォームドケア（Trauma Informed Care：TIC）：トラウマの視点

　人は生きていくうえで，虐待や犯罪だけでなく，災害や事故，離別や死別などの喪失体験，貧困やいじめ，病気や障害など，さまざまなトラウマを経験する。そのような体験を知らずに成長することは難しいといえる。

　心理師を含む支援者も例外ではなく，すべての人が何らかのトラウマ体験を経験し何らかの影響を受けていることを考えると，どの分野の心理職も，トラウマとその影響を理解しておくことは重要である。トラウマとは何か，それがひとにどのような影響を与えるかを理解したうえで，適切な支援と介入を行うことで，トラウマの影響を最小化することができる。

　トラウマの視点をもった支援をトラウマインフォームドケア（TIC）という。**トラウマのメガネ**（野坂，2019）をかけ，**トラウマの視点**をもって接すると，それまで見えなかった「**こころのケガ**」が見え，それに対して適切なケアを行えば，子どもの問題行動は改善するというものである。頻繁に

暴れたり，他者とうまく関われない「困った子」が，実は「困っている子」だと気づくことができれば，自ずと支援の方法は変わる。TICは，児童福祉だけでなく，教育，司法などあらゆる現場で重要なアプローチである。

　TICは，先に述べたACEs研究の知見や女性のトラウマサバイバーに関する研究をもとに，米国薬物乱用・精神保健サービス（Substance Abuse and Mental Health Services Administration：SAMHSA）が中心となって発展した。トラウマを「Event；トラウマとなる出来事」「Experience；トラウマをどのように体験したか」「Effect；トラウマによる影響」の「3つのE」で捉えるものである。すなわち，トラウマとなる出来事を主観的にどのように体験し，それによってどのような影響を与えたかをアセスメントする。そして，TICの実践を「Realize；理解する」「Recognize；認識する」「Respond；対応する」「Resist re-traumatization」の4つのRで説明している。「トラウマの広範な影響を理解し，被害者や支援者に生じるトラウマの兆候や症状を認識し，適切に対応し，積極的に再トラウマ化を予防する」というものである。実際の子どもの支援に当たっては，トラウマの三角形（**図6.3**）を用いて，子どもと支援者が共同作業によって「**トラウマ体験―リマインダー―トラウマ反応**」のつながりをみつけ，**可視化**し，共有していくことが有効である。この作業は，本人にも周囲にも，問題行動とされる「困った行動」がトラウマによる症状であることの理解を促す重要な心理教育となる。そして，子どもと支援者が共通のことばでトラウマを語れるようになる。逆に，トラウマの視点をもたない支援・介入は，子どもの

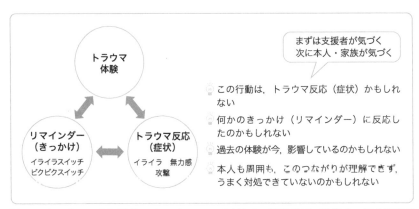

図6.3　トラウマの三角形（トラウマインフォームドケア，野坂祐子，2019年，日本評論社 P99，図3）

困った行動を子ども自身の問題と捉えがちなため，得てして威圧的・指導的となり，虐待的対人関係を再現する結果となるリスクが高い。

支援の困難な子どもと接するとき，その子どもが開示していないトラウマ体験が背景にある可能性を常に念頭に置き，子どもの行動がトラウマの影響であるかもしれないと考えることが求められる。

なお，トラウマケアには3段階あるとされ（**図6.4**），子どもに関わるすべての人がTICを理解し，子どものニーズに応じ，TRC，そしてTSCにつなげることが求められる。特に心理職はTRC，TSCに携わることが期待される。

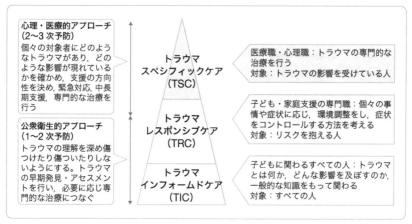

図6.4　3段階のトラウマケア（子どものトラウマがよくわかる本，白川美也子監修，2020年，講談社）

PTSD症状が重篤な子どもは，TSCすなわちトラウマに特化した治療が必要である。トラウマの治療は，トップダウン型またはボトムアップ型，あるいはその双方の要素をもつものに大別される。トップダウン型は，認知に働きかけるものであるのに対し，ボトムアップ型は身体にアプローチする。海外のPTSD治療ガイドラインにおいて，子どものTSCとして有効とされるのは，最もエビデンスが高いTF-CBT（Trauma Focused CBT：トラウマ焦点化認知行動療法）と，トップダウンとボトムアップの双方の要素を有するEMDR（Eye Movement Desensitization and Reprocessing：眼球運動による脱感作と再処理法）である。TF-CBTは養育者が治療プロセスに関与すること，EMDRは治療の進捗が比較的早いことが特徴である。

このほか，STAIR-NT（Skills Training in Affective and Interpersonal Regulation Narrative Therapy：感情および対人関係調整スキルトレーニング―ナラティブ療法）も注目されている。さらに，持続エクスポージャー法（PE：Prolonged Exposure）などさまざまな技法がある。

　トラウマ体験は本質的に「早く忘れたい忌まわしい体験」であり，PTSD症状の1つでもある回避は，治療の回避にもつながり，治療過程でのドロップアウトは，トラウマの治療においては大きな課題である。被虐待児者にとって，治療そのものの苦痛が少しでも少なく，少しでも早く治療が終結することは重要である。そして，TSCの担い手の不足により，トラウマの後遺症に悩まされている人への支援が後手に回っている現状があり，治療者の育成が急務である。その点において，杉山が提唱するTSプロトコール（EMDRを用いた簡易型のトラウマ処理）は，当事者側と治療者側双方の負担を軽減した貴重な治療である。複雑性PTSD診断の新設，治療法の確立が進み，TRCの裾野の広がりが期待される。

B. ハームリダクションの視点

　トラウマの理解をしたうえで，支援者のスタンスとしてさらに重要なことは，**ハームリダクション（被害の低減）**の視点をもつことである。

　小児期の逆境体験（トラウマ体験）が多いと，依存症のリスクが上がり，TICはACEスコアの高い人や女性サバイバーの研究から発展してきたことを考えると，依存症に有効なハームリダクションの視点が被虐待児者の支援にも役立つことは自明である。

　ハームリダクションは，世界各国で効果を上げつつある薬物依存症のアプローチである。刑罰等で薬物依存を取り締まる方法とは一線を画し，当事者に安心できる居場所と支援者を提供し，治療につながり続けることに重きを置く。感情や行動の制御が困難な被虐待児者には，いつも正しくあることを求めるのではなく，失敗を責めるのでもなく，安心して失敗体験を相談し，「次は少しでも安全な行動を選択できるように」一緒に考え，寄り添う，息の長い支援が必要である。

　虐待の再発予防のためには，子どもへの支援だけでは不十分で，養育者の支援を並行して行い，世帯全体のレジリエンスを高めることが必要となる。一旦，虐待が改善したかのようにみえても，世帯の経済的な危機や養育者の健康問題などで容易に世帯が緊迫した状況に陥り，必然的に家庭内の最弱者である子どもにしわ寄せが及ぶ。世帯単位での福祉，医療，教育の多層的な見守りと支援が必要である。特に保護者の精神疾患がある場合，精神科医療との連携が重要であり，訪問看護やヘルパーなどの支援を積極的に使うことも有効である。虐待をする養育者自身の被虐待体験の負の影響が大きい場合，養育者を適切な治療につなげることは強力な再発予防となり，子ども・大人に限らず，トラウマ治療の普及が望まれる。

　虐待の再発予防のために，さまざまな保護者支援プログラムも活用されている。主なものは以下の通りである。いずれもトレーナーのもとで研修を受けたうえでの実施となる。

- ●ボーイズタウン・コモンセンスペアレンティング：6～16歳児をもつ養育者向け。
- ●サインズ・オブ・セイフティ（Signs of Safety：SoS）
- ●PCIT（Parent Child Interaction Therapy：親子相互交流療法）：2.5～7歳が最適とされる。セラピストが子と関わる親にライブコーチをするのが特徴。
- ●CARE（Child-Adult Relationship Enhancement）：2歳前後～思春期。
- ●トリプルP：子どもの自尊心を育む前向き子育てを目指す。
- ●AF-CBT（Alternatives for Families：A Cognitive-Behavioral Therapy：家族のための代替案：認知行動療法）：5～17歳児対象。養育者と子ども双方の行動にアプローチする。
- ●安心感の輪子育てプログラム：アタッチメント理論に基づく養育者への介入。親子のビデオクリップを用い，少人数の集団で行うことが多い。

〈引用文献〉

Bethell, C., Jones, J., Gombojav, N. et al. (2019). Positive Childhood Experiences and Adult Mental and Relational Health in a Statewide Sample: Associations Across Adverse Childhood Experiences Levels. *Journal of the American Medical Association Pediatrics*, 173(11).

Brown, D. W., Anda R. F., Tiemeier, H., et al.(2009). Adverse childhood experiences and the risk of premature mortality. *American Journal of Preventive Medicine*, 37(5), 389-96.

Felitti, V. J., Anda, R. F., Nordenberg, D., et al.(1998). Relationship of childhood abuse and household dysfunction to many of the leading causes of death in adults. The Adverse Childhood Experiences (ACE) Study. *American Journal of Preventive Medicine*, 14(4), 245-58.

Herman, J. L.(1992). Trauma and recovery. Basic Books.(ハーマン, J. L.(著)中井久夫(訳)(1999). 心的外傷と回復. みすず書房.)

こども家庭庁(2023a). 令和4年度児童虐待対応件数.

こども家庭庁(2023b). 社会的養育の推進に向けて.

法務省. 代表者聴取の取組の実情.

Malloy, L. C., Lyon, T. D., Quas, J. A.(2007). Filial Dependency and Recantation of Child Sexual Abuse Allegations. *Journal of the American Academy of Child & Adolescent Psychiatry*, 46(2), 162-70.

森田展彰・笹井敬子・川﨑二三彦他(2020). 児童相談所の実態に関する調査(考察)報告書.

Nishitani, S., Fujisawa, T., Hiraoka, D., et al.(2021). A multi-modal MRI analysis of brain structure and function in relation to OXT methylation in maltreated children and adolescents. *Translational Psychiatry*, 44(12), 2045-2053.

野坂祐子(2019). トラウマインフォームドケア"問題行動"を捉えなおす援助の視点. 日本評論社.

白川美也子監修(2020). 子どものトラウマがよくわかる本. 講談社.

Teicher, M. H., Samson, J. A., Anderson, C. M., et al.(2016). The effects of childhood maltreatment on brain structure, function and connectivity. *Nature Reviews Neuroscience*, 17(10), 652-666.

友田明美(2019). 子ども虐待と脳科学―アタッチメント(愛着)の視点から―. 小児保健研究, 78(6), 519-524.

van der Kolk, B.(2015). The Body Keeps the Score. Penguin Books.(ヴァン・デア・コーク, B.(著)柴田裕之(訳)(2016). 身体はトラウマを記録する. 紀伊国屋書店.)

Weaver, I. C., Cervoni, N., Champagne F. A., et al.(2004). Epigenetic programming by maternal behavior. *Nature Neuroscience*. 7(8), 847-54.

〈参考文献〉

Bucharest Early Intervention Project.

Guidance for Analyzing 2021 ACEs & PCEs Data.

厚生労働省(2007). 子ども虐待対応の手引き.

厚生労働省 子ども家庭局家庭福祉課虐待防止対策推進室(2022). 一時保護令状請求手続きについて.

根ケ山裕子編著(2020). 子ども虐待対応法的実務ハンドブック. 日本加除出版.

SAMHSA(2014). SAMHSAのトラウマ概念とトラウマインフォームドアプローチのための手引き.

杉山登志郎(2021). テキストブックTSプロトコール. 日本評論社.

第 7 章 社会的養護と心理支援

7.1節 │ 子どもの権利としての社会的養護

A. 国による親の援助義務と代替的養育

　社会的養護は，子どもたちがもつ権利である。1989年の国連総会において採択された**子どもの権利条約（児童の権利に関する条約）**は，子どもに対する「差別の禁止（第2条）」，「子どもの最善の利益（第3条）」「生命，生存および発達に対する権利（第6条）」「子どもの意見の尊重（第12条）」を基本的な原則とし，子どもを権利の主体者であることを明確にしている（United Nations, n.d）。子どもたちの権利である育ちを支える中心は養育であることから，養育は子どもの権利を保障するうえで重要である。子どもの養育はまず保護者に責任があり，国は保護者が養育の責任が果たせるよう援助することとしている（第18条）。また，第20条では，家庭環境にとどまることが子どもにとっての最善の利益から判断して認められない場合には，国は代替的な養育を行うこととしている。

B. 家庭養育優先の理念

　日本においては，子どもの権利条約の精神を受け，またすべての子どもの育ちを保障する観点から，2016年（平成28年）の改正児童福祉法第3条の二において，以下のように家庭への養育支援から代替養育までの社会的養育の充実と家庭養育優先の理念が規定された。

〔改正児童福祉法〕

第3条の二　国及び地方公共団体は，児童が家庭において心身ともに健やかに養育されるよう，児童の保護者を支援しなければならない。ただし，児童及びその保護者の心身の状況，これらの者の置かれている環境その他の状況を勘案し，児童を家庭において養育することが困難であり又は適当でない場合にあっては児童が家庭における養育環境と同様の養育環境において継続的に養育されるよう，児童を家庭及び当該養育環境において養育することが適当でない場合にあっては児童ができる限り良好な家庭的環境において養育されるよう，必要な措置を講じなければならない。

C. 子どもの権利としての社会的養護

2023年に設立したこども家庭庁のホームページには，「社会的養護は，保護者のない児童や，保護者に監護させることが適当でない児童を，公的責任で社会的に養育し，保護するとともに，養育に大きな困難を抱える家庭への支援を行うこと」と示されている。その本質は権利主体としての子どもがその権利を保障されるための制度であることを理解しておきたい。

7.2節 地域における支援が必要な子どもと社会的養護

A. 児童虐待相談対応件数の増加と年齢別の動態

児童虐待は，保護者による子どもの人権侵害行為である。第6章でも触れているが，児童相談所における児童虐待相談対応件数は，統計を取り始めた1990年度は1,101件であったが，2020年代に入りその数は20万件を超え，30年でおよそ200倍となっている。この増加の最も大きな原因は，社会が児童虐待を社会的課題である（Kemp, 1962）と認識し，対応を進めてきたことにある。残念ながらこの数値は増加の一途を辿っている（第4章図4.2参照）。2016（平成28）年の児童福祉法の改正において社会的養護の意味が見直された原因の1つとして，児童虐待の増加を止めることができていない現状がある。

児童虐待防止法では，行為自体によって身体的虐待，性的虐待，ネグレクト，心理的虐待の4種類に児童虐待を分けている（第6章表6.1参照）。それぞれの種別によって相談対応年齢の動態（**図7.1**），すなわち通告されやすさが異なっている。例えば，性的虐待の相談対応件数は保育所に所属する6年間に7倍に，小学校高学年の3年間に2倍に増加する。図7.1には示していないが，性的虐待の通告経路としては学校が最も多く，こうした複数の情報を合わせて，自身が所属する機関に関連する年齢層の動態を知っておくことは，虐待を発見し子どもたちを支援する際に有用であろう。

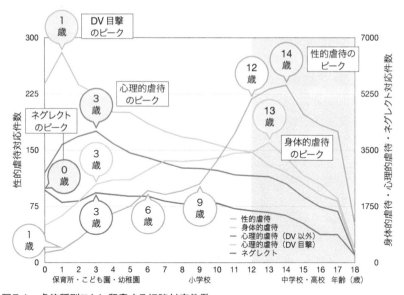

図7.1　虐待種別ごとに留意する相談対応件数
（厚生労働省（2023）．令和3年度福祉行政報告例 児童福祉 表22．児童相談所における児童虐待相談の対応件数，被虐待者の年齢×相談種別をもとに作成）

B. 社会的養護における児童虐待への予防的対応（一次・二次予防）

　児童虐待は，保護者による子どもへの加害行為であるが，一方で，保護者が養育の責任を果たせなくなっている状況とみることもできる。そうすると，国や地方公共団体はこの状況を改善するためにさまざまな施策を講じる責任が生じる。つまり，いかに子育てを支援し，児童虐待を予防するかという施策である。

　児童虐待の予防は，早期から公衆衛生的アプローチの中で捉えられてきた（大澤・越智，2021）。その1つとして，児童虐待の予防を**一次予防，二次予防，三次予防**の層別に整理する方法がある。大澤らが海外の文献等をもとに改変して作成したイメージに現在の社会的養護の各事業を加えたものを**図7.2**に示した。子どもへの虐待については，一次予防は，虐待やネグレクトが起こる前にその発生を防ぐことであり，すべての子どもや家庭を対象にした予防的な活動やコミュニティやサービス提供者への教育，連携やネットワークの構築などの環境づくりの活動である。二次予防は，虐待ハイリスクの家庭やすでに虐待を受けている子どもを対象に，早期介入によりさらなる被害を防ぐための活動である。三次予防は，重傷を負っ

た子どもの医療ケア，子どもの保護，そして虐待の再発防止である（大澤・越智，2021）。第4章や第5章で述べられている子育て支援や発達相談，発達支援は，一次・二次予防に当たると考えられる。

　また，子ども側の状態として捉えると社会的養護の対象を保護者への養育支援が特に必要である要支援児童と，保護者がいないもしくは保護者が家庭で養育をすることが不適当と判断される要保護児童とが，社会的養護の対象である。両者とも児童福祉法に示されている。図7.2に当てはめると，要支援児童への支援は一次予防から二次予防に，要保護児童への支援は二次予防から三次予防に該当すると考えられる。

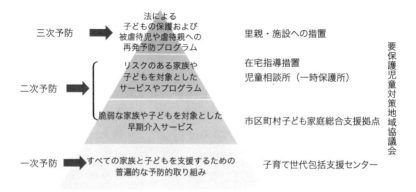

図7.2　児童虐待予防のための公衆衛生学的アプローチ（大澤・越智，2021）と社会的養護の事業との関係性

7.3節 ┃ 妊娠期から子育て期における地域での包括的予防対応

　社会的養護では，家庭で生活する要支援児童や要保護児童が抱える困難を軽減し，日常生活を継続できるよう支援される。第4章でみてきたように，乳幼児健診やそれに続く子育て支援，保育・教育が支援への入り口としての機能を担い，また支援そのものを担っている。公認心理師もこうした領域の中で，保護者の相談を受けたり，子どもたちの発達や困難な状況を評価するなど，その役割を果たしている。妊娠期から子育て期における児童虐待への予防対応や子育て支援は，複数の職種や領域が関与するため，情報の集約や継続性を維持することが難しい。そうした課題に対して包括的に予防対応ができるよう以下のような施策が行われている。

A. 子育て世代包括支援センター

2016（平成28）年5月に成立した「児童福祉法等の一部を改正する法律」により母子保健法が改正され，妊娠期から子育て期にわたる切れ目のない支援を行う「子育て世代包括支援センター」が新たに規定され，市町村は同センターを設置するよう努めなければならないとされた。対象として想定されているのは妊産婦・乳幼児等である。この時期には主として母子保健と子育て支援の分野からの支援が実施されていることから，センターにはこの時期の状況に関する情報を集約して継続的・包括的に把握し，支援内容と関係機関間の関係を調整する役割が期待されている。

B. 子ども家庭総合支援拠点

子育て世代包括支援センターは，一般的な子育て支援への広がりが大きいが，より支援の必要度の高い家庭に対して支援拠点の整備が行われている。

上述の「児童福祉法等の一部を改正する法律」において，基礎的な地方公共団体である市町村は，子どもの最も身近な場所における子ども及び妊産婦の福祉に関する支援業務を適切に行わなければならないことが明確化され，子どもとその家庭及び妊産婦等を対象に，実情の把握，子ども等に関する相談全般から通所・在宅支援を中心としたより専門的な相談対応や必要な調査，訪問等による継続的なソーシャルワーク業務までを行う機能を担う「子ども家庭総合支援拠点」の整備に努めなければならないと規定された（厚生労働省，2017a）。その目的の1つには，虐待相談を受けて対応したケースのうち，在宅支援となったケースの保護者等に寄り添い，継続的に支援し，児童虐待の発生を防止することが掲げられ，そのために市区町村を中心とした在宅支援の強化が期待されている。

C. こども家庭センターへの統合

2022（令和4）年6月に成立した改正児童福祉法において，特定妊産婦への継続的な支援や民間団体と協力して多様な家庭環境等への支援強化のために地域資源を開拓することを充実させることなどを目的に「子育て世代包括支援センター」と「子ども家庭総合支援拠点」とを統合し，「こども家庭センター」の設置に努めることと定められている。

　第6章でみたように，家庭での生活が適切ではないと判断された場合，子どもたちは一時的に保護され，社会的に養育されるのであるが，そうではなく，家庭に戻る子どもたちもいる。2021年には，一時保護されたうちのおよそ半数の子どもたちが家庭へと戻っている（厚生労働省，2023）。

　加えて，虐待通告を受けた子どもたちのうち一時保護を受けるのは1割強であり，残りの9割弱の子どもたちは家庭での生活を継続している。つまり，地域での予防対応の対象には，こうした子どもたちも含まれていると理解しておくとよい。

7.4節 ｜ 家庭での生活困難から措置へ

　家庭で生活することが困難であったり，適切ではないと判断された場合，子どもたちは**代替養育**の場へと措置される。公認心理師も代替養育の場や代替養育を支援する場で働いている。本節では代替養育について説明する。

A. 養育環境と新しい社会的養育ビジョン

　わが国の子ども家庭福祉に関する基本的な法律である**児童福祉法**は，2016（平成28）年に改正を受け，子どもたちには適切な養育を受ける権利があり，その権利の主体者であることが明記された。同法第3条の二では，子どもが家庭で生活できるよう保護者への国や地方公共団体の援助義務を示しつつ，それが困難または適当でない場合については，家庭と同様の養育環境で継続的に養育されるように必要な措置を講じなければならないとしている。子どもたちができる限り良好な家庭的環境において養育されるように必要な措置を講じなければいけないことを示している。これは子どもの権利条約の理念を反映したものであることはすでに述べた通りである。この児童福祉法の理念を社会的養護において具体化していくための工程を示した報告書が，2017年8月に出された「新しい社会的養育ビジョン」である。報告書では，子どもたちを代替養育の場へと措置する際には，家庭での養育を原則とし，さらに家庭での代替養育が適当でない場合，つまり高度に専門的な治療的ケアが一時的に必要な場合には，子どもへの個別対応を基盤とした「できる限り良好な家庭的な養育環境」を提供し，短期入所することを原則とするとしている。

では，家庭での養育や家庭的な養育環境，また入所する施設とはどのように考えたらいいのだろうか。現在規定されている代替養育の場を分類したものを**図7.3**に示した。主として生活している子どもたちの人数と，その場が支援者自身の生活の場であるかの2点が外形的な基準となっている。

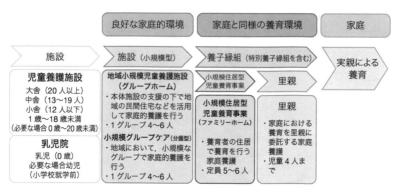

図7.3　家庭と同様の環境における養育の推進（こども家庭庁支援局家庭福祉課, 2024）

B. 措置における方針

　措置については第6章を参照のこと。また，現在の代替養育を担う人や機関のうち，障害児入所施設を除いたものが表6.2に示されている。

　2016年の児童福祉法改正後，都道府県等は，措置にあたり里親及びファミリーホーム（里親等）への委託を推進するよう計画を立案し実行することも求められている。一方，自治体間の格差が大きく，2021年度末現在で，里親等委託率は，全国では23.5％，最小は8.6％，最大は59.3％となっている。2024年度末までに3歳未満の里親等への委託率を75％以上にするという数値目標が掲げられ，計画の見直しと，計画に基づいて財政支援を受けながら進められているところである。2023年度末に，60％を超える自治体が76自治体中11自治体（14.5％），2024年度末に75％を超える自治体が19自治体（25.0％）となる見込みである。

　対象となる子どもたちの状態によって措置先が決められていく。各施設の対象となる子どもたちについては児童福祉法に規定があり，その内容は表6.2にまとめられているので参照してほしい。おおむね次のような方針となる。まず，不登校がないかあっても状態変化が見込まれ，障害があっても集団での生活がおおむね可能であり，虐待による精神的な後遺症も重

篤でないといった子どもたち，つまり行動・社会適応上の問題がないかあっても軽度な場合は，年齢によって児童養護施設か乳児院が選択される。反社会的行動のある場合は児童自立支援施設が，行動・社会適応上の問題が中等度以上にある場合は児童心理治療施設が選択される。

C. 児童養護施設の小規模化

現在の措置先として生活する子どもが最も多いのは児童養護施設である。2016年の児童福祉法改正後，「できる限り良好な家庭的な養育環境」への転換を目指し，都道府県等は児童養護施設等の小規模かつ地域分散化等を推進するよう計画を立案し実行していくことを求められている。実際，2017年には児童養護施設の「施設」（図7.3）形態における入所児童数の割合は6割程度あったが，2022年には4割へと減少し，「施設（小規模型）」（図7.3）へと移行しつつある。

D. 代替養育を受ける子どもたち

代替養育を受けるということは，親と離れて暮らすということ，生まれ育ってきた家や地域（友達，学校，日常生活等）と別れるということ，そして，まったく新しい人々と暮らしを始めるということである。加えて，代替養育を受ける子どもたちには，虐待体験によるさまざまな症状（第6章参照），心身の障害，障害や学習環境による学業の遅れといった状態があり（**図7.4**），生活環境の変化，新しい生活環境への適応という大きなストレスに対して脆弱である。

また，一般の家庭では原則的に養育者が変わることはなく，幼少期の生活の場も安定していることが多いが，代替養育では養育者も生活の場も永続的に保障されていないことがほとんどである。結果的には1〜5年程度で生活場所を変えていかなくてはならず（図中の平均在所期間），施設から直接社会へと出ていく子どもたちも多い。

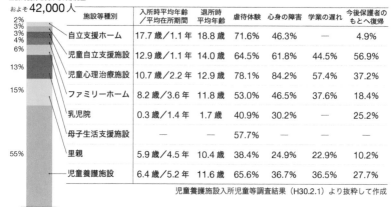

社会的養育を受ける対象児童

およそ42,000人

施設等種別	入所時平均年齢／平均在所期間	退所時平均年齢	虐待体験	心身の障害	学業の遅れ	今後保護者のもとへ復帰
自立支援ホーム	17.7歳／1.1年	18.8歳	71.6%	46.3%	—	4.9%
児童自立支援施設	12.9歳／1.1年	14.0歳	64.5%	61.8%	44.5%	56.9%
児童心理治療施設	10.7歳／2.2年	12.9歳	78.1%	84.2%	57.4%	37.2%
ファミリーホーム	8.2歳／3.6年	11.8歳	53.0%	46.5%	37.6%	18.4%
乳児院	0.3歳／1.4年	1.7歳	40.9%	30.2%	—	25.2%
母子生活支援施設	—	—	57.7%	—	—	—
里親	5.9歳／4.5年	10.4歳	38.4%	24.9%	22.9%	10.2%
児童養護施設	6.4歳／5.2年	11.6歳	65.6%	36.7%	36.5%	27.7%

児童養護施設入所児童等調査結果（H30.2.1）より抜粋して作成

（棒グラフ内の数値：2%　3%　3%　4%　6%　13%　15%　55%）

図7.4　社会的養護を受けている子どもたちの概要
対象児童の人数及び対象児童数についての施設種別の割合の棒グラフは，表6.1より作成
退所時平均年齢は，入所時平均年齢に平均在所期間を加えて算出

E. 子どもたちの生活と生活を支える職員

　家庭から保護された子どもたちの代替養育の1つは施設である。施設に一歩入り，子どもたちと過ごしてみるとわかるが，施設というのは子どもたちの日常生活が営まれている場である。朝，眠そうな顔をした子どもたちが起きてきて，朝食を囲む。乳児が職員に抱かれながら哺乳を受け，おもちゃで遊び，幼児が園服を着て出かけていく。夕方になれば小中学生が戻り，宿題をして，おやつを食べる。ゲームをしたり，職員に今日あった出来事を話したり，外で遊んだりする。高校生がアルバイトから戻り，お風呂に入り，洗濯された服に着替え，布団に入って眠る。時に喧嘩が起き，時に激しく怒り，夜に悲しくなって起きてきて泣き，そしてたくさん笑う。

　虐待をはじめさまざまな背景のある子どもたちの施設生活というと，暗いイメージになることが一般的なようであるが，実際の子どもたちは一般家庭の子どもの様子と変わらない。けれども，付き合っていくうちに障害特性を背景にした対人的な関わりの偏りが喧嘩や孤立を招いていたり，二次障害からくる被害的認識やパニック，虐待体験からくるトラウマ症状がイライラや突発的な癇癪を引き起こしていたりする状況が見えてくる。また年齢に限らず，家庭から離れて暮らすことに対する怒りや悲しみ，不安や寂しさ，残してきた家族を心配するといったような家族との複雑な関係性からくる悩みごと，困りごとを抱える様子が見えてくる。

あたり前の日常生活を作りながら，子どもたちが抱く悩みや不安，困りごとに目を向け，生活の中で子どもの育ちと回復のためにさまざまな手立てを講じている（増沢，2012）のが，児童指導員や保育士といった生活を支える専門職である。また，生活の傍らから栄養士，調理師，看護師，医師，家庭支援専門相談員（ファミリーソーシャルワーカー），里親支援専門相談員といった多職種の専門職が子どもたちや保護者をサポートしている。

7.5節 ∥ 社会的養護を担う施設における心理職の配置

代替養育を行う施設において，最初に心理職が明確に位置づけられたのは，1962年の情緒障害児短期治療施設（現在の児童心理治療施設）の開設にはじまるとされる（楢原ら，2012）。他の種別施設においても配置されるようになり，現在では心理療法を行う必要があると認められた対象が10人以上いる場合には，心理職を置かなければならないとされている。また，児童心理治療施設では，そもそも心理治療を必要とする子どもたちが入所しており，心理職を置かなければならない。配置数は子ども10人に1人である。**表7.1**に施設種別ごとの基準をまとめている。

7.6節 ∥ 子どもたちへの心理支援

A. 育ちを支える心理支援

子どもは，養育者との信頼関係に基づきながら，家庭，保育所，学校，地域とより広い社会とつながり，さまざまな生活体験を通して育っていく。代替養育の場も，子どもにとって同じように育ちを保障される場であることが目指される。

そうであれば，まず子どもと生活支援を担う児童指導員や保育士といった代替養育者との関係を支えることが目指される。そのためには，子どもの発達状況，日常生活動作の習得度，学習の習得度と困難度，虐待による後遺症，障害特性，原家族との関係性，過去の体験に対する子どもの主観的認識，施設入所に対する主観的認識等が探索され，ある程度把握されていることが必要となる。一方で，代替養育者である同僚がもつ養育に対する価値観や養育スキルの特徴といったものを知り，養育側を理解している

表7.1　代替養育施設における心理職の配置基準

施設種別	職名	配置条件	心理療法(指導)を行う必要があると認められる対象／心理療法を行う対象	必要対象人数	資格要件
乳児院	心理療法担当職員	心理療法(指導)を行う必要があると認められる者が一定数以上いる場合には,心理療法(指導)担当職員を置かなければならない	乳幼児又はその保護者	10人以上	学校教育法の規定による大学(短期大学を除く。)若しくは大学院において,心理学を専修する学科,研究科若しくはこれに相当する課程を修めて卒業した者であつて,個人及び集団心理療法の技術を有するもの又はこれと同等以上の能力を有すると認められる者でなければならない
母子生活支援施設	心理療法担当職員		母子	10人以上	
児童養護施設					
障害児入所施設	心理指導担当職員			5人以上	
児童自立支援施設			児童	10人以上	学校教育法の規定による大学(短期大学を除く。)若しくは大学院において,心理学を専修する学科,研究科若しくはこれに相当する課程を修めて卒業した者又は同法の規定による大学において,心理学に関する科目の単位を優秀な成績で修得したことにより,同法第百二条第二項の規定により大学院への入学を認められた者であつて,個人及び集団心理療法の技術を有し,かつ,心理療法に関する一年以上の経験を有するものでなければならない
児童心理治療施設	心理療法担当職員	心理療法担当職員を置かなければならない		10人に1人	

(児童福祉施設の設備及び運営に関する基準をもとに作成)

ことも重要である。関係性を支えるためには，両者に対する一定程度の理解に基づき，代替養育者に子どもの状態を伝えること，両者の関係を調整すること，養育の相談に応じることといったアプローチが可能である。また，直接両者の関係性を促進することもできる（徳山ら，2009）。

障害の特性や状態によっては，発達を促すような取り組みを行うこともある。幼児であれば療育的なアプローチが有効であろうし（第5章参照），高齢児であればグループ活動が有効な場合がある（森田ら，2003）。発達段階を考慮しながら，個別的な支援と子ども間の関係性に配慮した支援との両方を念頭において支援をすると良い。

こういった心理的なアプローチを通して，子どもの健全なこころの育ちを支援する。

B. 回復を支える心理支援

代替養育施設にくる子どもたちは，虐待的な養育体験等に起因するトラウマ関連障害やアタッチメントに関する問題を抱えていることが少なくない。従って，施設養育は，子どもたちの呈する複雑な行動上の問題や精神的，心理的問題の解消や軽減を意図しつつ生活支援を行うという，治療的養育を基本とすべきである（厚生労働省，2017b）とされる。

6.4節では，虐待を受けた子どもたちへの公衆衛生的なアプローチから治療アプローチまでが述べられている。この視点でみると，施設における心理支援としては，生活場面の環境調整をする際にTICとTRCの観点を参考にするとよい。

一方，施設内で行う心理療法は，面接中の興奮が日常生活に持ち込まれやすいこと，面接で行ったことを子どもに話してしまうことがあるなど，心理療法の影響が日常生活に出やすい（高田，2012）。TSCに限らず，トラウマ関連障害やアタッチメントに関する問題に焦点を当てた心理的アプローチは，代替養育施設においても複数行われているが，実施に際しては生活支援を担当している職員等に十分に説明をしたうえで実施することが必要である。

　本章では触れていないが，生活を担う職員から心理相談を受けることがある。養育相談であればよいが，個人的な問題について相談である場合は，どのように対応するか検討が必要である。

　虐待を受け，トラウマを抱えた子どもたちや保護者を支援するにあたり，その強烈な感情体験は，心理職に二次受傷を引き起こすことがある。また，虐待という関係性の中で生じる被害を受けた子どもたちは，人間関係に支配的であったり，他児や職員を巻き込んで人間関係をコントロールしようとすることもある。心理職者自身の精神衛生の管理に留意したい。

　社会的養育における生活形態は大きく変化しつつある。生活を中心とする社会的養育の場においては，子どもたちの傍らで生活を支えている専門職者がいる。心理療法はその性格から個別的な関与が多くなるが，生活の場におけるかかわりの方法，多職種の協働における子どもたちについての情報共有の在り方等，所属機関の中で話し合いながら実践していけるとよい。

〈引用文献〉

Kempe, C. H., Silverman, F. N., Steele, B. F., et al. (1962). The Battered-Child Syndrome, *Journal of American Medical Association*, 181, 17-24.

こども家庭庁　https://www.cfa.go.jp/top/

こども家庭庁支援局家庭福祉課 (2024). 社会的養育の推進に向けて (令和6年2月).

厚生労働省 雇用均等・児童家庭局長 (2017a). 市区町村子ども過程総合支援拠点の設置運営等について.

厚生労働省 新たな社会的養育の在り方に関する検討会 (2017b). 新しい社会的養育ビジョン.

厚生労働省 (2023). 令和3年度福祉行政報告例.

増沢高 (2012). 生活臨床と心理臨床をつなぐ. 増沢高・青木紀久代 (編), 社会的養護における生活臨床と心理臨床, 福村出版, 7-12.

森田展彰・有園陽子・肥田明日香 (2003). 児童養護施設における思春期児童を対象としたグループワーク. 子どもの虐待とネグレクト, 5(1), 185-198.

楢原真也・増沢高 (2012). 児童福祉施設における心理職の歩み. 増沢高・青木紀久代 (編), 社会的養護における生活臨床と心理臨床, 福村出版, 27-40.

大澤絵里・越智真奈美 (2021). 市町村における地域の児童虐待予防と対応のしくみの課題と展望―公衆衛生学アプローチと包括ケアシステムとの融合―. 保健医療科学, 70(4), 385-394.

高田治 (2012). 児童心理治療施設 (情緒障害児短期治療施設) における生活臨床と心理職の役割. 増沢高・青木紀久代 (編), 社会的養護における生活臨床と心理臨床, 福村出版, 116-130.

徳山美知代・森田展彰・菊池春樹他 (2009). 児童養護施設の被虐待児とケアワーカーのアタッチメントに焦点を当てたプログラムの有効性の検討. 子どもの虐待とネグレクト, 11(2), 230-244.

United Nations (n.d.). Background to the Convention
　　https://www.ohchr.org/en/treaty-bodies/crc/background-convention

第 8 章 障害の理解と社会福祉制度

　障害のある人への心理支援は福祉，教育，医療を中心に教育相談や障害に関わる相談，療育，生活の支援，カウンセリングや心理療法，職業や就職に関わる支援など多岐にわたっている。障害のある人へ心理支援を行ううえでは，障害の概念，障害種の知識や障害のある人の障害福祉施策について学ぶ必要がある。そのため，本章では障害に関する基本的知識と社会福祉制度について概観していく。

8.1節　障害とは

　障害という概念は固定的なものではなく，歴史を経て変遷している。本書では「障害」という表記が採用されているが，ほかにも「障がい」と表記される場合も多い。このような異なる表記は，障害とは何かという複雑な問題を内包している。行政における障害表記の問題は，2010年に障害者権利条約の締結に必要な国内法の整備を進める中で議論となり，2020年の東京オリンピック・パラリンピックの開催に際しても同じような議論がなされた。その都度「障害」から「障がい」への表記の変更が検討されたが，変更までは至らなかった。それは「障害」の表記に重要な意味が含まれているからである。

　発達障害や当事者研究を専門とする小児科医の熊谷（2015）は，医学モデルで障害を捉えたいときは平仮名で，社会モデルで障害を捉えたいときは漢字で表したいと考えていると述べている。医学モデルは障害を個人の内部に生じるものと捉え，その原因を取り除くことで障害を改善・克服するというモデルである。このモデルでは医学的な治療やリハビリテーションが重視

される。一方で，社会モデルは，個人を取り巻く社会に障壁があり，それが障害となっていると考える。このモデルではその社会的障壁を解消することが重視される。

　障害の概念や支援の理念を理解するためには，このようなモデルを知ることが必要である。例えば，文字を読むことに困難のある子どもがいたとする。医学モデルではその子どもの視覚認知能力を高める治療や支援を行うかもしれない。これによって，その子どもは他の子どものようには読めるようにならないかもしれないが，視機能が向上する。社会モデルでは，文字が読みにくいことへの社会障壁の解消として電子機器による音声読み上げによる支援を提案するかもしれない。これによって子どもは他の子どもとともに授業に参加できる機会が増える。このような例からもモデルの理解は障害支援の幅を広げる可能性があることに気がつくだろう。

8.2節 ICIDHからICFへの転換

　1975年に国際連合総会で「障害者の権利に関する宣言」がなされ，障害のある人の人権尊重が重視されるとともに，障害福祉施策を考えるために障害のモデルが提案されることになった。世界保健機関（WHO）は国際疾病分類（International Classification of Diseases：ICD）を補助するものとして，1980年に国際障害分類（International Classification of Impairments, Disabilities, and Handicaps：ICIDH）を発表した。ICIDHは障害を「機能障害」，「能力障害」，「社会的不利」と分け，障害概念を構造化している。社会的不利という概念を入れることにより世界の障害施策に影響を与え，より広く普及した。しかしながら，医学モデルとしての障害観が未だ強調されていることや，人を取り巻く環境を把握できないことについて批判されるようになった。

　2001年にWHOは国際生活機能分類（International Classification of Functioning, Disability and Health：ICF）を発表した（p.22図2.6を参照）。このモデルでは人の健康状態（もしくは変調／疾病）とは「身体機能・身体構造（機能障害）」，「活動（活動制限），「参加（参加制約）」が相互に作用し，人を取り巻く環境因子やその人の特性などの個人因子からも影響を受けていると考える。医学モデルと社会モデルを統合した生活モデルの提案であり，機能障害があるままでも活動制限や参加制約が解消されるこ

とがこのモデルから読み取れる。現在の社会福祉施策や障害のある人への心理支援を考えるうえでICFの考え方は非常に重要である。

8.3節 障害者総合支援法に基づく制度と福祉サービス

　障害者総合支援法は，「法に基づく日常生活・社会生活の支援が，共生社会を実現するため，社会参加の機会の確保及び地域社会における共生，社会的障壁の除去に資するよう，総合的かつ計画的に行われること」という理念に基づき，障害のある人の生活に必要となる福祉サービスに関わる給付・地域生活支援事業等による支援を総合的に行うことを定めた法律である。この法律に基づく障害福祉サービスは，障害の種類や程度，介護者，居住の状況，サービス利用の意向等をふまえ，個々に支給決定が行われる自立支援給付と，市町村等の創意工夫により柔軟に行う地域生活支援事業に分かれる（図2.8参照）。

A. 自立支援給付における介護給付と訓練等給付の概要

　自立支援給付は大きく2つに分かれる。介護の支援を受ける場合には介護給付，訓練等の支援を受ける場合は訓練等給付に位置づけられる。それぞれのサービスの概要は**表8.1**の通りである。

表8.1　福祉サービスにかかる自立支援給付等の体系（全国社会福祉協議会, 2018）

1　介護給付	
①居宅介護 　（ホームヘルプ）㊖㊒	自宅で, 入浴, 排せつ, 食事の介護等を行う
②重度訪問介護 ㊖	重度の肢体不自由者又は重度の知的障害若しくは精神障害により, 行動上著しい困難を有する人で常に介護を必要とする人に, 自宅で, 入浴, 排せつ, 食事の介護, 外出時における移動支援などを総合的に行う。2018（平成30）年4月より, 入院時も一定の支援が可能となった
③同行援護 ㊖㊒	視覚障害により, 移動に著しい困難を有する人に, 移動に必要な情報の提供（代筆・代読を含む）, 移動の援護等の外出支援を行う
④行動援護 ㊖㊒	自己判断能力が制限されている人が行動するときに, 危険を回避するために必要な支援や外出支援を行う
⑤重度障害者等包括支援 　㊖㊒	介護の必要性がとても高い人に, 居宅介護等複数のサービスを包括的に行う
⑥短期入所 　（ショートステイ）㊖㊒	自宅で介護する人が病気の場合などに, 短期間, 夜間も含め施設で, 入浴, 排せつ, 食事の介護等を行う
⑦療養介護 ㊖	医療と常時介護を必要とする人に, 医療機関で機能訓練, 療養上の管理, 看護, 介護及び日常生活の支援を行う
⑧生活介護 ㊖	常に介護を必要とする人に, 昼間, 入浴, 排せつ, 食事の介護等を行うとともに, 創作的活動又は生産活動の機会を提供する
⑨障害者支援施設での夜間 　ケア等（施設入所支援）㊖	施設に入所する人に, 夜間や休日, 入浴, 排せつ, 食事の介護等を行う
2　訓練等給付	
①自立訓練 ㊖	自立した日常生活又は社会生活ができるよう, 一定期間, 身体機能又は生活能力の向上のために必要な訓練を行う。機能訓練と生活訓練がある
②就労移行支援 ㊖	一般企業等への就労を希望する人に, 一定期間, 就労に必要な知識及び能力の向上のために必要な訓練を行う
③就労継続支援（A型＝雇 　用型, B型＝非雇用型）㊖	一般企業等での就労が困難な人に, 働く場を提供するとともに, 知識及び能力の同上のために必要な訓練を行う。雇用契約を結ぶA型と, 雇用契約を結ばないB型がある
④就労定着支援 ㊖	一般就労に移行した人に, 就労に伴う生活面の課題に対応するための支援を行う
⑤自立生活援助 ㊖	一人暮らしに必要な理解力・生活力等を補うため, 定期的な居宅訪問や随時の対応により日常生活における課題を把握し, 必要な支援を行う
⑥共同生活援助 　（グループホーム）㊖	共同生活を行う住居で, 相談や日常生活上の援助を行う。また, 入浴, 排せつ, 食事の介護等の必要性が認定されている人には介護サービスも提供する。さらに, グループホームを退居し, 一般住宅等への移行を目指す人のためにサテライト型住居がある

B. 自立支援給付におけるその他サービス

　介護給付および訓練等給付に関する福祉サービス以外に，自立支援給付には相談支援や自立支援医療などがある。それぞれの概要は以下の通りである。

ⅰ）相談支援

　相談支援は，さまざまな相談に対応する基本相談，障害福祉サービス利用にかかる計画作成や支援を行う計画相談，地域生活への移行に向けた支援を行う地域相談がある。地域にどのような福祉サービスやそれを担う施設があるかを把握することは簡単ではない。計画相談の利用により，障害福祉サービスの選択における意思決定が促進される。計画相談では，利用者にどのようなニーズや目的があるか確認し，最適なサービスの提案や地域のサービス提供事業所の情報提供を行い，サービス等利用計画を作成する。福祉サービス利用開始後もモニタリングや計画の見直しのために，定期的で継続的な相談支援が提供される。

ⅱ）自立支援医療

　自立支援医療とは，心身の障害を除去・軽減するための医療について，医療費の自己負担額を軽減する公費負担医療制度である。公的医療保険で3割の自己負担を支払うところ，1割に軽減され，かつ医療費の月額の上限額が，世帯所得に応じて決まる。医療費の軽減が受けられる範囲は，障害に起因して生じた病態等に対し，主治医による外来での通院加療や投薬，デイケアや訪問看護等の利用が対象となる。入院費用や公的医療保険の対象とならない治療，障害とは関係のない疾患の治療は対象外となる。

C. 地域生活支援事業

　市町村や都道府県がもつ事業として，地域生活支援事業がある。障害のある人が自立した日常生活または社会生活を営むことができるよう，地域の特性や利用者の状況に応じ，実施主体である市町村および都道府県が柔軟な形態により，効果的・効率的な事業を提供することを目的としている。事業内容や施設については，例えば，基幹相談支援センターや住宅入居等支援事業などを扱う相談支援事業，地域活動支援センター機能強化事業，成年後見制度利用支援事業，移動支援，福祉ホーム，日中一時支援，専門性の高い相談支援事業（例：発達障害者支援センター，高次脳機能障害支援センター），障害者就業・生活支援センターなど多岐に渡る。

　以上のように，障害者総合支援法に基づく障害福祉サービスは複雑であ

るが，多様な障害のある人のニーズに対応するには，さまざまなサービスが必要であるともいえる。公認心理師には，利用者が福祉サービスを社会資源としてどのように活用できるか把握し，地域の関係機関との連携に役立てる実践知が求められる。

　近年，福祉サービスが複雑化・多様化していることや，利用者のニーズが多様化していることもあり，各分野における心理支援において，障害福祉サービスを利用する障害のある人の援助に関わっている支援者とコラボレーションを行うことが求められている。コラボレーションとは，公認心理師が，援助に関わる他の関係者（例：社会福祉士，精神保健福祉士，作業療法士，理学療法士，言語聴覚士，介護士，保健師，看護師，教師，医師）と協力して，利用者の心理支援を行うことである。これにより，福祉サービスの連携を強化し，利用者の心理支援の質の向上を図ることで，利用者の自立や社会参加がより一層促進されることが期待される。公認心理師には，各専門職の役割や専門性を理解し，円滑なコミュニケーションをとることで，信頼関係を構築することが求められる。

〈引用文献〉
熊谷普一郎（2015）．当事者研究への招待─知識と技術のバリアフリーを目指して─．生産研究, 67（5），467-474.
全国社会福祉協議会（2018）．障害福祉サービスの利用について．
　　https://www.mhlw.go.jp/tenji/dl/file01-01.pdf

第9章 知的障害のある人への心理支援

　知的障害のある人はメンタルヘルスに関するニーズがある一方で，そのニーズを満たす支援を十分には受けていない状況がある。過去においては，カウンセリングや心理療法などを含む心理支援は知的障害のある人には向かないと考えられていた時代もあった。これに対してベンダー（Bender, M., 1993）は，「治療的蔑視（therapeutic disdain）」という言葉で，知的障害のある人に心理支援を提供しようとしない心理職の現状について強く批判した。このような批判を経て，現在では知的障害のある人にどのように心理支援を提供していくのかという研究や実践が蓄積されつつある。

　本章では，知的障害のある人への心理支援を実践するための基本的知識や支援の概要を解説する。はじめに知的障害の定義や疫学について説明する。これは知的障害が知的水準のみで判断されていると未だに誤解されていることや，知的障害と聞いたときに多くの人がかなり重い障害状況を思い浮かべるなど，知的障害への固定したイメージを広げ，適切な理解を促すことが目的である。次に，知的障害のある人のメンタルヘルスの不調を取り上げ，知的障害のある人たちがどの程度このような問題を経験しているのかという情報を提供する。最後に知的障害のある人への心理支援について概観し，知的障害のある人が自ら課題に向き合い，心理的な問題，人間関係，家庭や学校，職場での課題を受け入れ解決していくプロセスについて読者が考えるきっかけになるよう整理する。

9.1節 知的障害とは

A. 知的障害の定義

　米国精神医学会（American Psychiatric Association: APA）では，知的発達症（知的能力障害，intellectual disability）を「発達期に発症し，概念的，社会的，および実用的な領域における知的機能と適応機能両面の欠陥を含む障害」と定義している（APA, 2022）。なお，知的障害は発達期に生じると定義されているが，従来では18歳までに生じることが示さ

れていたが（AAIDD, 2010），最近では22歳までに生じると変更されている（AAIDD, 2021）。日本国内においては，文部科学省（2013）は「一般に同年齢の子供と比べて『認知や言語などにかかわる知的機能』が著しく劣り，『他人との意思の交換，日常生活や社会生活，安全，仕事，余暇利用などについての適応能力』も不十分であるので，特別な支援や配慮が必要な状態」と知的障害を定義している。これらの団体・機関において共通となる知的障害の概念は，「発達期に生じ，知的機能と適応行動の両方に著しい困難が伴う」ということである。

B. 知的障害の疫学

　米国知的・発達障害学会（American Association on Intellectual and Developmental Disabilities：AAIDD）（2010）は，出生前・周生期・出生後の3つの時期と，生物医学的・社会的・行動的・教育的の4つの因子によって知的障害の原因や危険因子を分類している（**表9.1**）。知的障害の原因については，生理型（知能を形成する遺伝子の組み合わせの問題のみで，特異な病理規制は存在しない）と病理型（一定の遺伝子疾患と外因性を含めるタイプ）に分類する場合もある。

表9.1　知的障害の原因と危険因子

生物医学的	染色体や遺伝子障害や代謝障害，未熟児や分娩外傷，外傷性脳損傷，栄養不良，髄膜脳炎など
社会的	貧困，母親の栄養不良，ドメスティックバイオレンス，出産時の医療等の利用の欠如，不適切な養育，適切な刺激の欠如など
行動的	親の薬物やアルコールの使用，親による世話の拒否や放棄，子どもへの虐待など
教育的	親の認知能力障害への支援の不足，周産期は退院時の医療的紹介の欠如，出生後は不適切な育児，診断の遅れ，早期介入サービスの不適切さなど

（AAIDD（2010）をもとに作成）

　知的障害の有病率は一般人口全体の**約1%**であるが（APA, 2022），低所得国では1000人につき16.41人，中所得国では15.94人，高所得国では9.21人と国によって有病率が異なる（APA, 2022；Maulik et al., 2011）。一方，知的障害の程度の割合については，軽度がおおよそ85%，

中等度が10%，重度が3～4%，最重度が1～2%とされており（APA，2000），知的障害の知的水準の分布において大多数は軽度である。

9.2節 | **知的障害のある人のメンタルヘルス**

A. メンタルヘルスの不調と有病率

　知的障害のある人のメンタルヘルスの不調は，知的障害のない人と同様にみられる。よく併存する発達障害には**注意欠如多動症**や**自閉スペクトラム症**があり，併存する精神疾患としては**抑うつ症群，双極性症群，不安症候群，認知症**などが挙げられる（APA，2022）。うつ病に関しては重度知的障害のある人にも発症する可能性があり，より軽度の知的障害のある人は精神疾患や過去のストレス要因に関連して自殺の危険があることが報告されている（APA，2022）。

　知的障害のある人のメンタルヘルスの不調の有病率は，調査対象となった母集団や調査方法によって異なる。しかし，近年は大規模な集団を対象に調査が行われるようになり，知的障害のある人のメンタルヘルスの不調は一般人口と比べて高いか同等程度であり，統合失調症の有病率が高いことが指摘されている（Cooper et al., 2007）。大規模な研究の期間有病率を挙げると，クーパーら（2007）の研究では22.4%，テイラーら（Taylor et al., 2004）の研究では20.0%であり，おおよそ20%前後でメンタルヘルスの不調が生じていることが予測される（**表9.2**）。国内では，小規模であるが下山ら（2018）が東京都に住む知的障害のある人を対象に調査をしたところ，期間有病率は23.8%であった。

　一方，知的障害のある子どものメンタルヘルスの不調の有病率は，問題行動も含まれているデータであるが30～50%であり，知的障害のある子どものメンタルヘルスの不調を示すリスクは，知的障害のない子どもに比べ2.8～4.5倍も高いと報告されている（Einfeld et al., 2011）。さらに，子ども時代にメンタルヘルスの不調を経験した知的障害のある人は，成人しても3分の2が継続してメンタルヘルスの不調を示すことが報告されている（Einfeld et al., 2006）。

　知的障害のある人のメンタルヘルスの不調は，生物学的要因や心理的な対処法の不足，**スティグマ**や**虐待**，**貧困**の経験などの心理社会的要因から生じると考えられている（Taylor et al., 2004）。性別や障害の程度，生活習慣，

表9.2 知的障害のある人のメンタルヘルスの不調の有病率

	研究参加者 (人)	有病率 (%)	対象者	調査方法
Taylor et al. (2004)	1155	20.1	成人 (17〜92歳)	PAS-ADDチェックリスト (スクリーニング検査)
Cooper et al. (2007)	1023	22.4	成人 (16歳以上)	DC-LD (臨床アセスメント)
Einfeld et al. (2011)		30〜50	子どもと青年 (5〜20歳)	システマティックレビュー
Shimoyama et al. (2018)	152	23.8	成人 (18〜51歳)	PAS-ADDチェックリスト (スクリーニング検査)

貧困，ライフイベントの経験などの関連が指摘されており，メンタルヘルスの不調を示している知的障害のある人が12ヶ月以内に経験したライフイベントの割合は，家の引っ越しや施設の移動が15.5%，親しい人の重病は9.0%，親しい人との深刻な対人問題が8.8%，本人の深刻な病気が8.5%，親しい人との死別が8.3%であった（Hastings et al., 2004）。知的障害のない人と同様に**逆境的な体験**やネガティブなライフイベントが関連することと同時に，スティグマなどの社会的もしくは心理的課題について心理支援のニーズが存在することがわかる。一方で，家や施設の引っ越しなどが知的障害のある人のメンタルヘルスに影響する場合がある。

B. 問題行動と有病率

　知的障害のある人は，自傷行動や他害行動，器物破損行動などを示す場合があり，これが重症になると強度行動障害とよばれる。このような問題行動は，行動障害，不適切行動，異常行動，逸脱行動，**チャレンジング行動**などとよばれることもある。これらの用語は精神科領域における正式な診断名でなく，臨床的な概念として知的障害のある人が示す破壊的行動，多動，他傷，自傷，異常な習慣，常同行動などを意味している（肥後，2000）。チャレンジング行動は「その人や他人の身体的な安全性が深刻な危険にさらされるような強さ，頻度をもつ持続した行動で，通常の地域の公共施設へのアクセスや利用を著しく制限するか遅延させるような行動」と定義される（Emerson & Einfeld, 2011）。強度行動障害は，「自傷，他傷，こだわり，もの

壊し，睡眠の乱れ，異食，多動など本人や周囲の人のくらしに影響を及ぼす行動が，著しく高い頻度で起こるため，特別に配慮された支援が必要になっている状態」と定義されている（厚生労働省，2022）。強度行動障害については，家庭，学校，福祉施設といった多くの場面で課題となっており，本人や家族の支援が困難なことから社会問題となっている。

　知的障害のある人の問題行動の有病率は，おおよそ10〜20％であると考えられる（Bowring et al., 2017；Cooper et al., 2007；神奈川県，2018）。神奈川県（2018）は，県内の福祉施設を利用している知的障害のある子どもと成人の16,344名を対象に，強度行動障害を伴う人の人数を調査している。「強度行動障害判定基準（新基準）」により10点以上の強度行動障害と判定された成人は10.4％で，子どもでは2.4％であった。多くの研究から，強度行動障害は幼少時に現れ，それが年齢を追うごとに徐々に強まり激しくなっていくことがわかっている。問題行動は，コミュニケーションスキルや手段の不足，質の良い人間関係や余暇活動の不足，睡眠障害や衝動性などと関連しており，子ども時代からの教育や心理支援が必要である。

表9.3　問題行動の有病率

	研究参加者 （人）	有病率 （％）	対象者	調査方法
Cooper et al. (2007)	1023	22.5	成人 （16歳以上）	DC-LD（臨床アセスメント）
Bowring et al. (2017)	265	18.1	成人 （18歳以上）	行動問題目録 (Behavior Problems Inventory) （スクリーニング検査）
神奈川県 (2018)	16344	成人　10.4 子ども　2.4 平均　　8	子どもから成人 （5〜80歳以上）	強度行動障害判定基準 （新基準） 行動関連項目

C. メンタルヘルスの不調と問題行動の関連性

　知的障害のある人が示すメンタルヘルスの不調と問題行動の関係は明らかになっていないものの，知的障害のある人の示す一定の問題行動は，メンタルヘルスの不調の兆候や症状の一環である可能性が指摘されている（Rojahn & Meier, 2009）。知的障害のある人が問題行動を示すと，その行動がメン

タルヘルスの不調の一環の現象として周囲の人たちに認知されない場合がある（Taylor & Knapp, 2013）。近年では，知的障害のある人が精神疾患であるにもかかわらず，単なる問題行動として診断されることが課題となっている。そのような状況を「診断の過剰投影（diagnostic-overshadowing）」とよび，知的障害のある人の精神疾患が適切に診断されないことや，治療や支援につながっていない状況への批判がある（Perry et al., 2018）。

　一方，知的障害があり，**自閉スペクトラム症**のある人のメンタルヘルスの不調と問題行動の有病率の高さが指摘されている（JCPMH, 2013）。しかしながら，自閉スペクトラム症を伴う知的障害のある人の示すメンタルヘルスの不調と問題行動には相関関係がある可能性が高いことが報告されているものの，共通していない部分もあるため注意が必要である。その問題行動が，メンタルヘルスの不調との強い関連性を示している場合もあれば，言語能力の制約や人間関係や余暇活動の不足などと強い関連性を示している場合もあるからである。いずれにせよ，臨床的な課題として知的障害のある人の中でも，自閉スペクトラム症がある場合には，メンタルヘルスの不調や問題行動に対する心理支援のニーズが高い可能性に着目する必要がある。

9.3節 ‖ 知的障害のある人への心理支援とアクセシビリティ

A. 支援者の意識

　知的障害のある人がメンタルヘルスの不調を示すと，心理職や施設職員はそれが心理社会的な問題から生じていると判断するよりも，知的障害の症状と判断する傾向にあることが指摘されている（Reiss et al., 1982）。このような診断の過剰投影があることで，知的障害のある人はメンタルヘルスの不調について周囲の人たちから適切に把握されず，適切な支援やサービスを受けられていないことが考えられる。さらに，メンタルヘルスの不調を示す知的障害のある人に対して，知的障害向けの福祉サービス提供者は「精神疾患向けの福祉サービスで支援すべき」と考えており，精神疾患向けの福祉サービス提供者は「知的障害向けの福祉サービスで支援すべき」と考えていることが指摘されている（Reiss et al., 1982）。

　現在では精神科や個人開業の心理相談室で知的障害のある人がカウンセリングや心理療法を受けられるようになってきている。しかしながら，知的障害のある人にカウンセリングや心理療法を提供することを拒絶する心理職が

いることが批判されていることを忘れてはならない（Prout and Strohmer, 2003）。このような課題は，知的障害のある人への**社会的スティグマ**や**自己決定**および**同意**の機会の不十分さといった要因も関連しており，知的障害のある人のニーズや主体性の尊重に関する観点とともに心理支援について考える必要がある（下山，2023）。

B. アセスメント

　イギリスのNICE（National Institute for Health and Clinical Excellence）は，知的障害のある人へのメンタルヘルスの支援に関するガイドラインにおいて，知的障害に関する知識をもつことと心理アセスメントを実施することの必要性を指摘している（NICE, 2016）。近年，知的障害のある人に向けた心理アセスメントが開発されつつある。メンタルヘルスのアセスメントとしては，本人が自分の状態を評価する自己報告式のものと，知的障害のある人の家族や介護者が評価する情報提供式のものがある。

　自己報告式のアセスメントは，軽度や中等度の知的障害のある人に向けて質問紙やインタビュー形式で開発されてきている。例えば気分障害のアセスメントとして，知的障害のある人のためのグラスゴー抑うつ尺度（GDS-LD）（Cuthill et al., 2003）やグラスゴー不安尺度（GAS-ID）（Mindham & Espie, 2003）などがある。国内においては，知的障害のある労働者に向けたストレスチェック質問票が開発されており（川上，2019），これらが活用されることで職場でのメンタルヘルスに関する評価や支援の向上が期待される。自己報告式アセスメントでは，明確でわかりやすい文章やイラスト・写真が用いられ，シンプルな回答方式により，知的障害のある人が回答しやすいように工夫されている。

　一方，情報提供式アセスメントは，軽度から最重度の知的障害のある人に向けて開発されている。基本的には本人をよく知っている家族や介護者である職員，学校の教員が情報提供者となって回答する方法である。メンタルヘルスの不調全般については，発達障害のある成人の精神診断評価チェックリスト（PAS-ADDチェックリスト）（Moss et al., 1996）やPAS-ADDチェックリストを改良し，ICD-11とDSM-5に準拠したモス精神診断評価チェックリスト（Moss-PAS（ID））（Moss, 2019）がある。国内では，日本語版MIPQ（福田・菅野，2017）が開発されており，重度や最重度の知的障害のある人の気分障害について評価することができる。

日本国内では，未だ知的障害のある人に向けたメンタルヘルスのアセスメントは少ない状況であるため，行動観察，本人や関係者へのインタビューを中心にメンタルヘルスのアセスメントを進める必要がある。

C. 心理支援のアプローチとアクセシビリティ

　近年，知的障害のある人のメンタルヘルスに関して，メタ分析を用いて心理学的アプローチの効果が検証されるようになってきている。科学的なエビデンスを多く示してきた心理学的アプローチとしては，**認知行動療法**（Cognitive Behavior Therapy：CBT）と**応用行動分析学**（Applied Behavior Analysis：ABA）の行動論的アプローチが挙げられる。知的障害のある人向けにCBTを修正し，適用したところ有効であったことが報告されている（Dagnan et al., 2013；Lindsay et al., 2013）。

　一方，知的障害のある人への薬物療法であるが，知的障害のある人の怒りや攻撃行動に関して，従来では非定型精神病薬が有効であると考えられてきたが，現在ではエビデンスを示す研究は少ない（Singh et al., 2005；Tsiouris, 2010）。国内では，メンタルヘルスの不調を示す知的障害のある人への向精神薬の処方割合は諸外国よりも高く，課題が多いとされている（井上他，2016）。知的障害のある人のメンタルヘルスの不調や問題行動に対して，CBTやABA，カウンセリングのような心理支援とともに薬物療法を併用することでの治療効果の有効性が報告されている（Lindsay et al., 2013）。

　次に，知的障害のある人へ心理療法やカウンセリングなどの心理支援を行う場合のプロセスについて説明する。一般の人に対する心理支援と同じ構造をとるが，いくつか付加的なプロセスが必要である（**図9.1**）。

　はじめに知的障害のある人に適用した心理アセスメントに加えて，認知機能に関するアセスメントを実施する。認知機能のアセスメントは，言語や論理的思考などの**言語理解，感情リテラシー，記憶，実行機能**に関して行う（Lindsay et al., 2013）。知能検査のような標準化された検査から情報も得られるが，実際に知的障害のあるクライエントと話し，行動観察をすることで具体的な確認ができる。感情の語彙や意味の確認に加え，先行的な出来事と感情の関係の理解の程度を確認することが必要である。記憶は心理支援におけるセッションの連続性や継続性に関わっており，回想や情報の共有にどの程度配慮が必要であるのか確認する。さらに，展望記憶のようなこれからやるべきことを思い出すといった記憶は心理支援におけるホームワークや

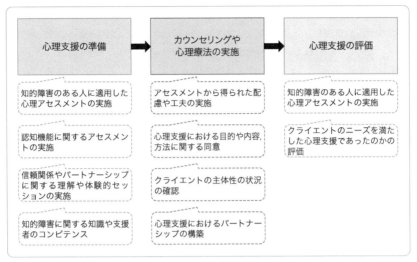

図9.1　知的障害のある人への心理支援における付加的なプロセス（下山，2023）

実生活での実践に関連している。このような認知機能をアセスメントし，実際に心理支援を行うための配慮や工夫に取り組む必要がある。

　次に，信頼関係やパートナーシップの構築など**治療同盟**に関連する事項に関してもアセスメントを行う。信頼関係やパートナーシップは，ポジティブな心理支援の結果に影響するとともに，クライエントの動機づけや意欲に関連することが指摘されている（Lindsay et al., 2013）。これらの治療同盟は，心理支援の目標や内容についてクライエントが理解し，同意するプロセスにおいても重要である。また，知的障害のある人のニーズに沿った目標設定ができているのか，絶えず確認する必要がある。知的障害のあるクライエントの中には，本人が感じていることではなく，過剰に相手に合わせて反応する，周囲から期待されるような態度をとるなどの場合がある（下山，2022）。このような場合に心理支援におけるパートナーシップの問題と，心理支援の目的や同意に関する主体性についての課題が生じることから，心理支援におけるパートナーシップについてクライエントの理解を促すセッションが必要になる場合がある。

　最後に，知的障害のある人とともにカウンセリングや心理療法という共同作業を行ううえで，必要な配慮や工夫について述べる。これらの配慮や工夫は，一般的に行われるカウンセリングや心理療法に対して大きな修正をする

ものではなく，アクセシビリティを改善するものである。クライエントの好みや理解のレベル，ストレングスやニーズに合わせて心理支援の調整を行うこと，身体的・神経学的・認知的・感覚的な障害および，コミュニケーションニーズを考慮し，心理支援を実施することが挙げられている（NICE, 2016）。このような工夫を行うことで，知的障害のある人が自身のメンタルヘルスのニーズに関して柔軟に問題解決することを促す心理支援が可能になる。知的障害のある人が一方的に指導されるのではなく，対話を通じて支援者とともに自分の人生を取り戻すための心理支援のあり方や工夫を考えていくことが今の心理職には求められているといえる。

註：本章は〔下山真衣（2023）．知的障害のある人への心理支援の障壁とアクセシビリティ．発達障害研究，45（3）〕と〔下山真衣（2019）．知的障害者のメンタルヘルスの不調の実態と問題行動に対する行動論的アプローチ―公衆衛生予防モデルを用いた探索的検討―．筑波大学大学院博士学位論文〕の第1章の一部を再構成し，加筆修正したものである。

Column　知的障害特別支援学校におけるスクールカウンセリング

堂山亞希（目白大学）

　知的障害のある児童生徒も，個人差はあるものの，思春期の葛藤や親・仲間との関係の変化を経験する。好きな人ができた，憧れの先輩がいる，無性に親が鬱陶しく思える，友人との会話の内容が変わってきたなど，思春期らしい喜びや葛藤を経験しながら少しずつ大人に近づいていく。精神的に揺れやすい思春期には，リストカットなどの自傷行為や家庭内暴力などの他害行為，不登校，インターネット依存など問題が大きくなり，スクールカウンセラー（以下，SC）の専門性が貢献できる場面が多くある。知的障害特別支援学校のSCの配置率は通常の学校に比べ低い現状だが，軽度知的障害のある生徒数が増加傾向にあり，今後SCへのニーズは高まるものと思われる。知的障害特別支援学校でのSCの役割は，児童生徒や保護者へのカウンセリング，教員へのコンサルテーションなど基本的な業務は通常の学校と同じである。一方で，通常の学校とは異なる教育課程や教員体制であることなど，心理職が特別支援学校を理解しなければその力を発揮することは難しくなる。

　知的障害のある児童生徒は，問題を言語化できずに抱え込むことがあり，SCが座して待っていても相談にはつながらない。また，言葉ではなく行動によって葛藤が表現されることも多く，背景にある心理的な問題が気づかれず「問題行動」として行動だけが支援・指導の対象とされ，心理的な葛藤が見過ごされてしまうことさえある。知的障害特別支援学校のSCは，児童生徒の行動観察や教員・家庭からの情報収集を心がけ，児童生徒の相談ニーズの把握に努める必要がある。知的障害のある児童生徒のカウンセリングにおいては，生徒の知的能力に合わせた言葉を選び，話の内容を紙

に書き出して情報を視覚的に整理するなどの工夫が求められる。言葉によるやりとり以外にも，アナログゲームや絵を描くなどの遊びを介して緊張を和らげる方法，リラクセーション法，交換ノートでのやりとりなど，生徒に合わせてさまざまな方法を用いる。感情やストレスなどの抽象的な心身の状態を把握することが苦手な子への心理教育も工夫が必要である。保護者からの相談内容では，応用行動分析学や TEACCH，ペアレントトレーニングなどの専門知識，放課後等デイサービスなどの福祉サービス，知的障害のある子への性教育，きょうだい児のケアなどに関する相談に応える準備が必要である。

　以上のように，知的障害特別支援学校でのスクールカウンセリングにおいては，児童生徒の特性に応じた工夫や配慮が求められる。特別支援学校は少人数の学級編成で手厚い教育が行われており，SC の必要性が低いと思われることもある。しかし，SC が心理の専門性に基づいて教員とは異なる視点で児童生徒の理解を深め支援に参加することで，学校全体の機能向上や，生徒にとって学校への安心感の向上につながると考えられる。

〈引用文献〉

American Association on Intellectual and Developmental Disabilities (2010). Intellectual disabilities: Definition, classification, and systems of supports (11th ed.). American Association on Intellectual and Developmental Disabilities.

American Association on Intellectual and Developmental Disabilities (2021). Defining Criteria for Intellectual Disability.　https://www.aaidd.org/intellectual-disability/definition

American Psychiatric Association (2000). Diagnostic and statistical manual of mental disorders (4th edition, Text Revision). American Psychiatric Publishing. (高橋三郎・大野裕・染矢俊幸 (訳) (2002). DSM-IV-TR 精神疾患の診断・統計マニュアル. 医学書院)

American Psychiatric Association (2022). Diagnostic and statistical manual of mental disorders (5th edition, Text Revision). American Psychiatric Publishing. (染矢俊幸・神庭重信・尾崎紀夫 他 (訳) (2023). DSM-5-TR 精神疾患の診断・統計マニュアル. 医学書院).

Bender, M. (1993). The unoffered chair: The history of therapeutic disdain towards people with a learning difficulty. Clinical Psychology Forum, 54, 7-12.

Bowring, D. L., Totsika, V., Hastings, R. P., et al. (2017). Challenging behaviours in adults with an intellectual disability: A total population study and exploration of risk indices. The British Journal of Clinical Psychology, 56, 16-32.

Cooper, S. A., Smiley, E., Morrison, J., et al. (2007). Mental ill-health in adults with intellectual disabilities: Prevalence and associated factors. The British Journal of Psychiatry, 190, 27-35.

Cuthill, F. M., Espie, C. A. & Cooper, S. A. (2003). Development and psychometric properties of the Glasgow Depression Scale for people with a learning disability: Individual and carer supplement versions. The British Journal of Psychiatry, 182 (4), 347-353.

Dagnan, D., Jahoda, A. & Kilbane, A. (2013). Preparing people with intellectual disabilities for psychological treatment. In Taylor, J. L., Lindsay, W. R., Hastings, R. P. & Hatton, C. (Eds.), Psychological therapies for adults with intellectual disabilities. Wiley Blackwell, 55-68.

Einfeld, S. L., Ellis, L. A. & Emerson, E. (2011). Comorbidity of intellectual disability and mental disorder in children and adolescents: A systematic review. Journal of Intellectual and Developmental Disability, 36, 137-143.

Einfeld, S. L., Piccinin, A. M., Mackinnon, A., et al. (2006). Psychopathology in young people with intellectual disability. Journal of the American Medical Association, 296, 1981-1989.

Emerson, E. & Einfeld, S. L. (2011). Challenging behaviour (3rd edition). Cambridge University Press.

福田麻子・菅野和恵（2017）．The Mood, Interest & Pleasure Questionnaire（MIPQ）の日本語版を用いた知的障害者のメンタルヘルスの評価：民間企業や特例子会社で就労している知的障害者に焦点を当てて．発達障害支援システム学研究，16（1），33-38．

Hastings, R. P., Hatton, C., Taylor, J. L., et al.（2004）．Life events and psychiatric symptoms in adults with intellectual disabilities. *Journal of Intellectual Disability Research*, 48, 42-6.

肥後祥治（2000）．行動障害の分類．長畑正道・小林重雄・野口幸弘他（編），行動障害の理解と援助．コレール社，23-42．

井上祐紀・奥村泰之・藤田純一（2016）．知的障害児に併存する精神疾患・行動障害への向精神薬処方の実態：大規模レセプトデータベースを活用したコホート研究．精神神経学雑誌，118，823-833．

Joint Commissioning Panel for Mental Health（2013）．Guidance for commissioners of mental health services for people with learning disabilities. Joint Commissioning Panel for Mental Health.

神奈川県（2018）．平成29年度強度行動障害実態調査の結果について．

川上憲人（2019）．平成29年度～平成30年度厚生労働省労　災疾病臨床研究事業費補助金「多様な労働者がストレスチェックを受検するに当たって望まれる支援に関する研究」（研究代表者　川上憲人）．平成29年度～30年度総合研究報告書．

厚生労働省（2022）．第1回強度行動障害を有する者の地域支援体制に関する検討会参考資料3　現行制度の概要．

Lindsay, W. R., Jahoda, A. J., Willner, P. & Taylor, J. L.（2013）．Adapting psychological therapies for people with intellectual disabilities I : Assessment and cognitive deficit considerations. In Taylor, J. L., Lindsay, W. R., Hastings, R. P. & Hatton, C.（Eds.）, Psychological therapies for adults with intellectual disabilities. Wiley Blackwell, 69-84.

Maulik, P. K., Mascarenhas, M. N., Mathers, C. D., et al.（2011）．Prevalence of intellectual disability: A meta-analysis of population-based studies. *Research in Developmental Disabilities*, 32, 419-436.

Mindham, J. & Espie, C.（2003）．Glasgow Anxiety Scale for people with an Intellectual Disability（GAS-ID）: Development and psychometric properties of a new measure for use with people with mild intellectual disability. *Journal of Intellectual Disability Research*, 47（1）, 22-30.

文部科学省（2013）．教育支援資料—障害のある子供の就学手続と早期からの一貫した支援の充実—．

Moss, S.（2019）．Moss-PAS ID. Pavilion Publishing.

Moss, S., Prosser, H., Costello, H., et al.（1996）．PAS-ADD Checklist: Hester Adrian Research Centre, University of Manchester.

National Institute for Health and Clinical Excellence（2016）．Mental Health Problems in People with Learning Disabilities: Prevention, Assessment and Management.

Perry, B. I., Cooray, S. E., Mendis, J., et al.（2018）．Problem behaviours and psychotropic medication use in intellectual disability: a multinational cross-sectional survey. *Journal of Intellectual Disability Research*, 62, 140-149.

Prout, H. T. & Strohmer, D. C.（2003）．Issues in counseling and Psychotherapy. In D. C. Storohmer & H. T. Prout（Eds.）, Counseling & Psychotherapy: With persons with mental retardation and borderline intelligence. John Wiley & Sons, 1-19.

Reiss, S., Levitan, G. W. & McNally, R. J.（1982）．Emotionally disturbed mentally retarded people: An underserved population. *The American Psychologist*, 37, 361-367.

Rojahn, J. & Meier, L. J.（2009）．Epidemiology of mental illness and maladaptive behavior in intellectual disabilities. *International Review of Research in Mental Retardation*, 8, 239-287.

下山真衣（2022）．知的障害のある人の思春期・青年期のメンタルヘルス．下山真衣編，知的障害のある人への心理支援：思春期・青年期におけるメンタルヘルス．学苑社，8-21．

下山真衣（2023）．知的障害のある人への心理支援の障壁とアクセシビリティ．発達障害研究，45（3），印刷中．

Shimoyama, M., Iwasa, K. & Sonoyama, S.（2018）．The prevalence of mental health problems in adults with intellectual disabilities in Japan, associated factors and mental health service use. *Journal of Intellectual Disability Research*, 62, 931-940.

Singh, A. N., Matson, J. L., Cooper, C. L., et al.（2005）．The use of risperidone among individuals with mental retardation: Clinically supported or not?. *Research in Developmental Disabilities*, 26, 203-218.

Taylor, J. L., Hatton, C., Dixon, L., et al. (2004). Screening for psychiatric symptoms: PAS-ADD Checklist norms for adults with intellectual disabilities. *Journal of Intellectual Disability Research*, 48, 37-41.

Taylor, J. L. & Knapp, M. (2013). Mental health and emotional problems in people with intellectual disabilities. In J. L. Taylor, W. R. Lindsay, R. P. Hastings, et al. (Eds.), Psychological therapies for adults with intellectual disabilities. Wiley Blackwell, 1-14.

Tsiouris, J. A. (2010). Pharmacotherapy for aggressive behaviours in persons with intellectual disabilities: Treatment or mistreatment?. *Journal of Intellectual Disability Research*, 54, 1-16.

第10章 身体障害のある人への心理支援

10.1節 身体障害とは

A. 身体障害のある人の実態

身体障害者福祉法では，身体障害のある人について『身体上の障害がある18歳以上の者であって，都道府県知事から身体障害者手帳の交付を受けたもの』と定めており，「視覚障害」「聴覚又は平衡機能の障害」「音声機能，言語機能又はそしゃく機能の障害」「肢体不自由」「内部障害」の5つに分類される。身体障害のある子どもについては児童福祉法第4条で規定されており，基本的な障害分類は大人と同じである。

身体障害には生まれつき障害がある**先天性障害**と出生後に事故や病気等の後遺症として障害を負う**中途障害**がある。身体障害のある人は約436万人と推定されており，年々増加している（**図10.1**）。特に，65歳以上の高齢者が増加しており，身体障害のある人の約70％である。これは中途障害が増加していることが大きな要因であり，身体障害者手帳を初めて取得した年齢を50歳以降と回答した者が61.3％となっていることからも知ることができる（厚生労働省，2016）。

身体障害の程度は身体障害者障害程度等級で規定されており，1級を最重度として7級が最軽度となっている。なお，7級は「肢体不自由」のみ規定されており，身体障害者手帳の交付対象となるのは6級までである。障害の程度は年齢層ごとに異なっており，身体障害の程度が重度である1級と2級が占める割合は，18歳未満で65.8％（厚生労働省，2008），65歳未満では53.0％，65歳以上の高齢者では45.8％（厚生労働省，2016）まで下がる。

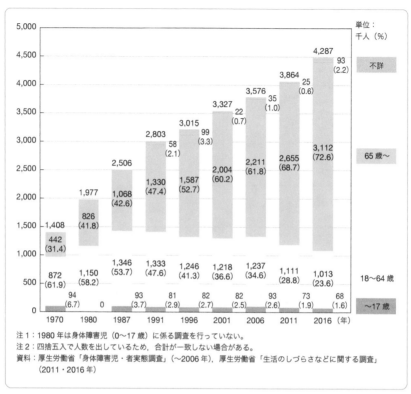

図10.1　年齢階層別障害者数の推移（内閣府（2023）．障害者白書（令和5年版））

身体障害の原因

　身体障害の原因も子どもと大人で異なる傾向がある。厚生労働省の調査によれば（**表10.1**），18歳未満では「出生時の損傷」が多いのに対して，18歳以上になると「事故」「疾病」の割合が増加し，「加齢」によるものも5%程度いる。また，障害の原因について不明・不詳の割合が高いが，これは「障害の原因が特定できていない」や「回答者が知らない（言いたくない等）」等の理由から来るものであると推察できる。

表10.1 身体障害の原因

		事故	疾患	出生時の損傷	加齢	その他	不明	不詳
視覚障害	18歳未満	—	12.2	12.2	—	24.5	30.6	18.4
	18歳以上	8.1	19.7	4.5	2.0	13.2	18.7	33.9
聴覚・言語障害	18歳未満	—	3.5	8.7	—	5.2	55.5	26.6
	18歳以上	5.0	14.9	2.0	8.5	8.5	15.0	46.7
肢体不自由	18歳未満	5.4	11.6	28.3	—	20.4	23.6	10.6
	18歳以上	16.1	22.4	3.0	4.0	8.2	9.3	37

(単位：%)

(出典：厚生労働省（2008）. 平成18年度身体障害児・者実態調査 表10/11)

B. 身体障害のある人に対する支援体制における課題

ⅰ）障害者基本計画

　1970（昭和45）年に心身障害者対策基本法が制定され，1993（平成5）年には障害者基本法へと改正された。わが国の障害のある人への施策に関わる基幹法であり，第11条により**障害者基本計画**が策定されている。2022（令和4）年12月に2023年度からの5年間を対象とした第5次障害者基本計画が閣議決定され，この基本計画を通して障害の有無にかかわらず誰もが安心安全に過ごせる「共生社会」の実現を目指すことが掲げられている。

ⅱ）障害者差別解消法と合理的配慮

　2024（令和6）年4月より「障害を理由とする差別の解消の推進に関する法律の一部を改正する法律（**改正障害者差別解消法**）」が施行された。同法は2006年に国連で採択された**障害者の権利条約**締結に向け，同条約が求める「障害に基づくあらゆる形態の差別の禁止」の実現を目的に，2014（平成26）年に制定されたものを改正したものである。障害のある

人への不当な差別的取り扱いの禁止と，合理的配慮の提供の義務とで構成されている。2014年の法制定当時，合理的配慮の提供の義務は国や地方公共団体等にのみ課せられていたが，2024年4月からはNPOやボランティア団体等も含めてすべての事業者に対して義務づけられている。

　合理的配慮の提供にあたっては，「障害のある人が自らの困り感に気づき，困り感の解消のための配慮を申請すること」が要件となっている。しかしながら支援ニーズがあっても，支援をお願いする行動にうつらないことも多い。その背景としては，「支援をお願いして断られたらという不安」（相羽ら，2013），「困っているが，支援の解決策が思いつかない」（丹野，2019；能美ら，2021）といった理由が当事者への調査から判明している。また，困り感や支援内容を理解していたとしても，適切にお願いができないこともある（松崎，2019）。

　身体障害のある人が合理的配慮を申請するためには，障害のある人自身が困り感に気づけること（困り感の自覚），困り感の解消のための手立てを知ること（援助要請方法の獲得），困り感の解消に向けた支援のお願いをすること（援助要請方法の実行）が求められる。

iii）切れ目ない支援体制の整備

　身体障害のある人に対する支援は，行政・心理・福祉・医療等のさまざまな機関が関わるが，支援主体や支援の場が年齢段階によって分かれてしまう。2002（平成14）年に出された**障害者基本計画**の「重点施策実施5か年計画」では，関係機関が連携して「個別支援計画」を策定していくことが求められた。特に学齢期は支援の主体が福祉から教育へと切り替わり，医療機関や福祉機関など関わる機関が多い割に連携が課題となっていることから，学習指導要領では**個別の教育支援計画**を作成することとなっている。

　個別の教育支援計画では，「誰が」「どこで」「どのような目的で」支援を展開しているかという横のつながりと，児童生徒の発達という年齢軸において切れ目ない支援が提供されるように，特に就学や進級・進学といった縦のつながりを担保していくことが重要である。

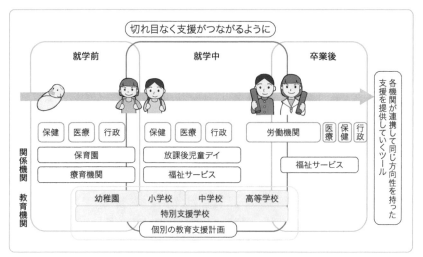

図10.2　個別の教育支援計画の概要

C. 身体障害のある人に対する心理支援

ⅰ）障害と障害による困り感の理解

　　支援を行うにあたり，「障害」と「障害による困り感」の違いを理解することが重要である。身体障害は身体機能の制約があるが，身体機能の制約自体が困り感となるわけではない。例えば，下肢にまひがあっても車いすを活用できれば，平面移動には制限が生じない。ただし，例えばトイレの入り口が狭かったり，上下移動をするにあたってスロープやエレベーターがないと物理的に移動が制限を受ける。この段階において初めて「困り感」が生じる。

　　支援者にはこのような困り感の背景を理解し，「どのように困り感を解消していけばよいか」をともに考え，寄り添っていくことが求められる。

ⅱ）支援者と被支援者の非対称性の理解

　　身体障害のある人は日常のさまざまな場面で支援を必要とするが，必ずしも援助を要請したいと考えているわけではない。例えば，トイレ介助や日用生活必需品の買い物等について，支援の必要性を理解し，援助要請ができていたとしても，支援を受けることへの心理的な負担感も同時に発生しうる。支援に携わる者は，もしも自分であれば支援を受けることについてどのように感じるのか，自身を鏡に被支援者の心理的負担感を斟酌して支援を行う必要がある。

また，身体障害のある人は自分自身の困り感に気づいていなかったり，困り感を解消する術を知らないこともある。身体障害による社会生活機能の制約は，外部から観察していたり，できる／できない状況を客観的に判断できる支援者の方が気づきやすい状況にある。身体障害のある人への支援に当たっては，当事者以上に支援者が状況を把握しているかも知れないという非対称性をふまえたうえで，自己決定・自己選択を促していくことが求められる。

〈引用文献〉
相羽大輔・河内清彦・柿澤敏文 (2013). 移動，読み，書きに関する援助要請課題における弱視学生の支援ニーズ，援助要請意図，個人要因の関連について. 障害科学研究, 37, 27-37.
厚生労働省 (2016). 平成28年度生活のしづらさ調査.
厚生労働省 (2008). 平成18年度身体障害児・者実態調査.
松崎丈 (2019). 聴覚障害学生支援における合理的配慮をめぐる実践的課題. 宮城教育大学紀要, 53, 255-266.
内閣府 (2023). 障害者白書 (令和5年版).
能美由希子・小川夏帆・丹野傑史 (2021). 音声言語を主なコミュニケーション手段とする聴覚障害者の職務上の困り感と援助要請―学生時代のライフヒストリーと就職後の実態に関するインタビュー調査から―. 長野大学地域共生福祉論集, 15, 1-13.
丹野傑史 (2019). 成人脳性まひ者のキャリア継続に向けた意思表明支援の可能性―職務困難場面および援助要請行動に着目して―. 長野大学地域共生福祉論集, 13, 1-11.

〈参考文献〉
内閣府　令和6年4月1日から合理的配慮の提供が義務化されます！
　　　https://www8.cao.go.jp/shougai/suishin/pdf/gouriteki_hairyo2/print.pdf
内閣府　障害を理由とする差別の解消の推進に関する法律　概要
　　　https://www8.cao.go.jp/shougai/suishin/pdf/law_h25-65_gaiyo.pdf

10.2節 ‖ 視覚障害のある人への心理支援

A. 視機能の特徴からみた視覚障害心理学

ⅰ）視覚障害とは

　視覚障害とは，**学校教育法**施行令第22条の3において次のように規定されている。

〔視覚障害とは〕

両眼の視力がおおむね〇・三未満のもの又は視力以外の視機能障害が高度のもののうち，拡大鏡等の使用によっても通常の文字，図形等の視覚による認識が不可能又は著しく困難な程度のもの

視力とは，多くの人にとってなじみのある概念である一方で，その数値の意味を正確に理解している人は少ない。例えば，視力がそれぞれ1.0／0.1／0.01の生徒がいた場合に，なんとなく見えづらいことは想像できても，その数値から具体的な困難を推測することは容易ではない。加えて，数値に注目しすぎてしまい，視力1.0の生徒は正常に見えていると判断されていることにも注意が必要である。

ⅱ）視機能の種類と特徴

　なぜ，視力1.0の生徒に対して正常に見えていると判断することが危ういのだろうか。それは人間には多様な視機能が備わっており，視力だけに限定されないからである。以下に2つの事例を紹介する。

事例1

　視力1.0の生徒Aが遠足に行ったときに，突然，教師やほかの生徒の腕にしがみつく，あるいは普段は集団行動ができているのに，場面によってそれが著しくできなくなる状況があったとしよう。この生徒Aは視力が1.0あるために，眼疾患が見落とされていた。Aには夜盲という症状があり，明るい場所から暗い場所へ明るさの変化が生じたときによく見えなくなるために，周囲の教師や生徒の腕にしがみついていたり，明るさの環境によって他の生徒と変わりなく行動できる場面とそうでない場面があった。本人も含めた周囲の人が眼疾患に気づかず，この生徒には何らかの心理的問題があると判断され，心療内科に通院することになった。Aには**網膜色素変性症**という眼疾患があり，この病気は進行性で初期の段階では視力は正常で，夜盲という暗いところでは極端に見えづらくなるという症状がみられる。そのため，この生徒は眼疾患が進行するにつれて視力低下が生じ，そのとき，ようやく精神的な問題ではなく，彼の不思議な行動の背景には夜盲があったのだと気づくことになった。

事例2

　生徒Bは，給食を運んでいるときにほかの生徒にぶつかってしまった。Bには悪気はないものの，時々，ほかの生徒とぶつかってしまいトラブルが絶えない。本人も含めて不注意が原因だと考えており，問題は改善されない日々が続いている。Bの視力は0.6あり，障害者手帳の給付基準に合致していなかった。しかし，**未熟児網膜症**であるため，自分の視野がほかの生徒に比べて狭いことに気づかなかった。よく観察すると，Bは右側にあるものに気づかずに衝突をくり返していた。これは，**視野欠損部**分と一致する。なお，未熟児網膜症の場合，視力の程度は多様であるが，治療のプロ

セスの中でレーザー治療をくり返し行っていることがあり，視野欠損はよくみられる。特に子どもの場合，視野検査を受けていないケースもあるため，医学的所見がないことから学校生活でのトラブルの原因の特定がしづらいことがある。

　ここでは，視機能の光覚に関連する眼疾患である夜盲と，視野に関連する眼疾患である視野狭窄の事例を紹介した。学校現場では，子どもの眼の健康に注意を払うことはいうまでもないが，視力以外の視機能についても，気を配ることが大切である。なお，視機能には，**視力・視野・色覚・光覚・両眼視・眼球運動・調節力**が含まれる。

B. 先天性視覚障害の心理

ⅰ）自己理解教育の意義

　上述した生徒Aも生徒Bも**先天性視覚障害**であるために，眼疾患への対応が後手にまわってしまっている。先天性視覚障害のある幼児児童生徒は，すべての視機能が正常な状態にある人たちと同じように「見える」という経験をしたことがない。相対化する経験がないということは，自己理解および他者理解において，それ相応の教育的支援が必要となる。

事例3

　先天性視覚障害のある生徒Cに対して，保護者および担任教師は，積極的に本人の見え方や障害について説明を行った。加えて，自分が困ったとき，トラブルが生じたときに周囲にどのように伝えればよいか，援助要請の方法についても幼少期から積極的に教える機会を作った。逆に，生徒Dは保護者が障害について説明することに消極的であり，困ったときには自助努力により解決するよう育てた。結果，生徒Cは，早い段階から眼の見える人たちとともに上手にコミュニケーションをとることができ，いわゆる合理的配慮に含まれるような内容も発達に応じて本人から伝えることができるようになっていった。一方，生徒Dは，なぜ自分は周囲と比べてできないのかわからず，その原因は自分の能力にあると決めつけるようになり，自己肯定感の低下が著しかった。

　これらのケースから学べることは，先天性視覚障害のある生徒に対して，自己理解を促すためのキーパーソンは保護者にあるということである。生

徒Dの場合，保護者にとって障害とは隠したいものであり，困難は努力によって解決すべきという固定概念があった。ある意味，保護者が子どもにとっての最大の社会的障壁になっていたということになる。そのため，生徒Dの保護者に対して，障害の社会モデルについてきちんと理解してもらう機会を時間をかけながらつくっていく必要があった。

ii）パーソナルスペース

　見える人たちは，視覚的な情報を活用して，相手との関係性に基づき，心地よい相手との距離をとることができる。先天性視覚障害の子どもは，音を頼りに相手とのコミュニケーションをとるために，見える人からすると不快と感じる近さで会話をすることがある。また，見える人は相手の眼を見て話す文化があるが，先天性視覚障害の子どもは，相手の声に耳を傾ける傾向がある。加えて，弱視の子どもは，笑顔などの正の感情に対する認知より，怒りや悲しみといった負の感情の認知のほうが難しいことが知られている。

　例えば，自分の母親と接するときの距離感と同じ距離感で，知り合い程度の関係性の人に接してしまうことがある。相手は驚き，戸惑い，ときには不快な表情を浮かべていたとしても，それを視覚障害のある子どもが適切に理解することは難しい。そのため，学校教育の中では，積極的に視覚障害のある子どもがパーソナルスペースや相手の感情の変化について理解することができるように支援することが求められる。これらは，自閉スペクトラム症による表情認知の困難さと混同されがちであるが，異なる原因によって生じる問題であることを支援者は理解しておく必要がある。

C. 中途視覚障害の心理

20の喪失

　キャロルによると，人間は人生の途中で失明を経験すると，20の事柄を喪失するという（Carroll, 1961）。筆者自身，高校2年生のときに**中途視覚障害者**となり，実体験として20の喪失を経験した。なかでも，多くの中途視覚障害者が感じる困難の1つに，「目立たない存在であることの喪失」というものがある。体が大きく変化する思春期に，視覚障害の症状が発生するケースがある。筆者もこのケースに該当するわけだが，10代の多感な時期に，見える人から視覚障害者になることは，大きな心理的苦痛を伴うことは容易に想像がつくだろう。

ある日，突然，障害者手帳が家に届き，心の準備が整わないうちに，昨日までの自分とは何かが大きく変わってしまうのである。周囲の友達とできるだけ同じ服装，髪型でいたいと願う時期に，かわいくも恰好よくもない特殊な道具を使うことを求められる。それが，白杖であったり，ルーペであったりする。昨日まで何事もなく渡っていた横断歩道を渡るときには，白杖をもつようにいわれ，素直に使える人がいるだろうか。できるだけ目立たず，みんなと同じに生きていきたいという願いは，中途視覚障害者になったことで喪失するのである。

　そのような喪失と絶望の淵にいる生徒がいることを周囲は理解しながら，視覚障害者として新たに歩む人生をともに考え，支えてくれる存在が彼らには必要である。中途視覚障害者が抱える困難は，推し量ることしかできないかもしれないが，たとえ，相手が見える人であったとしても，理解しようと寄り添ってくれる存在がいることは，心理的回復のプロセスにおいて非常に大きな役割を担うと考えられる。なお，中途視覚障害のある生徒に対して，うつのような症状がみられるからと，いたずらに投薬治療をすることは控えるべきと考えられる。中途視覚障害のある生徒にとって，心理的回復は20の喪失したものを1つずつ今の体の状態で回復させていくことであり，それは投薬治療によって解決できるものではないからである。医学的介入が必要なレベルであるかどうかは，慎重に見極めることが求められる。

D. 視覚障害者と障害受容

ⅰ）障害受容と社会モデル

　「あの生徒は障害受容ができていない」「そこの保護者は，障害受容ができていないから，こどもの心理的状態が不安定になるんだ」，こんな専門家側の見立てをよく耳にする。例えば，障害受容に該当する部分をコンプレックスに置き換えてみたら，見え方は変わるだろうか。一重まぶたで眼が小さいことがコンプレックスと感じている生徒に，そう感じている生徒が悪いと決めつけることはしないだろう。むしろ，本人がコンプレックスと感じるにいたった背景に着目し，もし，それがクラスメイトからの暴言が原因であったら解決のために教師は動くことになるだろう。本質的に，障害受容ができている，できていないというのも，これと同じことがいえる。

　例えば，高校受験のときに障害を理由に受験を拒否された生徒に，障害

を受容しなさいと指導する人はいないだろう。人間は社会的な動物であるため，常に社会との相互作用の中で生きている。障害受容ができていない生徒や保護者がいるならば，その原因追及の矢印は本人ではなく，社会へ向くべきである。これがいわゆる社会モデルの考え方で，もし，視覚障害のある生徒が受験拒否されることがなければ，彼らが障害を理由に障壁を感じることはない。しかし，いまだ社会には多くの社会的障壁が存在するために，障害のある子どもやその家族は時として障害を受け入れられない心理的状態に陥っているのである。障害受容をさせようと，本人や保護者に対して一生懸命心理支援を提供したところで，原因である社会側の改善がなければ，障害を受容すること自体難しいことなのである。

ii）合理的配慮と心理的負担

わが国においても，合理的配慮という言葉が少しずつ教育現場にも浸透してきている昨今，合理的配慮と心理的負担に関する関係についても，心理支援職は理解しておく必要がある。

例えば，大学受験をする際に，試験時間の延長を合理的配慮として要望することはよくある。このとき，なぜ，時間延長が必要になるのかというエビデンスを示すことが求められる。言い換えるならば，いかに自分は見える人に比べて読む速度が遅いかということを証明しなければならないのである。合理的配慮の要望に関しては，権利擁護の文脈で語られることが多いが，その実，いかに見える人に比べて自分にはできないことがあるのかを声高に主張することの心理的負担感についてはまだ十分に考えられていない。加えて，本人の自己理解が未熟な場合に，権利として当然受けることができる合理的配慮を受けたくない，あるいは，合理的配慮を受けることで自分がずるをしていると誤認識している生徒もいる。自分がもっている権利を行使するかどうかは，本人の自己決定にゆだねられるべきなのだが，ゆがんだ自己理解に基づく自己決定は，本人に不利益が及ぶ可能性がある。

合理的配慮という概念が生まれるまでは，周囲の人が必要な支援について積極的に考えてくれたものだが，現在は，良くも悪くも自己申請があったものだけに支援が絞られてしまう。新しい概念に対して，教育現場の指導上の工夫や指導プログラムもまだ発展途上であることを鑑みながら，心理的な支援も合わせて検討していくことが必要である。

　上述してきたように，視覚障害のある子どもとその家族の支援を考えたとき，多様なニーズが存在し，かつ，多様な領域の専門知識およびスキルが求められる。そこで，問題を解決するために最も重要なことは，多職種で協働して取り組むことである。

　医学の分野では，ロービジョン外来を有する眼科では，ロービジョンケアに精通した眼科医や視能訓練士がいる。彼らは視覚障害の原因疾患を発見し，治療ができる。眼球自体に何らかの問題があるのか，あるいはそれ以外なのかなどを見極めるうえで，医療分野との連携は重要な役割を果たす。

　教育分野では，各都道府県に最低1校の視覚障害特別支援学校が設置されている。各学校では，センター的機能の一環として，地域で学ぶ視覚障害のある子どもの支援も提供している。さらに，各都道府県には**視覚障害者情報提供施設（点字図書館）**が設置されている。施設によっては，視覚障害のある人の歩行指導やICT支援を専門とする職員が勤務していることもある。

　最後に，心理支援を考えるうえで重要な役割を担うのは，同じ視覚障害のある仲間との出会いである。連携先の1つに，信頼できる視覚障害当事者団体と関係を構築することも忘れてはならない。

　多職種協働連携の必要性が声高に叫ばれる中であっても，なかなか連携関係が構築されない実態もある。しかし，視覚障害のある生徒が抱える課題は，決して，一人の専門職の手に負えるものではない。なにより，彼らの心身の健康のためにも，心理職がほかの専門職と連携して支援する体制の構築を願う。

〈引用文献〉
Carroll, T. J. (1961). Blindness: What it is, what it does, and how to live with it. Little, Brown.
　（キャロル, T. J.（著), 樋口正純（訳). (1977). 失明. 日本盲人福祉委員会）

10.3節　聴覚障害のある人への心理支援

A. 聴覚障害とは

ⅰ）聴覚障害の分類

　聴覚障害とは，聴力が低下して聞こえない・聞こえにくい状態（難聴），および難聴によって生じる不自由・不便・生活上の困難を表す用語である。難聴は障害部位により**伝音難聴**と**感音難聴**に分類され，両方ある状態は**混合難聴**とよばれる。難聴が片耳の場合は，**一側性難聴**とよばれる。伝音難

聴・感音難聴・混合難聴の鑑別は標準純音聴力検査によってなされ，感音難聴のさらなる鑑別のために種々の聴覚機能検査を用いることがある。聴覚障害による聞こえへの影響は個人差が大きく，音が小さく聞こえる，歪んで聞こえる，音の高さによって聞こえ方が異なるなど，さまざまである。

身体障害者福祉法では，聴覚障害の程度を音の大きさを表す単位であるデシベル（dB）を用いて分類している（**表10.2**）。正常な聴力の成人が聞き取ることのできる最も小さな音の平均値が0 dBと定められており，数字が大きくなるほど大きな音であることを意味する。

表10.2　身体障害者障害程度等級表（身体障害者福祉法施行規則別表第5号）

級別	聴覚障害
1級	（聴覚障害単一での該当無し）
2級	両耳の聴力レベルがそれぞれ100 dB以上のもの（両耳全ろう）
3級	両耳の聴力レベルが90 dB以上のもの （耳介に接しなければ大声語を理解し得ないもの）
4級	1　両耳の聴力レベルが80 dB以上のもの 　　（耳介に接しなければ話声語を理解し得ないもの） 2　両耳による普通話声の最良の語音明瞭度が50％以下のもの
5級	（聴覚障害単一での該当無し）
6級	1　両耳の聴力レベルが70 dB以上のもの 　　（40 cm以上の距離で発声された会話語を理解し得ないもの） 2　一側耳の聴力レベルが90 dB以上，他側耳の聴力レベルが50 dB以上のもの

ii）聴覚障害のある人のアイデンティティ

聴覚障害のある人のことを表すとき，法律・行政を含め一般的に聴覚障害者という場合が多い。しかし，聴覚障害によるアイデンティティの持ち方は聴覚障害者として単一のものではなく，ろう者，難聴者，中途失聴者，人工内耳装用者など，さまざまである。

ろう者とは，聴覚障害のある人のなかでも，聴覚に依存せず**日本手話**をコミュニケーション手段とする者である。日本手話話者であるろう者は，言語社会モデルでは言語的少数者ともいわれている（木村・市田，1995）。これは，言語社会モデルからみた捉え方である。難聴者とは，音声言語も

しくは書記日本語・手指日本語（**日本語対応手話**）を用いる者である。中途失聴者は，聴覚障害が生じた時期（失聴時期）が母語習得後（後天性）の者である。関連する用語として，聴者（聴覚障害のない聞こえる人），**CODA**（コーダ；聴覚障害のある親から生まれた子），**SODA**（ソーダ；聴覚障害のきょうだい児）などがある。

iii）聴覚障害の程度と日常生活への影響

　実際の日常生活場面では，さまざまな環境音があるなかで会話が行われる（**図10.3**）。聴覚障害がある場合，会話と環境音の比率であるSN比（単位はdB）が大きくないと聞き取ることが難しい。日本の身体障害者手帳の交付条件は両耳の聴力レベルが70 dB以上であるが，WHOの聴覚障害の分類では25 dB以上となっているのは，軽度難聴であっても周囲の環境によって会話の聞き取りに困難が生じるためである。

　なお，日常生活に必要な呼び鈴やアラーム等については，聴導犬や日常

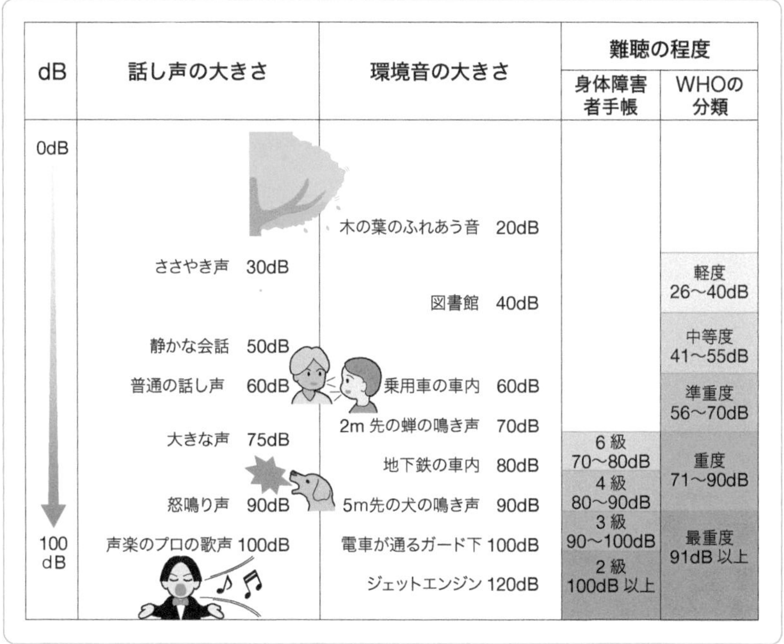

図10.3　音声・環境音の大きさと聴力の程度

生活用具給付等事業によるフラッシュランプ・バイブレータ機器を用いる場合もある。

iv）聴覚補償機器（補聴器・人工内耳）の役割と限界

聴覚障害者の聞こえを補う聴覚補償として，**補聴器**や**人工内耳**がある（**図10.4**）。これらの装用により，日常生活での聞き取りにくさをある程度軽減できる。

補聴器は管理医療機器で，耳に装着して使用する。入ってきた音を電気信号に変換するマイク，電気信号を増減するアンプ，増減された電気信号を音に変換するレシーバーからなる。使用者の聴力に合わせた調整（**フィッティング**）を行うことで，小さい音は大きく，大きい音や不要な音（環境音や雑音等）は小さく，本人が聞き取れる適度な大きさの音はそのままの大きさにすることができる。耳あな型補聴器，耳かけ型補聴器，ポケット型補聴器等，さまざまな形のものがある。購入に際しては，障害者総合支援法の補装具支給制度を利用できる。

人工内耳は人工臓器で，体外装置と，外科手術で埋め込む体内装置からなる。体外装置は入ってきた音を電気信号に変換するプロセッサ，電気信号を体内装置に送るための送信器からなり，体内装置は体外装置からの電気信号を電磁誘導で受け取り電極を刺激する受信刺激器，聴神経を刺激する電極からなる。体外装置は耳かけ式補聴器に似た形のものが多いが，後頭部に取り付けるコイル一体型の体外装置も製品化されている。電極にあるチャンネル数に制限があるため，人工内耳を使って得られた音情報を言葉として理解するためには**リハビリテーション**が必要不可欠となる。埋め込み手術は自立支援医療制度，高額療養費制度の対象となる。

いずれを使用する場合でも，聴者と同等の質や量の聴力が得られるわけではない。そのため，母語獲得前に難聴が生じた場合には言語発達の遅れ

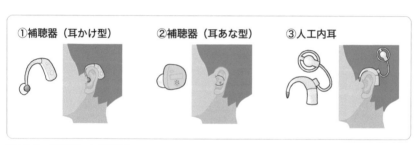

①補聴器（耳かけ型）　②補聴器（耳あな型）　③人工内耳

図10.4　補聴器・人工内耳

を伴う場合が多く，言語獲得後であっても聴覚フィードバックに制限が生じるため発話が不明瞭になる場合が多い。音情報の受容の制限は，音声言語によるコミュニケーションの困難を生じさせ，言語発達に大きな影響を及ぼす。

B. 聴覚障害のある人の情報アクセシビリティ

ⅰ）情報アクセシビリティに関する法的根拠

2022（令和4）年に施行された障害者情報アクセシビリティ・コミュニケーション施策推進法では，すべての障害者があらゆる分野の活動に参加するためには，情報の十分な取得利用・円滑な意思疎通が極めて重要であることが述べられている。障害者が自立した日常生活・社会生活を営むために必要な分野に係る施策（13条）では，①意思疎通支援者の確保・養成・資質の向上，②事業者の取組への支援が掲げられている。

2016（平成28）年に施行された障害者差別解消法の合理的配慮の提供等事例集において，聴覚障害のある人に対しては話し手の配慮だけではなく，音声を含めた音情報を視覚化する方法を用いる対応が多く挙げられている。

ⅱ）手話通訳・要約筆記／文字通訳による意思疎通支援

コミュニケーションをとる当事者以外の第三者による支援として，通訳者が介在する意思疎通支援がある。障害者総合支援法の地域支援事業に基づき，聴覚障害者が各地方自治体に申請して行う場合と，障害者差別解消法の合理的配慮として，事業者が情報提供施設や手話通訳・文字通訳企業に依頼して行う場合とがある。

主な方法として手話通訳・要約筆記／文字通訳があり，通訳者が同席する場合と，ビデオ通話等の通信機器等を用いる場合がある。手話通訳とは，手話を用いるろう者の発言を音声日本語に，聴者が音声言語で話す内容を手話に通訳して伝えるものである。要約筆記／文字通訳とは，話し手である聴者が話す内容を要約し，筆記具やパソコンを用いて文章で伝えるものである。

いずれの場合でも，通訳者は公正公平中立であり，その場にある音声情報をすべて伝達すること，基本的には意訳を行うため重要な語句等は書面等で直接確認できる方法と併用すること，通訳により生じる時間的なズレのために発言のタイミングがわかりづらくなること，必要に応じて適宜診

察時間の延長等の対応が必要になることに留意が必要である。

iii）その他，話し手にできる配慮

　通訳の有無に関わらず，聴覚障害のある人が聴者とコミュニケーションを取る場合には，口の形，しぐさ，身振り，視線，視覚的手がかりを総動員して話を理解している。そのため，音声言語でのコミュニケーションで自然と行われている"話し手を見ずに／視覚的情報を参照しながら"コミュニケーションは行わないことが基本となる。話し始めの合図としてアイコンタクトを取ること，顔を相手に向けること，口をハッキリと見やすく動かすこと，要点を先に伝えたうえで詳細を伝えること，話題の転換や重要事項は強調したりくり返すこと，理解できているかの確認を行うこと，などが重要となる。また，うなずく場合でも，話の内容を理解できたのか，内容はわからないが話を聞いて（見て）いるという意思表示だけなのか，はわからないことにも留意されたい（ミドルトン，2017）。

　補聴器・人工内耳等を装用している場合には，なるべく環境音のない静かな場で話をすることが望ましい。加えて，話し手側がジェスチャーや筆談を使用するなど，聞こえだけに頼らず視覚的に情報を補足することが望ましい。

C. 聴覚障害のある人への心理支援

i）聴覚障害のある人の心理

　聴覚障害のある人が自分に合った聴覚障害コミュニティを見つけていたとしても，日常生活では状況に応じて聴者コミュニティと聴覚障害者コミュニティを行き来することになる。そのため，失聴時期にかかわらず，聴覚障害のある人は常に聴者とのコミュニケーションに困難を抱えている。また，乳幼児期では養育者との愛着関係や音声言語の習得，学童期には読み書きの習得，生活言語から学習言語への拡大（**5歳の坂**），論理的・抽象的概念の理解（**9歳の壁**），青年期にはアイデンティティ，成人期には就労など，聞こえの困難に伴うさまざまな課題が生じる。

　聴覚障害のある人の情緒的・社会的な適応力を育てるためには視覚化などでコミュニケーションが補償された関係性が重要である（川﨑，2004）。しかし，現実的にすべての場面でのアクセシビリティが完備されているわけではないため，audism（聴力至上主義／聴能主義）に晒されることも多い。そのため，自信を失いやすかったり，疎外感や孤独感を抱きやす

かったり，自尊感情がもちにくかったり，対人関係に消極的になったりする場合もある。

ⅱ）聴覚障害のある人の支援における留意事項

　支援に当たる際の前提として，①音声言語でのコミュニケーションに制限があり，それに関連して読み書きにも制限が生じる可能性が高いこと，②視覚的な情報獲得手段を併用することが多く，認知特性などが聴者とは異なること，③アイデンティティが聴者とは異なること，に留意が必要である。また，聴覚障害のある人の多様性を尊重するため，本人が理解しやすいコミュニケーション手段を状況に応じて使い分けることも重要である。

　一方で，当事者が必ず自身の困りごとを説明できるわけではなく，抱え込んでしまう場合もある（松崎，2023）。そのため，聴覚障害のある人に対する支援では，当事者自身が社会福祉士や精神保健福祉士の資格を取得したうえで支援に関わるようになり，当事者の視点から他専門職と協働することの意義の大きさが指摘されている（高山，2022）。手話のできる聴者だけではなく，地域のピアカウンセラーとして活躍している**ろうあ者相談員**や，聴覚障害のある医療従事者や心理職との連携により，聴覚障害のある人の多様性へのよりきめ細やかな対応が可能となろう。

〈引用文献〉
川崎佳子（2004）．きこえない子の心・ことば・家族―聴覚障害者カウンセリングの現場から．明石書店．
木村晴美・市田康弘（1995）．ろう文化宣言―言語的少数者としてのろう者．現代思想，23（3），354-362．
松崎丈（2023）．聴覚障害×当事者研究―「困りごと」から自分や他者とつながる．金剛出版．
Middleton, A. (2010). Working with Deaf People: A Handbook for Healthcare Professionals, Cambridge University Press.（ミドルトン，A.（編）小林洋子・松藤みどり（訳）（2017）聴覚障害者，ろう・難聴者と関わる医療従事者のための手引．明石書店．）
高山亨太（2022）．ろう者学とソーシャルワーク教育．生活書院．

〈参考文献〉
聴覚障害をもつ医療従事者の会　https://jndhhmp.org/
厚生労働省．意思疎通支援　https://www.mhlw.go.jp/bunya/shougaihoken/sanka/shien.html
厚生労働省．身体障害者手帳　https://www.mhlw.go.jp/stf/seisakunitsuite/bunya/hukushi_kaigo/shougaishahukushi/shougaishatechou/index.html
内閣府．合理的配慮等具体例データ集　聴覚・言語障害　https://www8.cao.go.jp/shougai/suishin/jirei/index_choukaku.html
内閣府．障害者による情報の取得利用・意思疎通に係る施策の推進（障害者情報アクセシビリティ・コミュニケーション施策推進法）　https://www8.cao.go.jp/shougai/suishin/jouhousyutoku.html
日本聴覚障害者心理協会　http://www.jpad-jp.org/

A. 肢体不自由とは

ⅰ）肢体不自由の定義と分類

　　運動障害とは，手や足といった身体の一部または全体について自分の意図した動きができなくなる状態を示す。人間の動作は中枢神経系と神経系，筋肉が相互作用によって生じるものであり，これらどこかの欠損や機能不全によって運動障害が引き起こされる。**身体障害者福祉法**では「四肢体幹の運動機能障害」として「肢体不自由」に分類される。

　　身体障害者福祉法施行規則では，肢体不自由の程度について「上肢」「下肢」「体幹[1]」に加えて，「乳幼児期以前の非進行性の脳病変による運動機能障害」として「上肢」「移動」という5つの種別により分類している。なお，肢体不自由のみ等級が1級から7級まで存在するが，7級において上肢または下肢だけの障害の場合には身体障害者手帳の交付対象にはならない（**表10.3**）。

ⅱ）肢体不自由の原因

　　肢体不自由の起因疾患は18歳未満と18歳以上で異なる（**表10.4**）。18歳未満で最も多いのは「脳性まひ」である。脳性まひの日本における定義は，1968年に厚生省脳性麻痺研究班が定めた「受胎から新生児期（生後4週未満）の脳の非進行性病変に基づく，永続的なしかし変化しうる運動および姿勢の異常である。その症状は2歳までに発現する。進行性疾患や一過性運動障害または正常化するであろうと思われる運動発達遅滞はこれを除外する」が一般的に使用されている。脳性まひを含めて，脳神経系の疾患による運動障害が主な肢体不自由の起因疾患となっている。

　　これに対して18歳以上となると，「脳挫傷・脳血管障害」が最も多い発生原因であり，「リウマチ性疾患」や「骨関節疾患」等，中途障害が起因疾患として多くなる。

ⅲ）脳性まひの理解

　　脳性まひ等の脳性疾患は，脳の障害部位によりさまざまな随伴障害を呈する。行動特性としては「転導性」「抑制困難」「固執性」「統合困難」，認知特性としては「図と地の弁別」「空間認知」「協応動作」といった課題が

1　体幹とは，頭部と四肢を除いた胴体部分。

表10.3　肢体不自由の程度（身体障害者福祉法施行規則別表第5号）

等級	上肢	下肢	体幹	乳幼児期以前の非進行性の脳病変による運動機能障害
1級	1　両上肢の機能を全廃したもの 2　両上肢を手関節以上で欠くもの	1　両下肢の機能を全廃したもの 2　両下肢の大腿の2分の1以上で欠くもの	体幹の機能障害により坐っていることができないもの	上肢：不随意運動・失調等により上肢を使用する日常生活動作がほとんど不可能なもの 移動：不随意運動・失調等により歩行が不可能なもの
2級	1　両上肢の機能の著しい障害 2　両上肢のすべての指を欠くもの 3　一上肢を上腕の2分の1以上で欠くもの 4　一上肢の機能を全廃したもの	1　両下肢の機能の著しい障害 2　両下肢を下腿の2分の1以上で欠くもの	1　体幹の機能障害により坐位又は起立位を保つことが困難なもの 2　体幹の機能障害により立ちあがることが困難なもの	上肢：不随意運動・失調等により上肢を使用する日常生活動作が極度に制限されるもの 移動：不随意運動・失調等により歩行が極度に制限されるもの
3級	1　両上肢のおや指及びひとさし指を欠くもの 2　両上肢のおや指及びひとさし指の機能を全廃したもの 3　一上肢の機能の著しい障害 4　一上肢のすべての指を欠くもの 5　一上肢のすべての指の機能を全廃したもの	1　両下肢をショパー関節以上で欠くもの 2　一下肢を大腿の2分の1以上で欠くもの 3　一下肢の機能を全廃したもの	体幹の機能障害により歩行が困難なもの	上肢：不随意運動・失調等により上肢を使用する日常生活動作が著しく制限されるもの 移動：不随意運動・失調等により歩行が家庭内での日常生活活動に制限されるもの

＊実際には7級まで（身体障害者手帳の交付は6級まで）
・同一の等級について2つの重複する障害がある場合は，1級上の級とする。ただし，2つの重複する障害が特に本表中に指定せられているものは，該当等級とする。

指摘されており（例えば中司，1967），発達障害に近い状態像を示す。

　しかしながら，これらの認知特性や行動特性は運動障害に比べて見えにくい障害であり，周囲から気づかれにくい（安藤ら，2006）。また，作図が難しい，図表の読み取りが苦手である，といった認知特性が絡むような課題に気づかれていたとしても，運動障害に帰属させる傾向がある（内藤，1981）。その結果として，本人も苦手さを自覚してもその原因や対

表10.4 肢体不自由の起因疾患

疾患名	18歳未満	18歳以上
脳性まひ	23,800（47.5）	50,000（2.8）
ポリオ（脊髄性小児麻痺）	300（0.3）	42,000（2.4）
脳挫傷・脳血管障害	1,200（2.4）	263,000（14.9）
その他脳神経疾患	2,800（5.6）	57,000（3.2）
進行性筋萎縮性疾患	1,500（3.0）	20,000（1.1）
骨関節疾患	600（1.2）	234,000（13.3）
脊髄損傷	1,200（2.4）	54,000（3.1）
その他	9,000（18.3）	188,000（10.7）
リウマチ性疾患	—	94,000（5.3）
不明・不詳	9,600（19.2）	758,000（43.1）

（かっこ内は全体に対する割合（%））
（出典：厚生労働省（2008）. 平成18年度身体障害児・者実態調査 表12/13）

応策がわからず，支援をお願いできないことも生じかねない（丹野，2019）。

B. 肢体不自由のある人に対する心理支援

i）肢体不自由のある人の心理特性

　かつて，肢体不自由児を対象とした研究では「情緒不安定」「依存心が強い」「社会性の欠如」「内向的」といった心理特性が指摘された（橋本，1967）。現在においては，基本的に固有の心理特性は否定されているものの，経験不足や身体特性（緊張が強く出やすい），学習成果が出にくいといった経験から「自己肯定感が低い」「活動に対して消極的」といった状態に陥る場合があることが指摘されている（文部科学省，2018）。

　また，肢体不自由のある人は日常のさまざまな場面で支援を受ける必要がある。丹野（2018）が脳性まひ者に行った調査では，『周囲の人が支援をしてくれることはありがたい。本当は，自分でやりたいこともあったけど，支援が失われることの不安等もあり，支援を享受する必要があった』と受動的な側面や複雑な心理状況であったことを明らかにしている。

ⅱ）肢体不自由を補うための支援機器

　肢体不自由に対してさまざまな支援機器の開発が進んでいる。運動障害に対する支援機器としては車いすや電動ベッド，リフト等の移動の制限を補うものが思い浮かべやすい。近年では，これらの機器に加えて，情報技術の発展により入力装置やコミュニケーション支援機器の進展が著しい。

　例えば，アイトラッキング技術を活用した視線入力装置がある（**図10.4**）。アイトラッキング技術は以前から心理学や認知科学等の領域で視線運動を記録するために活用されてきたが，一人一人の視線や顔の形等に対応するためのキャリブレーション（調整）が必要であり，装置自体も非常に高価であった。近年では，ゲーム業界や広告等幅広い分野での活用が進み，市販の装置でも簡便にアイトラッキング技術を活用することができるようになり，その技術を活用して文字入力や絵を描いたりすることが可能になっている。肢体不自由特別支援学校においても，視線入力を活用した文字入力やコミュニケーションの学習等に活用されている。

　コミュニケーション支援としては，遠隔ロボットやオンライン会議ツールを活用したコミュニケーション支援が注目されている（**図10.5**）。これまで，肢体不自由のある人の大きな課題が「移動」の問題であった。移動に制限がかかり，かつ車いすに対応した環境整備等，肢体不自由のある人の移動環境の整備には多額の費用がかかるため，外出したくてもできない状況が少なからず存在した。オンライン会議ツールを活用することにより，病室で遠隔授業を受けられる，特別支援学校と通常学校をつなげて交流の機会を増やす，訪問が難しい施設等とつないで間接的な校外学習を実施する等，不足しがちな接触経験の担保につながっている。また，遠隔ロボットを活用し，離れた位置からロボットを作業することにより職場体験を行ったり（茨城新聞，2022），在宅における就労可能性の幅が拡がりつ

図10.4　視線入力での作業

図10.5　遠隔ロボット orihimeの活用

つある（山本, 2022）。

　このように支援機器の発達により，物理的な制約は改善されなくても肢体不自由のある人の世界を拡げられる環境が用意されつつある。

 Column 身体障害のある人の当事者性と自己選択

丹野傑史（長野大学）

1. 身体障害のある人の当事者性

　身体障害のある人は「身体障害のある自分を理解している」と思われがちであるが，必ずしも自分自身，特に身体障害のある自己を理解しているとは限らない。図に示すように障害のある人は個人内外でのさまざまな経験を経て，自分自身の障害に気づき，当事者性を確立していく。身体障害のある人の当事者性を考えるとき，図のように当事者や支援者との関わりは大きな重要な役割を果たすと考えられる。例えば，大高ら（2010）は当事者研究に着目し，仲間との相談やミーティングを通して，自分の中の苦労や問題を明らかにし，考えることができるという構造があることを指摘している。当事者同士での関わりの中で，自らの体験を深めていくと考えられる。また，ほとんどの身体障害のある人は障害のない人のコミュニティの中で生活をしている。支援者との関わりは自己の経験を相対化し，社会の中での自分自身を位置づけるうえで重要である。

図　障害のある人の自己理解と当事者性

2. 自己選択を支えるために

　「Nothing without us about us（私たち抜きに私たちのことを決めるな）」という考え方が示すように，共生社会を形成していくうえで，当事者の自己選択を尊重していくことはとても重要な考え方である。一方で，上述のように身体障害のある人の自己あるいは当事者性は必ずしも明確なものではない。さまざまな経験をし，その経験

に意味づけを行う中で，当事者性を確立していく。したがって，自己選択を支えるためにはさまざまな経験を本人の中で意味づけていくための学修が必要になる。安藤（2021）は特別支援教育で行われている障害に応じた指導「自立活動」について，「子どもが学習上又は生活上の困難を改善・克服するための経験の場を提供することであり，子どもが自ら意味づけするよう促すこと」としている。支援者には，身体障害のある人に経験を提供するだけでなく，そこでの経験に対する意味づけを促していく役割があるといえる。

〈文献〉
安藤隆男（2021）．新たな時代における自立活動の創成と展開―個別の指導計画システムの構築を通して―．教育出版．
大高庸平・いとうたけひこ・小平朋江（2010）．精神障害者の自助の心理プログラム「当事者研究」の構造と精神保健看護学への意義―「浦河べてるの家」のウェブサイト「当事者研究の部屋」の語りのテキストマイニングより―．日本精神保健看護学会誌，19，43-54．

iii）肢体不自由のある子どもに対する心理支援

　三澤（1985）は「健常者として対応して欲しい，障害者として配慮して欲しい」という肢体不自由のある子どもの心理の2面性を指摘している。丹野（2018）の調査では，通常学級に在籍していた脳性まひのある人が「担任がお膳立て，あるいは友達が率先して荷物を持ってくれたり，支援したりしてくれる」ことへの感謝とモヤモヤを語っている。逆に，特別支援学校に在籍している場合，児童生徒が困らないように先回りした支援（障害に応じた支援）を行うケースが少なくない。その場での学習や生活は適切な支援を受けているが，結果的に社会に出てから自分自身の困り感に気づけなかったり，周囲との関係性に苦しむケースがある。

　心理支援を行ううえでは，「今，なぜその支援が必要なのか」「その支援によって産まれるもの／失われる懸念」について明確にしていくことが重要である。特に，肢体不自由のある人の2面性に注意深く配慮し，「しょうがなくお願いをしている」状況を人として当たり前の感覚であることとして支援者が前向きに捉えること，支援－被支援にとどまらない周囲との関係性構築に向けて，実態に応じた支援を展開することが大切である。

　また，肢体不自由がある場合，身体機能の維持は難しく，一般的な成人よりも身体機能の衰えが進みやすいとの報告もある。また，中途障害の場合「できていたことができなくなる」ことの恐怖や喪失感と向き合わなければならない。微妙な心理状況を捉えて，受け止めていく度量が求められる。

〈引用文献〉

安藤隆男・野戸谷睦・任龍在他（2006）．通常学級における脳性まひ児の学習の特性に関する教師の理解，心身障害学研究，30，139-151．

ベネッセ子ども基金『「アニュアルレポート2016年度」特集3　院内学級の子どもたちの学び支援プロジェクト』ベネッセ子ども基金　https://benesse-kodomokikin.or.jp/doc/ar/annualreport2016.pdf

橋本重治（1967）．脳性まひ児の心理と教育，金子書房．

茨城新聞（2022）．《リポート》水戸特別支援学校，分身ロボ活用の職場体験
https://tinyurl.com/yq5367nr

厚生労働省（2008）．平成18年度身体障害児・者実態調査．

文部科学省（2018）．特別支援学校教育要領・学習指導要領解説　自立活動編（幼稚部・小学部・中学部）．

三澤義一（1985）．障害と心理（リハビリテーション医学講座，第9巻），医歯薬出版．

中司利一（1967）．脳性まひ児の知覚・思考及び概念形成の障害．橋本重治（編），脳性まひ児の心理と教育，金子書房，39-63．

内藤とし子（1981）．普通校に就学した障害児についての調査，廿楽重信（編），脳性麻痺〈第1集〉第7回脳性麻痺研究会記録，協同医書出版社，125-148．

丹野傑史（2018）．脳性まひ者のキャリア支援可能性―通常学級出身者のライフヒストリー分析―．長野大学紀要，39（3），21-28．

丹野傑史（2019）．成人脳性まひ者のキャリア継続に向けた意思表明支援の可能性―職務困難場面および援助要請行動に着目して―．長野大学地域共生福祉論集，13，1-11．

山本ゆうか（2022）．分身ロボットカフェで出会ったOriHimeは，普段使いのアバターだった．情報処理，63（8），440-441．

11.1節 ‖ 発達障害とは

　発達障害とは，自閉スペクトラム症（autism spectrum disorder：ASD）や注意欠如多動症（attention deficit hyperactivity disorder：ADHD），限局性学習症（specific learning disorder：SLD）といった一連の発達症を含む概念である（**図11.1**）。発達障害という言葉の示す範囲は厳密には定まっておらず，国や地域によって定義が異なる。日本では，発達障害者支援法で示された「自閉症，アスペルガー症候群その他の広汎性発達障害，学習障害，注意欠陥多動性障害その他これに類する脳機能の障害であってその症状が通常低年齢において発現するものとして政令で定めるもの」という定義に基づいて行政上の運用が行われている。つまり発達障害とは法律用語であり，医学的には，発達障害ではなく，**神経発達症**といわれる。

　2012年に行われた文部科学省の調査によると，通常学級に在籍する小中学生のうち，発達障害の可能性がある児童生徒の割合は6.5％，約60万人にのぼるとされる（文部科学省，2012）。さらに近年，発達障害の診断数は爆発的に増加しつつある。日本学生支援機構の調査によると，高等教育機関における発達障害を有する学生の数は，2016年の4150人から，2020年には7654人と，4年間で2倍近くに増加している（日本学生支援機構，2018，2021）。米国精神医学会の策定した『DSM-5-TR 精神疾患の診断・統計マニュアル』（APA, 2022）によると，ASDの有病率は全人口の約1％，ADHDは小児期で5％，SLDは小児期で5〜15％に及ぶとされており，発達障害はかなりよくみられる状態である。そのため，学校や職場などを含め，社会は発達障害のある人に対する理解と支援が求められており，その推進は国にとって大きな課題である。

　発達障害のある人と，そうでない人（定型発達とよばれる）は，コミュニケーションや理解の仕方，行動において異なる側面が多くみられる。例えば，ASDのある人の社会的コミュニケーションのあり方は定型発達の人と比較して目的的，率直であり，ADHDのある人の不注意といった特性は，ミス

が多発するなどの社会的な不適応につながりやすい。そのため，定型発達の人の考え方や行動が常識化している現代社会において，進学や就職などで社会的責任が増すにつれて問題が顕在化することも多い。また，SLDに伴う学業の不振は保護者や教育者から「やる気の問題」と捉えられることもあり，度重なる叱責から自尊心の低下を招くこともある。加えて，1人の発達障害のある人に複数の障害が併存することは珍しくなく，ASDのある人にADHDが併存する割合は50～70％に及ぶとされている（Rong et al., 2021）。このようにいくつかの異なる発達障害が併存することにより，当事者の社会適応はさらに阻害されることになる（Liu et al., 2021）。

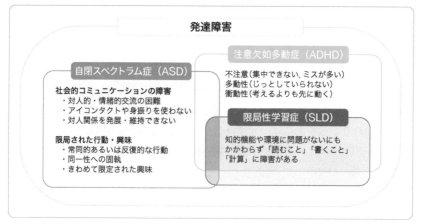

図11.1　発達障害の概念図

発達障害のある人とメンタルヘルス

　発達障害のある人は成長にしたがい，さまざまな併存症をもつ可能性があることが知られている。成人期の約70％の発達障害のある人に1つ以上の精神疾患やメンタルヘルス問題があり，50％以上の人に2つ以上の精神疾患やメンタルヘルスの問題が併存している（Lai et al., 2019）。本稿では，発達障害のある人がもちやすいメンタルヘルスの問題に関連する併存疾患を，内因性（合併症）のもので，発達障害との因果関係があいまいで，より生物学的な関連性が認められるものと，心因性（**二次障害**）のもので，発達障害のある人がその発達障害の特性と合わない環境に置かれた中で発生したもの

と大まかに捉え，概観する。

　発達障害の中でもASDは，不安症（43〜84％），うつ病（2〜30％），強迫症（37％），ADHD（59％），チック障害（8〜10％），睡眠障害（52〜73％）を併存する頻度が高い。また，易刺激性（irritability：攻撃行動，興奮性などの非特異的な異常行動）などその他の精神症状・異常行動（8〜34％）も多くみられる。身体疾患は精神疾患の合併よりは知見が少ないが，これまでに，けいれん・てんかん（5〜49％），消化器症状（8〜59％）の合併がASDでは多いことが知られており（Levy et al., 2009），出現する可能性をふまえる必要がある。ただし，全症例に脳波検査，消化器関連の検査を実施する必要はないとされている（Myers et al., 2007）。

　発達障害のある人は，本人の感覚や認知特性の特徴が一般の人と異なることから，一般的な人との関わりで本人の特異性が理解されないことも多く，自己肯定感や自己効力感が低下し，社会的な排除の経験を得やすく，社会的な孤立に陥りやすい（Baldwin & Costley, 2016）。また，一見，表面的には社会適応できているようにみえても，本人がその社会になじむために**社会的カモフラージュ**（Hull et al., 2017）を行い，既存の社会に対して過剰適応の努力をするあまりメンタルヘルスに悪影響を及ぼしていることが明らかとなっている（Hull et al., 2021）。発達障害の特性そのものは生涯保持することから，環境の変化や臨機応変な対応を求められる複雑な一般社会の状況の中ではストレスを溜めやすく，二次的に抑うつ，不安，強迫観念，強迫行為，幻覚妄想などの精神症状を呈する場合がある。またADHDがある人の一部は，特性である不注意や衝動性から失敗をくり返し，幼少期から叱られてばかりの体験の中で自己評価が下がり，反抗挑発症（かなりの頻度で大人に反抗をする）から素行症，反社会性パーソナリティ症（反社会的行為をしてしまう）へと変遷するとされる場合もある（斎藤・原田，1999）。このように発達障害の特性と，周囲の無理解や叱責といった負の環境因子との相互作用によって，二次的に不安や抑うつが亢進するようなメンタルヘルスの悪化が示される場合は，単に合併精神症状というのではなく，そのプロセスを鑑みて，**二次障害**とよばれることが多い。

　成人期の発達障害のある人が精神科やその他の一般科を訪れるとき，このような二次障害のみを「主訴」とすることも多い（神尾，2012）。そのため，その人の表面的に訴える現象のみを臨床家は表面的に理解するのではなく，いつ，どのようにその症状が発生したか，本人や保護者からもできるだけ丁

寧に聞き取りを行い，発達障害の二次障害の可能性の有無についてアセスメントすることを常に頭に入れておくべきであろう。

11.3節 ┃ 発達障害のある人の地域生活における心理支援

　近年の**地域生活支援事業**における発達障害のある人への支援においては，市区町村において必須になっている機関から任意の機関までさまざまなものがある。例えば，任意事業としては，巡回支援専門員の整備や，家庭・教育・福祉連携推進事業などがある。一方，都道府県で必須となっている事業は，発達障害者支援センター運営事業，発達障害者支援地域協議会がある。**発達障害者支援センター**は全国都道府県に配置され，医療機関，児童相談所やハローワークといったさまざまな事業所と連携を行う。また，発達障害のある幅広い年齢の人々に対しても直接，心理相談や就学，就労相談などを行う（**図11.2**）。

　このように発達障害のある人への地域生活における支援はかなり幅広いため，ここでは本章のテーマに準じて「心理支援」に焦点を当てる。

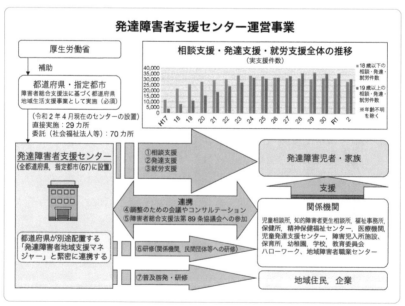

図11.2　発達支援の国の体制（厚生労働省（2021），令和4年度　発達障害者支援施策について）

まず，心理支援はさまざまな支援と伴走することが好ましいが，医療機関にかかった場合，カウンセリングや相談所などを利用する前に，最初に薬理学的治療が試みられることがある。例えば，発達障害のある人に対して，ADHDの薬理学的な処方としては，メチルフェニデート，アトモキセチン，グアンファシン塩酸塩などがある。なお，発達障害の症状である社会的コミュニケーションの障害を標的とした根治的な薬物療法もしばらく試みられてきたが，現在までに効果が明確に示された薬物はない（McPheeters et al., 2011）。もう一方の中核症状である「こだわりや固着，くり返し行動」に関してはリスペリドン（McCracken et al., 2002；Shea et al., 2004），アリピプラゾール（Marcus, 2009）に一定程度の効果があることが知られている。**感覚過敏**はASDのある人に多く存在し，DSM-5ではASDの1つの中核症状として新たに規定された。感覚過敏そのものは以前から臨床的にみられた症状であり，比較的古くからさまざまな感覚統合療法が考案され，実施されてきたが，現在のところ効果は明らかではない。また，発達障害のある人に対する二次障害（または併存疾患）の治療は，基本的には定型発達と同じ併存疾患の標準的な治療に準じて行われるが，発達障害では定型発達に比して，治療成績が悪いといわれる。この理由には，発達障害は多くの精神疾患を高頻度に併存するが，生物学的な要因で併存しているのか，発達障害に起因する心理的な葛藤あるいは環境からのストレスによる二次障害なのか判別がつきにくいことが挙げられる。このような背景から発達障害のアセスメントには多くの情報と専門知識が必要である。したがって，実際に介入戦略を検討する際には，個人因子・環境因子の評価・介入も行いつつ治療は進められるべきである。

　上述したように診断および，必要に応じた薬理学的治療が開始されたのち，心理支援に入ることが多い。心理支援は主に学校や医療機関等でのカウンセリングや心理療法が挙げられるが，必ず本人が直接受けるもののみならず，保護者や学校の担任など，まだ子どもの場合は特に，コンサルテーションのような心理支援を行うことも多い。また支援の目標としては，かならずしも画一的な目標を掲げたトレーニング法ではなく，基本的には支援者は，それが直接的なカウンセリングであれ，周囲の大人に対するコンサルテーションであれ，発達障害のある本人のニーズに沿って支援を行うことが鉄則である。子どもの場合であっても，子どもが何に困っているかについて，保護者や学校の先生からの聴取で，子どもの困り感を推測しなくてはならない。この場

合，あくまでも「子どもの困り感」に焦点づけることが本来の支援につながる。例えば，発達障害のある児童が不登校であったとする。保護者や担任は「登校させること」を目的にしていたとする。しかし，この児童はもしかしたらASDの感覚過敏の問題で登校しづらいのかもしれないし，もしくはSLDがあり，漢字の書き取りや計算問題ができなくて困っているのかもしれない。支援者はさまざまな角度から情報を集め，その子どもの「困っていること」を丁寧にアセスメントする必要がある。そのうえで，発達障害のある子どもの困り感を保護者や担任に丁寧に通訳する必要がある。通訳ができると，周囲の大人たちの理解が増進し，その子どもに対する合理的配慮が増える可能性が高まる。このように，直接支援・間接支援にかかわりなく，発達障害のある子ども／大人が，日常生活において，周囲から発達障害の特性を配慮してもらいやすくなることは，心理支援を行う側の重要な責務ともいえる。

　一方で，心理支援を行う側として，発達障害のある患者の対応に苦慮した経験のある人は多いかもしれない。カウンセリングや心理療法といった治療的場面は，発達障害のある人にとって，予測のつかない体験の連続であり，見通しを立てることを苦手とする人も多いので，心理的負担がかかることがある。また，カウンセリングや心理療法でのコミュニケーションにおいて，後になってから認識の違いが明らかになることもあるであろう。このように心理支援のプロセスが発達障害の特性と合わないことも多く，支援者に時に陰性感情を生じさせることもあり得る。こうならないためにも，支援者が早い段階でその人の個別性のある発達障害の特性に気づき，それを本人と共有したうえで，その特性に配慮した行動をとれば，このような心理支援の障壁は減るであろう。

　例えば「見通しがもてないと不安になる」という特性のある発達障害の人には，あらかじめ，今後の支援やゴールの見通しを伝え，さらに検査等の日程を文章や図といった視覚情報を用いて明確にすることで，本人の心理的負担を軽減し，情報の行き違いを防ぐことが可能であろう。また，ASDの特性の1つである，「一旦理屈で納得したルールは徹底的に守ろうとする」は，不登校のときの日常生活の過ごし方をきちんと決め，それを守って規則正しく過ごすことに有利に働くことも多い。発達障害の特性は人によって大きく異なるため，「発達障害の人だからこの対応でよい」と画一的な対応をとることは避けるべきだが，「この人の発達障害の特性はどのような部分が保護

されるべきであろう，もしくはどのような部分が心理支援において強みとなるであろう」という視点をもつことは，カウンセリングや心理療法といった心理支援をトラブルなく円滑に進めるうえで非常に重要である。

　発達障害は臨床像も多岐にわたり，有病率も高く，併存する問題や疾患も多いことから，発達障害そのものが「困りごと」として認識されなくとも，日常的にあらゆる人や専門家が接する機会も多い状態像であるといえる。そのため，本人や保護者らが発達障害を自覚していなくても，こちらが思ったようにコミュニケーションがうまく取れない，他者と比較してこだわりが強い，ミスが多く予約日時を間違える，非常に不安が強く，皆が怖がらないことで強く怖がる，などといった発達障害の特性に関連した問題が頻出する被支援者がいる場合においては，まずは支援者側が，その人に発達障害があるかもしれないという可能性を検討する必要があるかもしれない。そのうえで，その被支援者が訴える困りごとに対して，適切な配慮（説明を紙に書いて残す，不安の心理教育をする，毎回同じ時間と曜日を予約日とする，など）をするなど支援者側が少し工夫を加えることで，スムーズな支援につながるかもしれない。あるいは，本人の訴える困りごとにあまりに発達障害が関与しているならば，特に成人の発達障害はさまざまな精神疾患を主訴としてくるため，表面的な主訴のみではなく，患者の背景，生活歴，身体化の出現とそのきっかけなど，より詳細に丁寧な聞き取りも必須であろう。そのうえで，発達障害の程度によっては，発達障害を専門とする精神科等との連携が必要になってくるであろう。そのためには，発達障害のある可能性を本人あるいは保護者に丁寧に示唆することが，心理支援の1つとなるかもしれない。いずれにせよ，支援者側が発達障害の基礎知識を身に着け，状態像も臨床的に把握しておくことが要となる。

〈引用文献〉

American Psychiatric Association, Diagnostic and Statistical Manual of Mental Disorders（5th edtion, Text Revision）(DSM-5-TR). (2022). American Psychiatric Publishing.（米国精神医学会（著），日本精神神経学会（日本語版用語監修），髙橋三郎・大野裕（監訳），染矢俊幸・神庭重信・尾崎紀夫他（訳），(2022). DSM-5-TR 精神疾患の診断・統計マニュアル，医学書院。）

Baldwin, S. & Costley, D. (2016). The experiences and needs of female adults with high-functioning autism spectrum disorder. *Autism*, 20(4), 483-495.

Hull, L., Levy, L., Lai, M. C., et al. (2021). Is social camouflaging associated with anxiety and depression in autistic adults? *Molecular autism*, 12(1), 1-13.

Hull, L., Petrides, K. V., Allison, C., et al. (2017). "Putting on my best normal": Social camouflaging in adults with autism spectrum conditions. *Journal of autism and developmental disorders*, 47, 2519-2534.

神尾陽子（2012）．成人期の自閉症スペクトラム診療実践マニュアル．医学書院，2-13．

厚生労働省（2021）．令和4年度「発達障害者支援施策について」社会・援護局障害保健福祉部障害福祉課障害児・発達障害者支援室，令和3年度資料．
http://www.rehab.go.jp/application/files/8616/4802/4273/R3.pdf

Lai, M. C., Kassee, C., Besney, R., et al.（2019）. Prevalence of co-occurring mental health diagnoses in the autism population: a systematic review and meta-analysis. *The Lancet Psychiatry*, 6（10），819-829．

Levy, S. E., Mandell, D. S. & Schultz, R. T.（2009）. Autism. *Lancet*, 374, 1627-1638．

Liu, Y., Wang, L., Xie, S., Pan, S., et al.（2021）. Attention deficit/hyperactivity disorder symptoms impair adaptive and social function in children with autism spectrum disorder. *Frontiers in psychiatry*, 12, 654485．

Marcus, R. N., Owen, R., Kamen, L., et al.（2009）. A placebo-controlled, fixed-dose study of aripiprazole in children and adolescents with irritability associated with autistic disorder. *Journal of the American Academy of Child & Adolescent Psychiatry*, 48（11），1110-1119．

McCracken, J. T., McGough, J., Shah, B., et al.（2002）. Risperidone in children with autism and serious behavioral problems. *New England journal of medicine*, 347（5），314-321．

McPheeters, M. L., Warren, Z., Sathe, N., et al.（2011）. A systematic review of medical treatments for children with autism spectrum disorders. *Pediatrics*, 127（5），e1312-e1321．

文部科学省（2012）．「通常の学級に在籍する発達障害の可能性のある特別な教育的支援を必要とする児童生徒に関する調査」調査結果
https://www.mext.go.jp/a_menu/shotou/tokubetu/material/1328729.html

Myers, S. M., Johnson, C. P. & Council on Children with Disabilities.（2007）. Management of children with autism spectrum disorders. *Pediatrics*, 120（5），1162-1182．

日本学生支援機構（2018）．平成28年度（2016年度）障害のある学生の修学支援に関する実態調査．
https://www.jasso.go.jp/statistics/gakusei_shogai_syugaku/index.html

日本学生支援機構（2021）．令和2年度（2020年度）障害のある学生の修学支援に関する実態調査．
https://www.jasso.go.jp/statistics/gakusei_shogai_syugaku/index.html

Rong, Y., Yang, C. J., Jin, Y. & Wang, Y.（2021）. Prevalence of attention-deficit/hyperactivity disorder in individuals with autism spectrum disorder: A meta-analysis. *Research in Autism Spectrum Disorders*, 83, 101759．

齊藤万比古・原田謙（1999）．反抗挑戦性障害．精神科治療学，14，153-159．

Shea, S., Turgay, A., Carroll, A., et al.（2004）. Risperidone in the treatment of disruptive behavioral symptoms in children with autistic and other pervasive developmental disorders. *Pediatrics*, 114（5），e634-e641．

Column　発達障害のある人へのマイクロアグレッション

マイクロアグレッションとは

　マイクロアグレッションとは，ありふれた日常の中にある，ちょっとした言動や行動や状況，意図の有無にかかわらず，マイノリティの人を軽視したり侮辱したりするような，敵意のある否定的な表現のことを指す（Sue et al., 2007）。マイクロアグレッションを受け続けると，マイノリティの人は社会的に周縁化され，社会的孤立・孤独感が増すことが指摘されている（Sue et al., 2007, 2010）。マイクロアグレッションは基本的にはマイノリティが受けるものであるが，マイノリティとは，直訳だと「少数派」となる。しかし，実際の数の多さ，少なさというよりも，より権力がない属性を多くもつ側に対し，マイノリティとよぶ。例えば，女性と男性を比較すると，

女性のほうが経済力や人脈，権力が少ないので，マイノリティとなる。逆に，権力や特権（苦労しなくて得られる優越した権利）がある人を「マジョリティ」という。現代社会において，マジョリティ（特権を多くもつ者）と，マイノリティ（特権をあまりもたない者）は，価値観や行動が「異なる」ことがある。その場合，マジョリティのもつ価値観や行動が「標準化」されやすくなることがある。例えば，発達障害は，非発達障害（いわゆる定型発達）と比較して「マイノリティ」に該当するが，この場合は，定型発達の人がマジョリティであるため，ごく自然に自分の価値観や行動を「正常」とみなしやすい。一方で，発達障害の人は自らを「普通ではない」「みんな（定型発達）と同じようにできず，それ以下である」と感じやすい（Goodman, 2011）（図）。

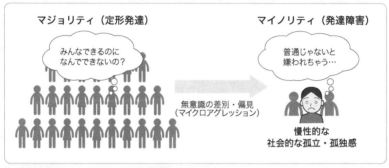

図　マジョリティとマイノリティの構図からくる偏見

　例えば，社会的コミュニケーションにおいて，定型発達の人はニュアンスを込めて話すことに対し，発達障害のある人は，言葉通りに使うことがある。一例として，「給食を食べる前に『いただきます』と言いましょう」という先生の指示に対し，発達障害のある児童が「僕は給食費を払っているので『いただく』という言葉は変だと思う」と言い返したとする。読者がこの場面にいたら，どちらが正しく感じられるだろうか。「なんて屁理屈を言う子どもだろう」と考えるならば，それは読者がマジョリティ属性の人だからかも知れない。この場面では，先生は給食を食べるサイン（いただきますという言葉）について指導を行っているのであるが，発達障害のある児童には「いただく」という言葉は「物をもらうこと」と同義であり，対価を払って食べている給食に対して「いただく」のはおかしいと思ったのである。これが社会的コミュニケーションの「差異」であり，ここにはどちらが正しいか，ということはない。しかし多くの場合，マジョリティである定型発達の人は，マイノリティである発達障害者に対し「（自分たちよりも）変わっている・おかしい」「（自分たちよりも）能力がない」などと偏見をもつことは日常的にあり得るであろう。このように発達障害のある人は，定型発達の人との行動や認知の差異があるという理由だけで日常的に偏見にさらされ，社会生活のうえで慢性的に孤立や孤独を感じことが多くあるであろう。

このように，マジョリティを中心とした価値観からのマイクロアグレッションがある限り，マイノリティである発達障害のある人がどんなにマジョリティ集団になじむ努力をしたとしても，社会的孤立・孤独が継続してしまう。

　発達障害のある成人の79%がうつ病や不安症などのメンタルヘルスの問題を抱える（Lever & Geurts, 2016）といわれているが，この問題を考えるうえで近年注目されているのが「社会的カモフラージュ」（Hull et al., 2017）である。社会的カモフラージュとは，発達障害のある人が定型発達の人に馴染むように自分の行動を修正する防衛戦略を指す（Hull et al., 2017）。発達障害のある人の70%が社会的カモフラージュをしていることを自覚しており，「しなければいけない」と感じている（Cage et al., 2019）。発達障害者は，社会的カモフラージュにより表面的な適応は向上するものの，自分の価値観に沿った行動が抑制され，疲労や不安を招く（Livingston et al., 2019）。

　前にも述べたように，現状において，我々の社会におけるマジョリティ（この場合は定型発達者を指す）の行動や価値観は規範的で理想化されている（Perry et al., 2021）。そのため従来の発達障害者に対する支援は，社会的スキル訓練や常識に関する指導など，定型発達者の価値観に「合わせる」訓練が中心であった（丹治ら，2014）。発達障害者は定型発達中心の社会的常識や規範から外れているために，「自分は定型発達者よりも劣った存在である」と感じやすく（Cage et al.,2018），その防衛戦略として，社会的カモフラージュを使う。上記のような構造から発達障害者が免れない背景として，社会がマイノリティに向ける無意識の偏見や差別がある（Goodman, 2011）。

　これまで精神医学や臨床心理学そのものがもつ偏見として，「マジョリティの価値観，信条，基準，社会規範は正しい」「マイノリティそのものがすでに病理である」というロジックがあり，マイクロアグレッションが埋め込まれているといえる。「医学モデル」（Bailey, 2000）がその1つといえる。現状の発達障害に対する支援モデルは，前提として，医学モデルに即して，規範的な定型発達の人と比べて「欠損」している部分に対する個人的・社会的な補償戦略のみに焦点づけられている。定型発達の人のもつ価値観，信条，基準，社会規範が正しいという特権性の不可視化された社会構造が，発達障害のある人に対する偏見を生じさせ，そこから日常的にマイクロアグレッションが起こり，発達障害者のメンタルヘルスを阻害している可能性がある。

発達障害の人へのマイクロアグレッション

　これまで発達障害のある人のマイクロアグレッションの影響は明らかになってはいない。そのため，筆者の研究チームでは現在までに330名の発達障害のある人（主に自閉スペクトラム症の方）を対象に記名式のアンケート調査を行い，どのようなマイクロアグレッションがあったのかを分析中である。これまでで明らかになったこととしては，「発達障害ならみんなあるよ」という「発達障害の過小評価」や，「発達障害がわかったら突然カウンセラーの話し方が幼い子どもに話しかけるようになった」といったマイクロアグレッションのあることが明らかとなった（図）。

現段階におけるテーマ分析の結果

マイクロアグレッション体験の実態	隠されたメッセージ
抜きん出た能力を求められる ・9歳の時祖母に，障害はギフテッドの仲間だからと言われた ・友だちに，自閉症の人ってすごい能力があるんだよね？って言われた	すごい力を持っていない自分は無価値
障害は「ない」とされる ・友人と話してる時，友人が私たぶんADHDだからと言われた ・自分にも障害的なものがあるからさと言われた	発達障害はみんなあるので，あなたも努力すべき
能力を低く見積もられる ・発達障害の診断後，心理カウンセラーの自分に対する接し方が突然変わった ・高校のカウンセラーに発達障害の診断を受けたことを伝えると，話し方が幼児に話しかけるように変わった	発達障害の人はコミュニケーションの能力がない
発達障害は恥ずかしい，いらない ・就活ナビの広告の中の女性が背中を向けて親指を立てていた。発達障害者は顔を出してはいけないのか ・フェイスブックの広告「発達障害者やストレス耐性が低い人，いわゆる社会不適合者を炙り出すテスト（多くの企業が採用）」	発達障害はいらない恥ずかしい存在

図　発達障害者に対するマイクロアグレッションの実態（分析中）

　前述したように，社会の常識は，マジョリティである定型発達の人の感覚で出来上がっているため，発達障害のある人は「（発達障害ではない人に比べて）〇△ができない」といったようなネガティブな表現で説明されることがどうしても多くなるのであろう。また，時に，とびぬけた才能をもつ人もいて，そればかりをメディアが注目したり発信したりするために，発達障害のある人全員が，「天才肌」という偏見をもたれることもあるであろう。

　このように発達障害のある人は，「マイノリティ」だったり「常識」と違う部分があることから，社会からマイクロアグレッションを受けやすい存在といえる。それは支援場面においても例外ではなく，マジョリティ属性の多い支援者本人に悪気がなくとも，発達障害のある人本人にとってはマイクロアグレッションの体験になり得ることは充分にあり得る。マイクロアグレッションの体験を受けた被支援人は支援を受けなくなるかもしれないし，悩みを打ち明けることを諦めてしまうかもしれない。支援職は，1対1で被支援者に関わることが多く，被支援者が来なくなってもその原因を直接連絡することがないことがほとんどであることから，自分の失敗は目に見えにくい。それゆえ，我々はマイノリティの属性の多い発達障害のある人と接するときは，常に丁寧な対話を試み，支援をすることにも了承を得て，信頼関係を築きながら一歩一歩，慎重にやっていく必要がある。

〈引用文献〉

Bailey, J. S.(2000). A futurist perspective for applied behavior analysis. In Austin, J. & Carr, J. E.(Eds.), Handbook of applied behavior analysis（pp.473-488）. Context Press/New Harbinger Publications.

Cage, E., Di Monaco, J. & Newell, V.(2018). Experiences of autism acceptance and mental health in autistic adults. *Journal of autism and developmental disorders*, 48, 473-484.

Cage, E. & Troxell-Whitman, Z.(2019). Understanding the reasons, contexts and costs of camouflaging for autistic adults. *Journal of autism and developmental disorders*, 49 （5）, 1899-1911.

Goodman, D. J.(2011). Promoting diversity and social justice: Educating people from privileged groups. Routledge.（グッドマン, D. J.（著）, 出口真紀子・田辺希久子（訳）(2017). 真のダイバーシティをめざして—特権に無自覚なマジョリティのための社会的公正教育—. 上智大学出版）.

Hull, L., Petrides, K. V., Allison, C., et al.（2017）. "Putting on my best normal": Social camouflaging in adults with autism spectrum conditions. *Journal of autism and developmental disorders*, 47, 2519-2534.

Lever, A. G. & Geurts, H. M.（2016）. Psychiatric co-occurring symptoms and disorders in young, middle-aged, and older adults with autism spectrum disorder. *Journal of autism and developmental disorders*, 46, 1916-1930.

Livingston, L. A., Shah, P. & Happé, F.(2019). Compensatory strategies below the behavioural surface in autism: A qualitative study. *The Lancet Psychiatry*, 6（9）, 766-777.

Perry, E., Mandy, W., Hull, L. & Cage, E.（2021）. Understanding camouflaging as a response to autism-related stigma: A social identity theory approach. *Journal of Autism and Developmental Disorders*, 1-11.

Sue, D. W.(2010). Microaggressions in everyday life: Race, gender, and sexual orientation. John Wiley & Sons.

Sue, D. W., Capodilupo, C. M., Torino, G. C., et al.(2007). Racial microaggressions in everyday life: implications for clinical practice. *American psychologist*, 62（4）, 271.

丹治敬之・野呂文行（2014）. <展望>我が国の発達障害学生支援における支援方法および支援体制に関する現状と課題. 障害科学研究, 38, 147-161.

11.4節 ｜ 精神障害とは

　障害福祉サービスのような公的制度は，その性質上「硬さ」がつきまとう。「硬さ」とは，社会情勢，社会的要請，制度の歴史，他制度との整合性など社会的文脈から規定されたルールのことである。この「硬さ」は，公文書を読めば実感できよう。しかし，実際に苦悩する人を前にすると，私たちは「硬さ」だけで対応することの困難さに直面することとなる。障害福祉サービスの根拠法である「**障害者の日常生活及び社会生活を総合的に支援するための法律等の一部を改正する法律**（以下，障害者総合支援法）」を理解したからといって，支援者にはなり得ないのである。「硬さ」を学びつつも，人間的な「柔らかさ」を工夫する実践が求められる。「硬さ」と「柔らかさ」

は，支援における両輪であり，有機的に結びつけることで，各現場で文化が醸成されているのである。この文化の習得が，新人の最初の関門といえよう。

　まずは，精神障害者の定義を「硬さ」からみていただきたい。これ以上，足したり引いたりできないことに「硬さ」の意義と本質がある。しかし，これだけでは現場で実践できないことは想像できよう。「柔らかさ」の工夫が必要である。

〔精神障害者の定義〕

> 障害者総合支援法　第4条（定義）
> 　この法律において「障害者」とは,（前略）精神保健及び精神障害者福祉に関する法律第5条第1項に規定する精神障害者（発達障害者支援法（平成16年法律第167号）第2条第2項に規定する発達障害者を含み，知的障害者福祉法にいう知的障害者を除く。以下「精神障害者」という。）のうち18歳以上である者並びに治療方法が確立していない疾病その他の特殊の疾病であって政令で定めるものによる障害の程度が主務大臣が定める程度である者であって18歳以上であるものをいう。
>
> 精神保健及び精神障害者福祉に関する法律第5条（定義）
> 　この法律で「精神障害者」とは，統合失調症，精神作用物質による急性中毒又はその依存症，知的障害その他の精神疾患を有する者をいう。

　障害福祉の対象となる精神障害者とは，法の定義に基づき障害の多様な特性その他の心身の状態に応じて「支援が必要であると審査・判定を受け認定された人」ということになる。実際の現場では以下のいずれかを満たしているかどうかを確認することで，障害福祉サービスの対象となるかどうかを判断することとなる。

〔障害福祉サービスの対象となる条件（精神障害）〕

> ①精神障害者保健福祉手帳を取得している。
> ②自立支援医療受給者証（精神通院医療用）を取得している。
> ③医師の診断書（原則として主治医が記載し，国際疾病分類ICD-10コードを記載するなど精神障害者であることが確認できる内容であること）

　上記の3点は，いずれも精神科受診が前提となっており，顕著な精神症状があったとしても未受診であれば対象とはならないことを留意する必要がある。医学的診断が前提であることも「硬さ」といえよう。以前と比べれば精

神科が身近になったものの，未だ抵抗感を訴える人は少なくない。このような「硬さ」の周縁で苦しんでいる人は，対象でないからと無視してよいのだろうか。この辺りが曖昧であり，「柔らかさ」なのである。「柔らかさ」は，各現場で醸成されてきた文化であり，教育や書物では学ぶことができない。実際に現場に身を置き，良き塩梅を先輩や同僚から学んでいくよりほかにない。

再び話を「硬さ」に戻す。障害福祉は，その費用のほとんどが税金から拠出されているため，職責から逸脱し自身の役割を見失ってはならない。法律や制度，人員配置基準や，報酬体系，施設基準などを学ぶことで，自分の役割がどのように位置づけられているのかを意識することは社会人として必要な態度であろう。しかし，これもまた「硬さ」である。ある人にとっては都合が良くても，他の人にとっては排他性や権力性を帯びる危険性がある。「硬さ」を知ることは，その周縁にいる人の苦しみを理解することでもあるのである。精神障害のある人の苦しみは精神症状に限ったことではない。「**生活者**」としての苦しみを，既存の社会構造の中で理解することも必要であろう。

精神障害の定義は曖昧であるが「硬さ」で理解することも大切である。それは，自分の社会的役割を自覚するためであり，社会構造としての生きづらさを理解するためでもある。一方で，心理専門職としては「柔らかさ」を工夫することも期待されるが，「柔らかさ」にはほどよい塩梅が必要となる。精神障害を，医学モデルではなく生活モデルで考えるのであれば，このような矛盾をはらんだ流動性は必至であろう。

11.5節 ｜ 精神障害のある人の地域生活における心理支援

精神障害のある人の地域生活を考えるうえで，精神医療について触れないわけにはいかない。現在でこそ，障害福祉の役割が増えてきたが，それまではその多くを精神医療が担ってきた。ここで医療批判する意図はないが，歴史を振り返れば，日本と先進諸国とには大きな格差が生じていることは否定できない。精神科病床数の多さ，平均在院日数の長さ，家族への重たい扶養義務など，課題は山積している。このようなこともあり，2004（平成16）年に策定された「精神保健医療福祉の改革ビジョン」で「入院医療中心から地域生活中心」という理念が明確化され，2018（平成29）年には「精神障害にも対応した地域包括ケアシステム」の構築を目指すことが新たに理念化され，2021（令和3）年には必要な諸制度の見直しや具体的な取り組みが示

され，その実現を図ることとなった（**図11.3**）。では，この大きな動きの中で，心理専門職として精神障害のある人の地域生活にどのように関わっていくのかを述べたい。

図11.3　精神障害にも対応した地域包括ケアシステムの構築（イメージ）（厚生労働省（2021））

A．「心理専門職」である前に，「社会人」「福祉人」として

　残念ながら，精神障害をもつ人の生活支援において心理専門職は必須の職種ではない。しかし，これは他の専門資格でも同様である。障害福祉サービスは，法律により人員配置が細かく規定されているが，ここで規定されているのは専門資格ではなく，障害福祉の専用資格（所定の実務経験を有した人が研修を受けて取得）なのである。この点は医療と異なる。障害福祉は，本人の生活上の困りごとやニーズが中心となって組み立てられているので，支

援者の専門性によってサービスが分類されていない。例えば「日中の居場所がなくて困っている」という相談に応じる支援者が，精神保健福祉士のこともあれば，看護師や保育士，心理専門職ということが常である。このように障害福祉の現場では，専門資格ごとに業務分類されているわけではなく，「(障害) **福祉人**」としての共通のオリエンテーションが求められているのである（**図11.4**）。その上に，専門性が位置づけられているイメージをもつことが妥当であろう。引っ越しや退院というライフイベントに対して，特定の専門性で対応するのではなく，基本は「福祉人」として対応することになる。そのうえで，必要に応じて専門性を発揮し，または他の専門職と連携すること（**チーム支援**）で効果的な支援策を講じていくこととなる。精神障害のある人の地域生活は，心理支援だけではとても支えられない。また，生活支援に限ることではないが，専門職や福祉人である前に，社会人としての常識やマナーが必要なことはいうまでもないことである。

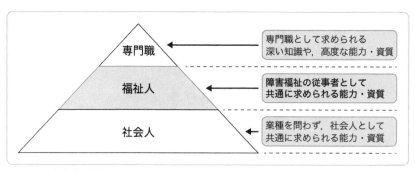

図11.4　専門職の位置づけ

B. 非自己開示と中立性という呪縛

　生活支援に従事する心理専門職はまだまだ少ないが，そんな心理専門職が現場で直面する課題に，教育課程で注意深く制限をかけられてきた「非自己開示と中立性」が挙げられる。筆者自身，この呪縛から解放されたことで随分と働きやすくなった。先述の通り，障害福祉の現場では常に「心理専門職」として存在することは求められていない。初回面談でも「心理師（士）の○○です」と自己紹介をすることもない。なぜなら，心理専門職を求めて相談に来ているとは限らないからである。基本は「福祉人」であり，必要に応じて「心理専門職」に切り替えるイメージである。個室での非日常的なカ

ウンセリングでは，本人の内的世界に焦点をあてることが目的であるため「非自己開示と中立性」は有効に機能するものと考えられるが，生活支援は非日常場面ではない。日常的で現実的な本人の生活領域で展開されていることである。ここでは「普通に，日常的に，現実的」に接することがまずは期待される。そのため提案や助言，問題解決も辞さない。また，日常場面で生活支援をするということは，支援者も現実的にならざるを得ず，支援者の「生活者」としての側面が自ずと開示されることになる。そのため，自己開示をしないというスタンスでは生活支援は困難である。極端な例ではあるが，電球が切れて困っているという人に対して，傾聴とオウム返しだけをしていては信頼関係どころか不信感を抱かれることになるであろう。心理専門職であろうとも，生活支援に従事するのであれば，当事者の立場に立って，現実的な問題解決につなげるといった**ソーシャルワーク**の視点は必須である。中立性についても同様である。生活支援では，緊急対応を要する場面に遭遇することも少なくない。急性増悪，虐待，DVなど安全が確保されていない状態であれば，セラピーよりも環境調整が優先される。このような場面でも，前提が「福祉人」である以上，中立性を固辞するよりも，ときには「支援者は味方である」という姿勢を明確に示すことが必要になるのである。

C. 関係性の変化

　生活支援のゴールは，「（たとえ精神障害があったとしても）本人が希望する地域生活を実現すること」である。狭義の心理療法と比較するとかなり守備範囲が広いともいえるし，心理療法の対象とはならない人に対しても，支援を提供するともいえる。そのため，ここで重要となるのが心理専門職としてのアセスメント技術と，枠組みや関係づくりの技術である。

　以下，生活支援における関係性の変化を，「援助関係，支援関係，パートナーシップ」に分けて述べていく（**図11.5**）。ここでは「援助関係」が，全面的に助けることを意味しているのに対して，「支援関係」は，部分的に助けることを意味している。そのため「援助関係」の方が支援者主導になりやすい。出会った当初は，生活に困窮していたり，緊急対応を要する状態だったりと，本人がパワーレス状態であり「援助関係」になることが少なくない。しかし，危機的状況を抜け出した後では，「援助関係」は本人の力を奪ってしまいかねない。保護と支配は表裏一体なのである。そこで必要なのが「関係性」を調節する機能である。「支援関係」は，被支援者の生活上の

希望やニーズといった意思決定をエンパワメントする関係ともいえる。狭義の心理療法では，関係性は厳しく制限を受けるが，生活支援においてはダイナミックに発展していくことが多い。さらなる発展が「パートナーシップ」である。この関係は，エンパワメントがさらに進んでいき，関係性の中に「支援」があまり介在しなくなっていった関係性ともいえる。対等な人として，同じ地域の生活者としてのイメージである。近年では，精神障害者ピアサポート活動が注目されるようになり，かつて「援助関係・支援関係」にあった者同士が協働する機会も増えてきている。さらには，ピアスタッフとして専門職と協働することで，当事者経験を活かした支援の提供や，サービスの質の向上に貢献する人も増えてきている。このように，生活支援においては，本人の状態や希望する生活に合わせて関係性が変化していくのである。ただし，この変化は決して一方通行ではなく，「援助関係」と「支援関係」を往来することもあるため，アセスメントが重要であることはいうまでもない。

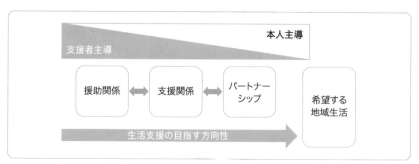

図11.5　関係性の変化（イメージ）

D. これからの心理専門職に期待したいこと

　最後に，これからの心理専門職に期待したいことを3点述べてまとめとしたい。1つ目は，「**セラピーよりも素人同士の交流を優先する**」である。人々の日常生活を観察すると，困りごとや悩みをいつも専門的支援で解決しているわけではない。特に専門職は，この当たり前のことを忘れがちかもしれない。知人や仲間，恋人や家族，ご近所さん，同僚や先輩など「素人」同士の交流が支えとなっていることが意外と多い。このことは，精神障害者の生活支援においても極めて重要な点である。素人同士の日常的な交流を豊かにするためには，個の関わりや内面へのアプローチばかりではなく，対人関係も

含めた環境調整が不可欠である。心理専門職もソーシャルワークを学ぶべきであろう。

2つ目は，「**専門用語を多用しない，簡単に共感しない**」である。専門用語の多用は，よい意味での「素人性」を排除し，「援助関係・支援関係」に誘いやすい。私たちが「専門職」という役割を演じ続けると，相談者は「専門家に頼らないといけない人」という役割を演じて付き合ってくれることになってしまう。「簡単に共感しない」についても同様である。「幻聴が苦しい」という相談に「幻聴が聞こえて，つらいんですね」と共感ありきで対応をしがちであるが，これでは生活支援にはならない。幻聴は立派な専門用語である。たとえ精神障害があったとしても「生活者」としての苦悩は一般化された専門用語で表現しきれるものではない。時と場合にもよるが，共感ありきの対応ではなく，生活者としてどのように困っているのかを，本人の言葉で語ってもらえるように対応する方が望ましい。物わかりの良すぎる支援者は，本人の口を封じてしまうこともあるのである。ギリギリの中でサバイバルしている人が紡ぎ出す言葉は，どの教科書にも載っていない言葉であろう。そんなリアルな言葉に出会えることもこの仕事の醍醐味である。

最後は，リカバリーである。レーガン（Ragins, M）は「重い精神の病をもっていても，人は立ち直ることができます。人として尊重され，希望を取り戻し，社会に生活し，自分の目標に向かって挑戦しながら，かけがえのない人生を歩むことができます」とリカバリーについて述べている（レーガン，2005）。このような動きの中で，精神障害者の支援においてはリカバリーがもはや世界基準になりつつあり，心理専門職も新たな社会的役割が期待されているのではないだろうか。従来の「受容と共感，非指示的」という勘所は押さえつつも，時と場所によっては，本人のストレングスや希望を引き出し，ソーシャルワークや環境調整も実践し，本人の希望する生活に向けて動機づけをするといったより積極的なアプローチも展開できる新しい心理専門職イメージの創造を期待したい。

〈引用文献〉
厚生労働省（2004）．精神精神保健医療福祉の改革ビジョン．
厚生労働省（2021）．精神障害にも対応した地域包括ケアシステムの構築について．https://www.mhlw.go.jp/stf/seisakunitsuite/bunya/chiikihoukatsu.html
Ragins, M.（2002）．A road to recovery. Long Beach: Mental Health America of Los Angeles.（レーガン，M.（著）．前田ケイ（訳）（2005）．ビレッジから学ぶリカバリーへの道—精神の病から立ち直ることを支援する．金剛出版）．

　日本の障害のある人の総数は約965万人で，そのうち18〜64歳の在宅者数は約377万人と推計されている。就労支援を通じた一般就労は年々増加し（厚生労働省，2022a），民間企業の障害者雇用の状況は過去最高を更新している（厚生労働省，2022b）。在宅者数を鑑みると就労支援のニーズはますます高まることが考えられる。また，**図12.1**のように精神障害のある人の雇用が年々大幅に増加していることに伴い，公認心理師への期待も高まる可能性がある。

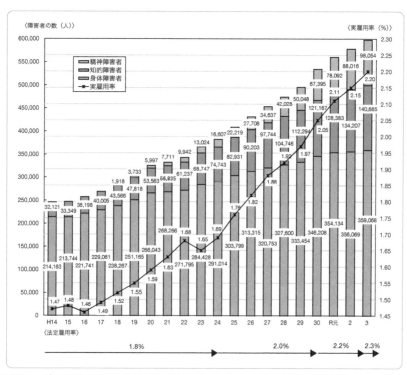

図12.1　実雇用率と雇用されている障害者の数の推移（厚生労働省，2022b）

　一般の人は「就労支援」と聞いてどのような支援を想起するだろうか。就職や転職に関する相談や求人紹介をイメージするかもしれないし，職業訓練のことだと思うかもしれない。実際には，福祉サービスや労働行政によるさまざまな就労支援があるが，その利用を考える人がもつイメージや期待は多様である。そのため，就労支援について説明する時は，障害のある人のニーズに応じた適切な情報保障を行い，意思決定を支援する必要がある。

　就労支援の支援内容とプロセスは**図12.2**の通り，①職業に関する方向づけのための支援，②職業準備性向上のための支援，③就職から雇用継続に向けた支援のプロセスがあり，各プロセスにはジョブガイダンス，職業相談，職業評価，職業訓練，職場実習，職業紹介，ジョブコーチ支援，職場適応指導，生活支援がある。

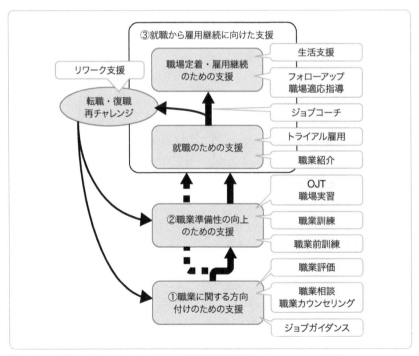

図12.2　就労支援のプロセスと各種支援（障害者職業総合センター，2023）

また，障害のある人の就労支援は，障害者総合支援法に基づく福祉サービスが提供する福祉施策と障害者雇用促進法に基づく職業リハビリテーションを中心とした雇用施策がそれぞれの政策体系や政策目的をもちつつ，連携を図り，進めている（厚生労働省，2022a）。本節では，主な就労支援の内容を紹介する。

A. 就労移行支援

就労移行支援は，障害者総合支援法の就労系福祉サービスで，自立支援給付の中の訓練等給付に位置づけられる。一般就労等を希望し，知識・能力の向上，実習，職場探し等を通じ，適性に合った職場への就労等が見込まれる障害のある方で，18歳以上65歳未満の方を対象としている。就労移行支援の利用期間は24ヶ月を標準期間とし，その間に一般就労へ移行することが目標となる。

主な支援内容は，作業訓練や職場実習，心理教育や就職に関するプログラム，合理的配慮事項の検討，就職活動の支援，企業へのコンサルテーション，就労後6か月間の職場定着支援，関係機関等との連携などである。

B. 就労継続支援

就労継続支援も訓練等給付に位置づけられ，A型とB型とよばれる2つの事業があり，どちらも，一般企業に雇用されることに困難が伴う障害のある方を対象とする。就労の機会提供や生産活動の機会提供，その他の就労に必要な知識や能力向上のための訓練が提供され，その利用期間に制限はない。両者の大きく異なる点は雇用契約の有無である。A型では雇用契約があり，それに基づく就労が可能な者が対象となる。B型では雇用契約に基づく就労に困難が伴うと判断される場合であることから雇用契約がない。

就労継続支援では，日中活動の場を提供しながら，一般就労に必要な知識や能力，職業準備性を高めていくことが可能で，利用期間の制限もないことから，長期的な視点に立って一般就労への移行を目指すことができる。B型では15歳以上から利用が可能で，年齢の上限はないが，A型では18歳〜65歳未満の方が対象となる。生産活動の内容は多様で，製造，部品・機械組立，リサイクル事業，清掃，クリーニング，情報処理などがある。生産活動の場面を通して，作業やコミュニケーション，ストレス対処，就職活動などの支援が提供される。

C. 就労定着支援

　就労定着支援も訓練等給付で，就労移行支援，就労継続支援，自立訓練等の利用を経て一般就労へ移行し，6か月が経過した障害のある人を対象としている。利用者の自宅・企業等を訪問し，月1回以上は障害者との対面支援が求められる。利用期間は3年間で，その後は必要に応じて障害者就業・生活支援センター等へ支援を引き継ぐことがある。主な支援内容は，日常生活面及び社会生活面の課題の把握，企業や関係機関等との連絡調整，それらに伴う課題解決に向けた支援の実施である。就労定着支援は比較的支援頻度が少なく，企業や関係機関との連携がより重要となる。

D. 職業リハビリテーション

　職業紹介・職業相談はハローワーク，職業評価，職業相談，職業準備支援，ジョブコーチ支援，事業主支援などは地域障害者職業センター，就業と生活の一体的な支援は障害者就業・生活支援センター，職業能力開発は障害者職業能力開発校が主に担い，互いに連携している。

ⅰ）職業紹介・職業相談

　専門職員や職業相談員がケースワーク方式により障害の種類・程度に応じた，専門的な職業相談・職業紹介，職場定着指導，トライアル雇用などの助成制度の活用等に対応している。その他，事業主に対して，雇用率達成に向けた指導や，各種障害者雇用に関連する助成金制度の活用の推進，雇入れに向けた支援や継続雇用の支援等を行っている。

ⅱ）職業評価

　職業相談や行動観察，各種検査等を通じて，職業能力等を評価する。職業評価の結果を基に，就職や職場適応に必要な支援内容・方法等を含む職業リハビリテーション計画を策定し，ケース会議を行う。

ⅲ）職業準備支援

　職業紹介やジョブコーチ支援等の段階に着実に移行させるため，模擬的な作業体験，職業準備講習，SST（Social Skills Training）等を通じて，基本的な労働習慣の形成，作業遂行力や職業能力，コミュニケーション能力等の向上を支援する。利用期間は2～12週間である。

ⅳ）ジョブコーチ支援

　ジョブコーチを派遣し，障害のある人の職場適応を援助する。支援初期には，職務習得に必要な作業指示や作業環境を検討し，環境改善や行動変

容に必要な介入を行う。また，職場のルールの理解のための支援や職場の相談体制を構築するなど，障害のある人と企業の双方に支援を行う。支援後期には，ジョブコーチは徐々に支援をフェイディングし，上司や同僚から自然な配慮や関わりが得られるようナチュラルサポートの形成に取り組む。

v）事業主支援

職務設計や採用計画，従業員研修など雇入れの段階から雇用管理や職業指導等の職場定着の段階に渡り，企業へのコンサルテーションを行う。

vi）就業と生活の一体的な支援

職業生活で自立を図るには，障害のある人の身近な地域において就業と生活の一体的な支援が必要とされ，各サービスや制度の活用のコーディネートが求められる。障害者就業・生活支援センターでは，雇用，保健，医療，福祉，教育等の地域の各関係機関と連携した支援を行う。

vii）職業能力開発

障害者職業能力開発校では，障害者の職業能力開発として，就職するために必要な知識・技能を身につけるための職業訓練が提供されている。障害者職業能力開発校は，全国に19校が設置されている。

12.2節 就労支援における法制度と関係機関

障害のある人の就労支援や雇用にはそれぞれ関連する法制度があり，各制度やサービスの背景には法律が示す理念や目的が存在する。関係機関は法が規定した各制度に従ってそれぞれの支援を担うため，福祉の各関係機関の機能や役割について理解しておく必要がある。

A. 障害者総合支援法に基づく福祉サービスと関係機関

第8章で紹介したように障害者総合支援法と福祉サービスは多岐に渡る。ここでは，就労支援と連携する関係機関について一部，概観する。

i）相談支援事業所

福祉サービス全般の利用計画について相談ができ，さまざまな状況に応じた福祉サービス事業所との連携についてともに検討することができる。

ii）基幹相談支援センター

主な役割は，総合相談・専門相談，地域移行・地域定着，地域の相談支援体制の強化の取り組み，権利擁護・虐待防止で，専門的な援助が得られ

る。例えば，虐待防止や成年後見制度，生活上のトラブルなど就労支援単独では対応の難しい事案について，相談や連携を行える。

iii）発達障害者支援センター

　主な役割は，相談支援，発達支援，就労支援，普及啓発・研修である。発達障害のある人に対し，就労に関する相談に応じるとともに，就労支援機関と連携し，必要な情報提供を行う。就労支援機関から，日常生活や発達支援に関する連携を依頼することもある。

iv）高次脳機能障害支援センター等

　主な役割は，相談および技術支援，普及・啓発，研修，地域ネットワークの構築である。高次脳機能障害は脳卒中などの病気や事故等による脳損傷を受けることで記憶や注意などの高度な脳機能に障害が現れる中途障害で，成人においては医学リハビリテーションの後，在宅生活の安定が図られてくると，就職や復職の支援ニーズが生じる。高次脳機能障害支援センター等の支援拠点機関は，専門的なアセスメントやケアマネジメントを通じ，就労支援機関や福祉サービス事業所等と連携し，包括的な支援を行う。

B. 障害者雇用促進法に基づく制度と関係機関

　障害者雇用促進法は，すべての国民が障害の有無にかかわらず，個人として尊重され，誰もが相互に人格と個性を尊重し合いながら共生する社会を実現しようというノーマライゼーションの理念をもち，障害者の職業生活の自立を促進するための措置を総合的に講じ，職業の安定を図る目的をもつ。措置には，①職業リハビリテーションの推進，②障害者に対する差別の禁止等，③対象障害者の雇用義務等に基づく雇用の促進等，④紛争の解決がある。障害者雇用促進法は2013（平成25）年に改正され，2016（平成28）年より施行されている。主な改正点は，発達障害を含む精神障害者を雇用義務の対象範囲とすること，合理的配慮の提供の義務化，障害者に対する差別の禁止である。雇用義務の対象範囲について，発達障害を含む精神障害者は2016年の改正前までは雇用義務の対象に含まれていなかったが，2018（平成30）年より新たに雇用義務の対象となり，法定雇用率の算定基礎の対象に加えられている。

　「③対象障害者の雇用義務等に基づく雇用の促進」等に関する主だった措置に，障害者雇用率（法定雇用率）の達成義務と達成に向けた採用計画の作成義務，および法定雇用率を上回った場合の障害者雇用調整金や各種助成金等の

支給，法定雇用率が未達成の場合の障害者雇用納付金の徴収等が挙げられる。2023年4月現在，従業員が43.5人以上いる民間企業の法定雇用率は2.3％で，それに満たない場合は，障害者雇用納付金の徴収が生じる。雇用義務が果たされるよう，雇用促進のために，ハローワーク，障害者職業センター，障害者就業・生活支援センター等は職業リハビリテーションを推進している。

C. 障害者虐待防止法に関する就労系事業所における義務

障害者虐待防止法の目的は，障害のある人の権利および利益の擁護である。虐待は障害のある人の尊厳を害するものであり，その自立及び社会参加にとって虐待防止は極めて重要で，障害者に対する虐待の禁止，国等の責務，虐待を受けた障害のある人の保護及び自立の支援のための措置，養護者等への支援のための措置等を定めている。障害者虐待とは，擁護者，障害者福祉施設従事者等，使用者のいずれかによる障害者への虐待を指す。虐待を受けた疑いがある人を発見した場合は通報の義務がある。

障害者虐待防止の推進のため，障害福祉サービスを提供する事業所等は，①従業員への研修実施，②虐待防止委員会の設置と従業者への検討結果の周知徹底，③虐待の防止等のための責任者の設置の義務が定められている。虐待に関する研修などについても公認心理師に期待される役割があるだろう。

D. その他の関係機関との連携
i ）精神科デイケア等

病院やクリニック等で，レクリエーション，心理教育，生活援助，SST，就労・復職支援などの各種プログラム等が提供される。就労支援との併用も可能で，徐々に就労支援の頻度を増やしていくなどの工夫ができる。

ii ）精神科訪問看護

主治医の指示を受け看護師・作業療法士などの医療スタッフが精神科で治療を受けている人の自宅を訪問し，心身のケアや療養生活のさまざまな側面を支援するサービスで，その内容は日常生活の維持／生活技能の獲得・拡大，対人関係の維持・構築，精神症状の悪化や増悪の防止，身体症状の発症や進行の防止，ケアの連携，社会資源の活用，エンパワメントなど多岐にわたる援助がある。職業生活の維持に欠かせない心身の健康や日常生活，対人関係に関する自宅での援助を得るために，連携することがある。

iii）社会福祉協議会

知的障害者，精神障害者等のうち判断能力が不十分な人について，福祉サービスの利用や行政手続に関する援助，金銭管理の支援を行う日常生活自立支援事業を担う。金銭管理の問題があるときに連携することがある。

障害者総合支援法が対象とする障害者の範囲は，身体障害者，知的障害者，精神障害者（発達障害者を含む），難病等である。障害福祉サービスの就労支援は訓練等給付にあたり，上述の就労支援それぞれに，適性や年齢などの諸条件によって利用できる対象障害者への支給決定が検討される。支給決定後，サービス担当者会議を経て，サービス等利用計画が作成され，サービスの利用開始に至る。この過程で障害福祉サービス受給者証が発行される。つまり，障害福祉サービスの利用においては，障害福祉サービス受給者証が必要で，申請において各条件を満たす必要があるが，障害者手帳は必ずしも必要ではなく，法の定める対象障害者であることが確認できればよいため，主治医の意見書や診断書等をもって，それを確認することがある。

障害者雇用促進法における障害者とは，①身体障害者手帳を所持する身体障害者，②療育手帳を所持する知的障害者，③精神障害者（発達障害を含む）のうち精神障害者保健福祉手帳を所持する者，④精神障害者（発達障害を含む）のうち統合失調症，躁うつ病またはてんかんなどの罹患者で精神障害者保健福祉手帳を所持しない者，⑤各種の手帳を所持しない発達障害者や難治性疾患患者等で長期にわたる職業生活上の相当の制限を受ける者の5つのグループに分類される（長谷川，2014）。①から⑤のいずれの障害者も職業リハビリテーションの利用が可能であり，差別の禁止および合理的配慮の提供義務の対象となる。一方，企業等の障害者雇用における雇用率の算定対象は①②③の障害者となり，手帳を所持していない④⑤にあたる障害者は障害者雇用率には算定されない。この相違点が企業等に理解されづらく，差別の禁止や合理的配慮提供義務の対象について障害者手帳の有無で判断されてしまう可能性があることに注意をする必要がある。また，雇用率の算定対象とならない④⑤の障害者よりも①②③の障害者が優先的に雇用される可能性が高くなることも指摘できる。このとき，障害のある方が障害者手帳を取得することが，本人の希望やニーズに基づかずに，制度を利用するためだけ

に促されてしまうと，障害のある方の意思決定を損なう恐れがある。そのため，公認心理師は障害者雇用促進法とそれに基づく制度等について，十分かつわかりやすい情報提供を障害のある方や企業等に対して行い，本人の意思決定が尊重されるように支援する必要がある。

12.4節 就労支援における障害のある人への心理支援

　図12.2に示した通り，就労支援のプロセスには，①職業に関する方向づけのための支援，②職業準備性の向上のための支援，③就職から雇用継続に向けた支援がある。本節では，各プロセスの就労支援で提供しうる心理支援について概説する。

A. 職業に関する方向づけにおける心理支援

　職業に関する方向づけのための支援は，インテーク，アセスメント，プランニングの3つに分けられる（障害者職業総合センター，2023）。

　インテークでは，相談の主訴を確認し，障害のある人とラポールを形成しながら，必要な情報収集に努める。インテークを経て，職業相談，職業評価へと移行する。職業相談とは，障害のある人の能力や適性等をふまえて，その人のニーズに基づき，より良い就労を選択・実現するために，心身の健康や生活に関する困りごと，職業訓練や就職活動，社会資源の活用，合理的配慮や求人条件の希望，キャリアなどについて相談を行うことである。初期の職業相談では，来談者に関するさまざまな情報収集も必要なことから，アセスメントも並行して行われる。職業的アセスメントとは，利用者の職業機能の可能性を予測し，有意義な目標を立て，最終的に希望の就職先をみつけるためのアプローチで，その最終的な目標は利用者のニーズを満たすことである（Rawlins-Alderman et al., 2015）。職業的アセスメントでは，面接，各種検査，行動観察等によって，身体的，心理的，社会的，職業的な側面のアセスメントが総合的に行われる。また，地域の就業・雇用状況や社会資源等の環境に関するアセスメントも行われる。プランニングでは，アセスメント結果を総合し，利用者の希望やニーズに基づいて，目標設定や具体的な取り組みに関する支援の内容，方法，期間，利用する制度，連携する社会資源などが検討される。支援計画は，一般に支援者が素案を作成し，利用者，家族や関係機関が参加し，ケース会議で決定するプロセスを経る。

職業の方向づけの支援プロセスで期待される心理支援は次のとおりである。

i) 面接

面接は就労支援のプロセスにおいて不可欠な要素である。傾聴や感情の反映，共感などのカウンセリングスキルは，就労支援プロセスのすべての段階において有効で，効果的な面接では，意思決定に必要な情報交換がなされる（Austin et al., 2015）。カウンセリング理論については，ロジャーズの来談者中心カウンセリング，応用行動分析，認知行動的アプローチ，コミュニティーアプローチなどが挙げられる（労働政策研究・研修機構，2016）。

ii) 心理検査の実施

心理アセスメントは，より正確な職業計画，意思決定，およびキャリア開発を促進するために，職業に関連した情報を利用者と支援者に提供する（Rawlins-Alderman et al., 2015）。職業評価では知能，発達，パーソナリティ，精神機能，心理状態，職業適性，職業興味等を把握するために，目的に応じた心理検査の実施が望まれる。

iii) 行動観察

就労支援では，作業遂行やコミュニケーション，ストレス対処などの就労や職場定着に関するさまざまな行動を支援するため，訓練や職場実習等の場面において行動観察を行う。就労支援の支援者は個人の発達や能力の発揮・向上を促し，社会の中でより機能的な行動の学習を支援できるよう，職業場面における課題分析や機能分析を行う（障害者職業総合センター，2006）。応用行動分析では，行動を環境との関数関係で捉えるため，障害のある人の行動と，その人を取り巻く環境との関係全体を観察する。機能分析では，行動に随伴する後続刺激の出現や増大（正の強化），あるいは減少や消失（負の強化）によって行動の生起頻度を上昇させる強化子となっているか検討する。また，行動に先行して存在し，オペラント行動の喚起を促進させる弁別刺激についても検討する。この［弁別刺激−反応（行動）−強化子］の関係を三項随伴性とよぶ。課題分析では，作業等の複雑な行動をその要素となる課題（タスク）に分ける。小分けにしたタスク（＝行動）の前後には弁別刺激と強化子があるため，タスクごとに機能分析すると，個別にあった環境調整の方法を検討できる。つまり，課題分析と機能分析により，職場における行動連鎖の中に問題となるタスクを発見し，その前後の環境を観察できるようになるため，問題の原因を環境に求

め，改善方法を検討できる。

iv）ケース・フォーミュレーション（Case Formulation：CF）

CFは，「事例の問題に関する心理的，対人的，行動的問題の原因，促進要因，およびそれを維持させている力に関する仮説であり，問題に関する複雑で矛盾した情報をまとめ上げる助けになるもの」で，アセスメント情報の分析の結果として生成される問題の成り立ちに関する仮説と，介入方針を定めるための作業仮説を生成・循環するプロセスをもち，アセスメントと介入をつなぐことができる（下山，2019）。CFは生物的要因，心理的要因，社会的要因に関連する情報を総合した臨床的見解を組み入れた生活機能モデルに基づくオーダーメイドの介入方針を策定できるため（下山，2019），多様な障害のある人が利用する就労支援での有用性が高い。

B．職業準備性の向上における心理支援

職業準備性とは「個人の側に職業生活を始めるために必要な条件が用意されている状態」とされ，その条件には，①職務遂行に必要な技能，②職業生活を維持するために必要な態度や基本的労働習慣，③職業生活を支える日常生活・社会生活面の能力が含まれる（障害者職業総合センター，2023）。これらの職業生活の安定に必要な要件は職業準備性のピラミッドとして示される（**図12.3**）。これらの職業準備性向上について心理支援に期待がかかるが，それらの介入はケアが目的であり，治療が目的ではないこと，支援内容と利用者の状態によってリスクが想定される場合には，医療機関と連携することが肝要である。また，職業準備性の留意事項として，「職業生活を始めるために必要な条件」は，企業の障害者雇用に対する理解や合理的配慮の程度，職場環境，勤務条件などの環境側の要件と，利用者の職業準備性や各支援機関が行う支援の状況等によって一定ではないため，職業準備性の絶対基準を設けようとすることは望ましくない（障害者職業総合センター，2023）。援助付き雇用モデルの登場によって，「訓練してから就職」というレディネスモデルから，「就職してからの継続的な支援」に，就労支援のあり方は変化している。職業準備性を就職に必要なハードルと捉えるのではなく，その向上が障害のある人の希望やニーズを満たすよう支援する必要がある。職業準備性向上に関する心理支援には次の支援が挙げられる。

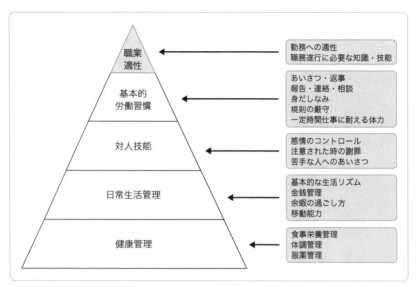

図12.3　職業準備性のピラミッド（障害者職業総合センター, 2023）

i ）作業訓練・職場実習

　労働環境を模した訓練施設や職場実習で行う作業において，機能分析や課題分析を行うと，個別に必要な作業遂行上の弁別刺激や強化子を検討できる。身体機能や認知機能，感覚，知覚等に関する困難が生じたときに，その状況に応じた環境の構造化や補完手段，作業指示，休憩の方法や時間などを検討し，合理的配慮事項を整理できる。また，作業遂行のみならず，コミュニケーションやセルフケアなどさまざまな行動も同様に介入できる。

ii ）心理教育・SST

　個人あるいは集団に対し，認知行動療法等に基づくストレスマネジメントやアサーション等のさまざまな心理教育やSSTを提供できる。また，心理教育を通じて学習した行動を，実際の職業場面に般化させる支援も重要である。例えば，実習先企業での就職を想定したSSTを実施し，職場実習にて，欠勤や遅刻の連絡，困ったときの相談，忙しい人への質問，体調や休憩の報告，セルフケアの実践などの行動が職場環境で般化するような支援が望まれる。

iii ）自己理解

　障害者職業総合センター（2016）による調査の結果，障害のある人を対象にした自己理解支援には，支援における主体性の重視，現状認識のた

めの支援，時期に応じた支援として，関係機関を対象にした自己理解支援には，医療機関との協働，企業との協働の各構成要素として整理され，具体的な介入行動は，**表12.1**のとおり整理されている。この結果は就労支援において一般化が可能な介入行動として認識されるとあることから，これらの介入行動に則って，カウンセリングや心理教育，応用行動分析，認知行動療法，コラボレーションなどの心理支援を活かすことが可能と考えられる。

表12.1 「自己理解の支援」の具体的な介入行動の一覧（障害者職業総合センター, 2016）

	支援の方向性	要素	内容
介入	対象者支援	支援における主体性の重視	・インフォームド・コンセントの支援 ・自発的活動の引き出し
		現状認識のための支援	・課題への直面機会の設定 ・対象者と関係性が醸成されている者からの助言 ・振り返りの実施 ・病前自己とのイメージギャップの修正 ・状態（体調）の変容過程の記録 ・症状の具体的エピソードの収集 ・同様の障害を有する者との情報共有 ・他者視点での自己評価
		時期に応じた支援	・発達段階を考慮した自己理解の捉え方 ・強みに着目した支援 ・スモールステップの目標設定
	機関連携	医療機関との協働	・日常生活や就業面に及ぼす症状の影響の確認 ・支援方針の共通認識と支援体制の構築 ・主治医との連携
		企業との協働	・企業との役割分担 ・企業にとってのメリットの提案 ・企業側の障害に対する認識変更支援

C. 就職から雇用継続における心理支援

就職から雇用継続に向けた支援の支援体系は**図12.4**のように示される（障害者職業総合センター，2023）。就職した人には職業人および生活者と

しての役割があり，前者には職場定着支援が，後者には生活支援が適応される。企業には，障害のある人の雇用前と雇用後それぞれに必要な取り組みがあり，企業支援を要する。就職から雇用継続では次の心理支援が実践できる。

ｉ）企業へのコンサルテーション

コンサルテーションとは，臨床心理学の専門家が，心理的問題を抱えたクライエントの援助に関わる他の専門家（家族や関係者を含む）に，どのように援助したらよいかを支援することをいう（藤川，2009）。企業では，社内啓発，部署や職務の選定，採用活動，職場環境の構造化などの雇用前の対応にさまざまな疑問や課題を抱えていることがある。また，合理的配慮事項の理解，雇用管理のノウハウ，作業環境や作業工程の見直しなど，雇用後に必要な対応について助言や援助を要することもある。企業の関係者による問題の早期発見，早期対処につながるコンサルテーションの提供が望まれる。

ｉｉ）職場定着支援

職場を訪問し，作業場面で支援することもあれば，面談を行うこともある。就職初期では，環境調整が未整備であることも多く，障害のある人への直接的な支援に留まらず，職場環境の調整や企業への支援も必要となる。職場における職務遂行やコミュニケーション，職場の要求水準に従った行動様式の獲得を支援するうえでは，機能分析や課題分析を行い，障害のある人のスキル習得や代替行動の形成を支援することができる。その際，企業と協力し，作業環境の構造化，補完手段の開発，作業工程や作業指示の変更，職場のルールの見直しなどを検討し，企業の各関係者が役割を通じて，自然な援助が提供できるナチュラルサポートを段階的に形成し，維持することを目指す。

ｉｉｉ）生活支援

職業生活においては，家庭環境，住宅環境，金銭管理，対人関係，健康管理，余暇などにおいてさまざまな問題が生じることがある。その中には就労支援や企業では対応できないこともあるため，各関係機関への**リファー**や**コラボレーション**が必要となる。リファーとは，情報交換を行いながら各専門家が独立して行う支援で，コラボレーションとは，異なる職種や立場の者（家族等の非専門家も含む）が参加し，対等に関わるチームワークの形態で，援助者間の相互の援助を通じて新たな支援を構成し，協働して援助を行うことをいう（藤川，2009）。

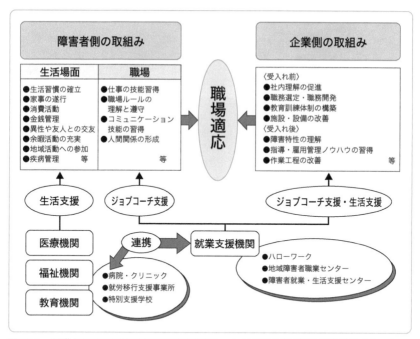

図12.4　就職から雇用継続に向けた職場適応について支援体系（障害者職業総合センター，2023）

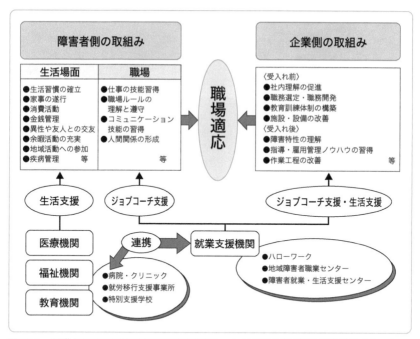

Column　障害者差別解消法と合理的配慮

　2006年，国連において，障害を理由とする差別の禁止を一般原則とする障害者権利条約が採択された。それに伴い2011（平成23）年に障害者基本法が改正され，障害を理由とする差別禁止と合理的配慮の提供等が定められた。2013（平成25）年には同法4条の差別の禁止の基本原則を具体化するため，障害者差別解消法が制定された。同年，障害者雇用促進法も改正され，障害のある方への雇用に関する差別の禁止と合理的配慮の提供義務が定められた。

　障害を理由とする差別の禁止は，採用前後に分けて定められている。事業主は労働者の採用活動において，障害者に対し，障害者でない者と均等な機会を与えなければならず，採用後は賃金の決定，教育訓練の実施，福利厚生施設の利用その他の待遇について，障害者であることを理由に不当な差別的取扱いをしてはならないとされている。合理的配慮についても，採用前後に分けて定められている。採用前では，事業主は労働者の採用活動において，障害者と障害者でない者との均等な機会の確保の支障となっている事情を改善するため，障害者からの申出により合理的配慮を講じなければならず，採用後では，障害者でない労働者との均等な待遇の確保または障害者の有する能力の有効な発揮の支障となっている事情を改善するために，合理的配慮を講じ

なければならない。以上から，合理的配慮を提供しないこと，および合理的配慮が必要であることを理由として均等な機会を与えないことは，障害を理由とする差別に当たるとされる。

しかし，職場で互いに違いがあることを認め，助け合うことが乏しい場合や，指示命令系統が不明確な場合，ルールや暗黙の了解に個別の異同がある場合等には，合理的配慮が機能しない可能性がある。このような職場にもともと存在している問題は，障害のある人に限らず，その職場で働く労働者に共通の課題であることも少なくない。そのようなときには，合理的配慮の提供を支援することで，同僚間で助け合いが増え，生産性が改善し，障害の有無を問わずその職場に必要な改善がなされるよう支援し，職場の関係者に共通の目的や目標が得られるよう，その目的や意味を伝え，協力関係を構築していくことが望まれる。そうした合理的配慮の提供をきっかけとした取り組みは，職場全体に decent work（働きがいのある人間らしい仕事，より具体的には，自由，公平，安全と人間としての尊厳を条件とした，すべての人のための生産的な仕事）の実現をもたらすだろう。

〈引用文献〉

Austin, B. S. et al.（2015）. Utilization of interviewing as an assessment tool to enhance vocational rehabilitation service delivery: Fostering the therapeutic alliance and professionals' judgment accuracy.［Special Issue］. *Vocational Evaluation and Work Adjustment Association Journal and Vocational Evaluation and Career Assessment Journal*, 37-52.

長谷川珠子（2014）. 日本における「合理的配慮」の位置づけ. 日本労働研究雑誌, 646, 15-26.

厚生労働省（2022a）. 障害者の就労支援について. 社会保障審議会障害者部会, 資料1, 1-41.

厚生労働省（2022b）. 令和3年 障害者雇用状況の集計結果. 職業安定局障害者雇用対策課, 1-34.

厚生労働省（2024）. 市町村・都道府県における障害者虐待の防止と対応の手引き. 4. 市町村及び都道府県の役割と責務, 社会・援護局障害保健福祉部障害福祉課, 30-35.

Rawlins-Alderman, et al.（2015）. Current vocational assessment methods. *Vocational Evaluation and Career Assessment Professionals Journal*, 10（2）, 18-35.

労働政策研究・研修機構（2016）. 新時代のキャリアコンサルティング―キャリア理論・カウンセリング理論の現在と未来. 労働政策研究・研修機構.

藤川麗（2009）. コラボレーション/コンサルテーション. 下山晴彦（編）. よくわかる臨床心理学改訂新版. ミネルヴァ書房. 38-39/202-203.

下山晴彦（2019）. 心理療法（精神療法）におけるケース・フォーミュレーションの役割. 精神療法, 6, 14-20.

障害者職業総合センター（2006）. 職業リハビリテーションにおける課題分析の実務的手法の研究. 調査研究報告書, 73, 8-20.

障害者職業総合センター（2016）. 精神障害者に対する「自己理解の支援」における介入行動に関する基礎調査. 資料シリーズ, 91, 59-74.

障害者職業総合センター（2023）. 就業支援ハンドブック（令和5年2月改訂版）. 障害者職業総合センター職業リハビリテーション部.
https://www.jeed.go.jp/disability/data/handbook/handbook/#page=25

第13章 高齢者福祉分野における心理支援と法制度

13.1節 ┃ 高齢期の特徴

　日本の高齢化率は1950年以降一貫して増加しており（**少子高齢化**），日本は世界で最も高齢化率が高い超高齢社会（**コラム**）である。定年退職などによる社会的役割の喪失や心身機能の衰え，同世代の家族や友人・知人との死別などの喪失体験が増えることから，高齢期は否定的に捉えられることが多かった。しかし，サクセスフル・エイジングやプロダクティブ・エイジング（**コラム**）などの言葉に代表されるように，近年では心身の健康を保って積極的に社会活動を行う高齢者が増えている。日本老年医学会（2017）は，現在の高齢者は10～20年前と比べて加齢に伴う身体機能の変化の出現が5～10年ほど遅れており，若返り現象がみられるとして，高齢者を准高齢者（65～74歳），高齢者（75～89歳），超高齢者（90歳～）の3つに区分することを提案している。

　このように現在の高齢者像は従来のイメージから変化しているものの，老いや高齢者に対する偏見・差別であるエイジズム（例えば，「高齢者は頑固である」）も依然として残っている（竹内・片桐，2020）。また，高齢者を対象とした詐欺や**独居・孤独**を背景とした孤独死などの社会問題に加えて，認知症などの高齢期に多くみられる疾患もある。ケガや病気などにより，日常生活を送るために介助が必要な状態（**要介護状態**）になることも少なくない。高齢期は適応の個人差が大きいだけでなく，時間経過による適応の個人内変化も大きい時期といえる。

13.2節　高齢期の心身機能の変化と心理的適応方略

A. 加齢による心身機能の変化と生活機能

　一般的に高齢期になると老化により，視覚や聴覚などの感覚器や体力・運動能力などの身体機能の低下，神経細胞の減少による脳の萎縮とそれに伴う認知機能の低下など，心身のさまざまな領域において機能低下がみられる。しかしこのような**生理的老化**は誰にでも生じるものであり，低下する機能やその程度にも個人差がある。また，特定の心身機能の低下がただちに生活の質（Quality of Life：QOL）の低下につながるわけでもない。一方で，心身機能の低下の背後に認知症（第14章）などの**病的老化**がある場合もあり，この場合には医療的なケアが必要になる。ただし，病的老化がみられる場合でも日常生活を送るうえでの困難には個人差があるため，生活における支援の必要性やその内容を決めるためには，日常生活の文脈における機能低下の程度を把握することが重要となる。

　このような生活機能を評価する指標として，自立した生活を送るために必要な活動を表す日常生活動作（Activities of Daily Living：ADL）がある。ADLは基本的日常生活動作（Basic ADL：BADL）と手段的日常生

活動作（Instrumental ADL：IADL）に分かれる。BADLには食事や歩行，トイレ，着替えなど主に家庭内での基本的な動作が含まれる（**表13.1**）。一方，IADLには公共交通機関を使って買い物に行ったり，自分の財産を管理したり，病気になった際には服薬を管理するなどの社会生活を送るために必要な活動が含まれる。いずれも自力でできるか，介助が必要か（部分的または全介助）などの観点から評価する。

表13.1　生活機能を評価する概念

概念	BADL	IADL	フレイル
項目	食事 移乗 整容 トイレ動作 入浴 歩行 階段昇降 着替え 排便コントロール 排尿コントロール	電話を活用する能力 買い物 食事の準備 家事 洗濯 移送の形式 自分の服薬管理 財産取り扱い能力	体重減少（6ヶ月で2kg以上の意図しない体重減少） 筋力低下（握力が男性は28kg未満，女性は18kg未満） 疲労感（ここ2週間わけもなく疲れたような感じがする） 歩行速度（通常歩行速度が毎秒1.0m未満） 身体活動（軽い運動・体操と定期的な運動・スポーツのどちらも週に1回もしていない）

注）BADLはバーゼル・インデックス（Barthel Index, Mahoney & Barthel, 1965），IADLはLawton & Brody（1969）の尺度，フレイルは改訂日本版Cardiovascular Health Study基準（Satake & Arai, 2020）の項目。

　ADLは自立した生活に必要な能力や活動を指すが，身体的・心理的・社会的側面の複数の観点から生活機能を評価する指標として**フレイル**（frailty）がある。フレイルとは健康な状態と要介護状態の中間に位置する状態を表す概念であり，フレイル状態にある高齢者はそうでない者と比べてADL・IADLが低下し，疾患に罹りやすく，死亡率が高いことが知られている（荒井，2014）。以前はfrailtyの日本語訳として「虚弱」という用語が使われていた。しかし，この用語は加齢に伴う不可逆的な印象を与えるだけでなく，frailtyに含まれる適切な支援によって健康な状態に戻る可逆性や多面的な要素を表現できていないとして，「フレイル」という用語が使われることになった（日本老年医学会，2014）。このようなフレイルの特徴から統一的な定義や診断基準はまだ定まっていないが，ここでは複数あるフレイルの捉え方の1つである表現型モデル（加齢により現れる身体機能低下の兆候を捉

えるモデル）に基づいたCardiovascular Health Study基準を紹介する（表13.1右列）。この基準では3つ以上の項目に該当する場合はフレイル，1〜2つに該当する場合はプレフレイル（フレイルの前段階），いずれの項目にも該当しない場合は健常と判定する（Satake & Arai, 2020）。

このほか，脳の病的老化が生活機能に与える悪影響を緩和するものとして，認知予備力（認知予備能）が注目されている。認知機能を支える脳には柔軟性（可塑性）があり，一定程度までであれば，何らかの理由で神経細胞が失われても，それを脳の他の部位が補うことで認知機能を保つ能力がある。このような脳の病変に対する抵抗力のことを認知予備力という。若い頃から知的活動を継続的に行うことは認知予備力を高め，アルツハイマー型認知症の発症を遅らせる可能性が指摘されている（Stern, 2009）。

B. 高齢期の発達課題への適応プロセス

高齢期は生物的・社会的側面において喪失を経験しやすく，エリクソン（Erikson, E. H.）やハヴィガースト（Havighurst, R. J.）の生涯発達理論においても喪失への適応が高齢期の発達課題として挙げられている。一方，高齢期においても主観的幸福感は保たれやすく，情動安定性は若年者よりも高いことが知られている（エイジング・パラドックス）。また，先述のように心身の健康を保ちながら，積極的に社会活動に参加する高齢者も増えている。高齢期における喪失への適応を説明する理論として，選択最適化補償理論（Selection, Optimization, Compensation theory；SOC理論，Baltes & Baltes, 1990）と社会情動的選択理論（Socioemotional Selectivity theory；SS理論，Carstensen, 2006）がある。SOC理論は喪失などの体験に対して，生活における目標を再選択し（選択），目標達成に向けて現在ある自身の資源を有効活用し（最適化），自身の力だけでは目標達成が困難な場合は外部の助力を活用すること（補償）が大切であるとしている。SS理論は，人は自分に残された時間が限られていると思うと，情動的な満足を追求することに動機づけられるとしている。このほか，トルンスタム（Tornstam, L.）は高齢期になると，物質的・合理的な視点から神秘的・宇宙的な視点への移行や，自己よりも他者を重視するようになるなど，考え方や価値観に変化が生じるとしている（老年的超越理論，Tornstam, 2005）。これらの理論をふまえて権藤（2008）は，加齢による生物的・社会的側面の変化が心理的加齢（主観的幸福感やQOL，ポジティブ・ネガ

ティブ感情の変化）に与える影響を仲介する要因として，適応方略（補償プロセス）の重要性を指摘している（「こころ」の加齢モデル）。

13.3節 | 高齢者福祉を支える法制度とサービス

　1995（平成7）年に省庁横断型の法律として制定された高齢社会対策基本法のもと，6つの基本的施策（就業・所得，健康・福祉，学習・社会参加，生活環境など）が高齢社会対策として進められている。2018（平成30）年には高齢社会対策の指針である高齢社会対策大綱が改訂され，高齢者福祉に関する健康・福祉の基本的施策として持続可能な介護保険制度の運営や介護保険サービスの充実（介護離職ゼロの実現），認知症の人の支援施策の推進などが掲げられた（内閣府，2018）。本節では，高齢者福祉を支える主な法制度とサービスを説明する（認知症に関わる施策は第14章を参照）。

A. 介護保険制度と地域包括ケアシステム

ⅰ）介護保険制度（介護保険法）

　介護保険制度は従来の高齢者医療・福祉制度の問題点（**コラム**）と高齢化率の上昇，要介護高齢者の増加などの社会的背景をふまえて，高齢者を社会全体で支え合う仕組みとして1997（平成9）年に制定され，2000（平成12）年に施行された。本制度の基本的な考え方は**自立支援，利用者本位，社会保険方式**の3つである。すなわち，単に高齢者の身のまわりの世話をするのではなく，高齢者の自立を支援することを理念として（自立支援），利用者自らが自身にあったサービスや事業者を選択して，総合的に医療・福祉サービスを受けられる（利用者本位）制度である。医療・福祉サービスの利用者負担は，制定当時は所得にかかわらず原則1割として（2023年時点では所得に応じて1〜3割），その財源は給付と負担の関係が明白な社会保険方式としている。介護保険料は40歳以上の国民から徴収され，65歳上の者（第1号被保険者）は要介護または要支援状態になったら，40歳から64歳までの医療保険加入者（第2号被保険者）は要介護または要支援状態が末期がんや初期の認知症などの16の疾病（特定疾病）に起因した場合に介護保険を利用できる（厚生労働省，2018）。

　介護保険を利用したい場合は，まず本人または家族が市町村の窓口に要介護認定の申請を行う。申請を受けた市町村は，認定調査員による本人の

心身の状況の調査（認定調査）と医師の意見書に基づいたコンピュータ判定（1次判定），1次判定の結果と医師の意見書に基づいて介護認定審査会が行う審査（2次判定）の結果をふまえて，要介護認定を行う。要介護認定では自立，要支援1・2，要介護1～5の8段階で要介護度が認定される。後者になるほど心身の状態が悪く，介護にかかる負担が大きいことを表す。要支援1または2と判定された場合は，**予防給付**として要介護状態になることを予防するためのサービス（介護予防サービス，地域密着型介護予防サービス）が利用できる。要介護1～5のいずれかと判定された場合は，**介護給付**として種々のサービス（居宅サービス，地域密着型サービス，施設サービス）が利用できる。要介護度（要支援1・2，要介護1～5）に応じて区分支給限度額（介護保険から給付される上限額）が設定されており，区分支給限度額を超えた介護保険サービスの利用料は全額自己負担となる。

　要介護認定後，要介護度および利用者本人と家族の状態・希望などをふまえて，要支援1・2の場合は地域包括支援センターが，要介護1～5の場合は居宅介護支援事業所に所属する介護支援専門員（ケアマネジャー）がケアプランを作成し，利用者の同意を経て介護保険サービスの利用が開始される。なお，自立と判定された場合でも，総合事業である介護予防・生活支援サービスと一般介護予防事業が利用できる。

🐻 Column　老人福祉法と老人保健法

　老人福祉法は高齢者の心身の健康の保持および生活の安定のために必要な措置を講じることで，高齢者の福祉を図ることを目的としたものであり（第1条），特別養護老人ホームなどの高齢者施設が創設された。その後，1982（昭和57）年に高齢者を対象とした適切な医療を確保することを目的とした老人保健法（2008（平成20）年に高齢者の医療の確保に関する法律に全面改正）が制定された。しかし，当時の高齢者福祉制度は市町村がサービスの種類と提供機関を決めるために利用者がサービスを選択できないことや，サービス内容が画一的になりやすいことなどの問題があった（厚生労働省，2018）。また，当時の高齢者医療制度では，中高所得者層において利用者負担が福祉サービスより低く，また福祉サービスの基盤整備が不十分だったことなどから，リハビリを目的とした老人保健施設や一般病院などへの高齢者の長期入院（社会的入院）が増加するなどの問題が生じた（厚生労働省，2018）。

ii）地域包括ケアシステム

　介護保険制度は利用者の生活を介護保険サービスの提供を通して守るものであるが，重度な要介護状態になってもQOLが維持された生活を送るためには医療や介護に加えて，地域による生活支援も大切である。そこで，日常生活圏域内（おおよそ30分以内の移動時間）でこれらの支援を受けることができる地域包括ケアシステム（**図13.1**）の構築が，団塊の世代が75歳以上となり医療や介護のニーズが増大することが見込まれる2025年を目途に進められている。身近な日常生活圏で生き生きとした暮らしを送るためには，専門家による支援だけでなく地域のつながりも大切となる。そこで地域包括ケアシステムでは，**自助**（食事や運動，必要なサービスの利用など自分でできることをする）・**互助**（地域の自治会やボランティアなどの地域住民による支え合い）・**共助**（介護保険制度や医療保険制度による給付）・**公助**（自治体が提供するサービス）の4つの連携を重視している。

　このような連携システムを機能させるためには，個々の地域の実態や特性に基づいたシステム構築が重要であるため，地域包括ケアシステムは市町村や都道府県が作成することになっている。そして，その中核機関とな

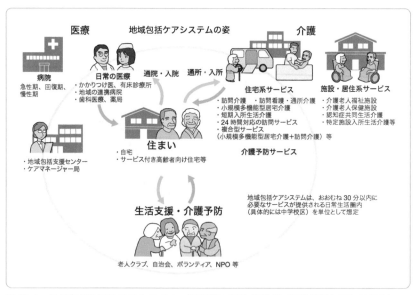

図13.1　地域包括ケアシステムのイメージ（出典：厚生労働省，地域包括ケアシステム）

るのが地域包括支援センターである。地域包括支援センターには保健師・社会福祉士・主任介護支援専門員などが配置されており，地域住民の相談業務（**総合相談支援**），権利擁護や地域の支援体制づくり，介護予防に必要な援助などを行っている。また，地域包括ケアシステムの実現に向けた具体的な方法の1つである**地域ケア会議**を主催している。地域ケア会議では医療・介護等の専門家や自治体職員等による多職種連携のもとで，地域の高齢者の困難事例等の個別ケースへの支援を通して，個々の地域の実情に応じた地域包括ケアシステムの検討と推進を行っている。

B. 高齢者虐待防止法

　高齢者虐待の防止，高齢者の養護者に対する支援等に関する法律（高齢者虐待防止法）は2005（平成17）年に制定され，2006（平成18）年に施行された。本法では高齢者虐待を**身体的虐待，介護・世話の放棄・放任（ネグレクト），心理的虐待，性的虐待，経済的虐待**の5種類に分類している（**表13.2**）。また，高齢者虐待を特別養護老人ホームなどの要介護施設従事者等（高齢者施設の職員）によるものと，高齢者の世話をしている養護者（家族や親族など）によるものに分けて，高齢者虐待の防止および養護者に対する支援などについて定義している。

　高齢者虐待防止法では，虐待を受けたと思われる高齢者を発見した者は市町村に通報するよう努めなければならない（**努力義務**）とされており，さらに当該高齢者の生命または身体に重大な危険が生じている場合は通報しなければならない（**通報義務**）とされている。要介護施設従事者等が高齢者虐待を発見した場合は，生命または身体への重大な危険の有無に関わらず，市町村への通報義務がある。どちらの場合においても，守秘義務が通報を妨げるものと解釈してはならないとされている。

C. その他の高齢者の生活や権利を守る制度

　高齢者に限らず，知的障害や精神障害，認知症などにより判断能力が低下した人または不十分な人の生活や権利を守るための制度として，日常生活自立支援事業と成年後見制度がある。日常生活自立支援事業は自分1人でさまざまな契約をしたり，お金の管理をすることに不安がある人を援助する事業であり，社会福祉協議会によって運営されている。一方，成年後見制度は判断能力が不十分な人を対象とした制度であり，任意後見制度と法定後見制度

表13.2　高齢者虐待の種類

種類	定義	例
身体的虐待	高齢者の身体に外傷が生じる、または生じるおそれのある暴行を加えること	なぐる、つねる、熱湯をかけるなどして火傷させる、本人に向かって物を投げる、身体を強く引っ張る、食事などの際に無理やり食べ物を口に入れる、身体拘束して動くことを制限する
介護・世話の放棄・放任（ネグレクト）	高齢者を衰弱させるような著しい減食または長時間の放置、その他の養護を著しく怠ること	（意図的・結果的を問わず）食事や入浴、身だしなみ、室内の温度管理や掃除など、高齢者の生活や健康状態の維持に必要な介護・世話をしない。専門的な治療・ケアが必要にもかかわらず、合理的な理由なく、必要な医療・介護保険サービスの使用を制限したり、使わせない。他者が高齢者に対して行う他の虐待行為を放置する
心理的虐待	高齢者に対する著しい暴言または著しく拒絶的な対応、その他の高齢者に著しい心理的外傷を与える言動を行うこと	どなる、罵る、失敗したことを嘲笑する、恥をかかせる、養護する側の都合で本人の尊厳を無視してトイレに行けるのにオムツをさせる、家族や友人などとの団らんから排除する
性的虐待	高齢者にわいせつな行為をすること、または高齢者にわいせつな行為をさせること	トイレの失敗に対して懲罰的に下半身を裸にして放置する、人前で排泄させたり、オムツ交換をする、キスや性器への接触などのわいせつな行為を強要する
経済的虐待	高齢者の財産を不当に処分すること、または高齢者から不当に財産上の利益を得ること	日常生活に必要な金銭を渡さない・使わせない、本人の年金や預貯金を無断で使用する、自宅などの本人の資産を無断で売却する

（高齢者虐待防止法および厚生労働省（2023a）に基づいて作成）

の2つに分かれる。任意後見制度は本人が十分な判断能力を有する間に、将来的に判断能力が不十分になった時に備えて、あらかじめ任意後見人と任意後見人に委任する事柄を公正証書によって契約（任意後見契約）で決めておくものである。一方、法定後見制度は判断能力が不十分な状態になった後に、家庭裁判所により選任された成年後見人が本人を法律的に支援する制度である。本人の同意能力の程度により補助（判断能力が不十分）・保佐（判断能力が著しく不十分）・後見（判断能力が欠けているのが通常の状態）の3種

類に分かれ，種類により成年後見人の権限が異なる（法務省民事局，2022）。

現在の高齢者への心理支援の多くは医療機関における認知症の人を対象とした認知機能アセスメントと個別支援であり，高齢者福祉分野における心理支援の実践は限られている（日本臨床心理士会，2019）。また，現状では高齢者施設などにおける心理職の配置基準が法律で規定されていない。一方で，認知症の行動・心理症状のケアとして推奨されている非薬物療法の中には心理支援が含まれており（第14章），心理職への期待も高い。今後は高齢者福祉分野における心理職の活躍が増えることが期待される。

A. 心理支援の基本姿勢

多くの場合，支援の対象者である高齢者は心理職にとって人生の先達であり，人生経験に基づいたさまざまな価値観をもっている。一方で，高齢期はさまざまな喪失を経験しやすく，自尊心の低下や抑うつを経験することが少なくない。このため，高齢者の支援では人生の先達に対して敬意をもち，彼らの尊厳を支える関わりを心がけることが大切である（竹田，2021）。なお，価値観の中には，異なる世代の者には受け入れ難いものもあるかもしれない（例えば，性別役割分業に関する考え方）。自身の価値観が支援に悪影響を与えぬよう，自身の価値観や高齢者に対するイメージを自覚しておくことが望ましい。

B. 高齢者を対象とした心理療法的アプローチ

高齢者福祉分野の心理支援は，認知症などの認知機能障害がある高齢者を対象としたものが多い。ここでは認知機能障害がない（あるいは障害の程度が軽度な）高齢者を対象とした心理療法的アプローチを紹介する。

高齢期の精神疾患のケアや慢性疾患の治療アドヒアランスの維持・向上などの医療的ニーズに対する心理支援を除くと，高齢者への心理支援では喪失への適応や介護予防，QOLの維持・向上が目的となることが多い（加藤・北村，2020）。特に喪失への適応は高齢期の発達課題の1つでもあり，配偶者などの大切な人との死別は重篤な悲嘆反応につながることもある。喪失に対する悲嘆そのものは自然な反応であり，必ずしも心理支援が必要になると

は限らないが，心理支援の必要性の判断のためにも悲嘆のプロセスの理解は必要である。高齢期の発達課題への適応支援では，これまでの人生を振り返ることを通して人生の意味を捉え直す回想法（野村，1998）が認知症の有無にかかわらず，広く行われている。このほか，高齢者のニーズに応じて認知行動療法や芸術療法（例えば，絵画療法や音楽療法）なども行われるが，いずれも先述の基本姿勢に基づいて，支持的・共感的に行うことが大切である。

C. 多職種連携

　介護に関わる専門職には，高齢者やその家族の相談にのり，ケアプランの作成や介護福祉サービス事業者との連絡調整などを行う介護支援専門員（ケアマネジャー）や，介護を行う介護福祉士などがある。利用者のニーズに応じて看護師や理学療法士，作業療法士，言語聴覚士なども関わる。関連する医療機関には，認知症疾患医療センターがある。これは地域の認知症医療の拠点であり，心理職である臨床心理技術者が配置されている。認知症疾患医療センターや地域包括支援センターなどに設置される認知症初期集中支援チームは医師や看護師，社会福祉士などから構成される専門家チームが，認知症が疑われるものの医療や介護保険サービスにつながっていない人やその家族，介護保険サービスの利用が中断している人などを訪問し，アセスメントや家族支援などの初期の支援を包括的・集中的に行うものである。現状では心理職の配置は規定されていないが，心理職も認知症初期集中支援チームの一員として支援を行うケースが増えている。

　このように高齢者福祉分野では多く専門職が連携して支援を行っているが，現状では心理職の法的な位置づけが明確化されていないこともあり，特に介護に関わる専門職は心理職がどのような専門性をもち，どのような支援ができるのか具体的なイメージをもっていないことが少なくない。高齢者福祉分野で働く心理職は他職種の専門性を謙虚に学ぶだけでなく，神経心理学的検査の結果や行動観察などを通して心理職の専門性や提供できる支援について，心理学に詳しくない他職種でもわかるように平易な言葉を用いて積極的に発信していく姿勢が求められる（竹田，2021）。

A. 高齢者虐待の実態

　近年，高齢者虐待の相談・通報件数は増加傾向にある（**図13.2**）。要介護施設従事者等と養護者のどちらによる虐待でも，身体的虐待が最多であり，次いで心理的虐待，ネグレクトが多い（厚生労働省，2023b）。高齢者虐待防止法の虐待の定義には含まれていないものの注意が必要なものに，セルフ・ネグレクトがある。これは医療や介護保険サービスが必要な高齢者自身がこれらのサービスの利用を拒否したり，生活の中で自身の健康管理を行わないことを指す。高齢者がセルフ・ネグレクトの状態にあると，たとえ子どもなどの周囲の者が助けようとしても，「自分のことは自分が一番よくわかっているから，助けは必要ない」，「困っていない」などと助けを拒否されてしまい，周囲が手を出しあぐねている間に状態がさらに悪化することもある。

　身体的虐待のうち身体拘束については，「緊急やむを得ない場合」であることが客観的に判断でき，慎重かつ十分で適正な手続きを経れば行うことができるとされている。「緊急やむを得ない場合」に該当するためには，**切迫性**（本人または他者の生命または身体が危険にさらされる可能性が著しく高い），**非代替性**（身体拘束以外に代替する方法がない），**一時性**（身体拘束は一時的なものである）の3つすべての要件を満たす必要がある（厚生労働省，2023a）。ただし，これらの要件は身体拘束を是認するものではない。身体拘束は相手に不安や不快感などの精神的苦痛を与えるものである。また，一時的な安全確保が目的であっても身体拘束により身体を動かせない状態が続くことで，筋力などの身体的機能に加えて認知機能も低下し，結果的に安全確保のためにより多くの身体拘束が必要になるという悪循環を招くこともある（厚生労働省，2023a）。身体拘束は行わないことが原則であり，あくまでも「緊急やむを得ない場合」の最終手段としてのみ用い，医療機関や高齢者施設の論理で恣意的に実施することがないように注意する必要がある。

B. 高齢者虐待への対応

ⅰ）高齢者虐待への対応

　虐待への対応では早期発見・早期対応が重要である。本項では東京都の高齢者虐待対応マニュアル（東京都福祉局，2007）に基づいて，対応の流れを説明する。

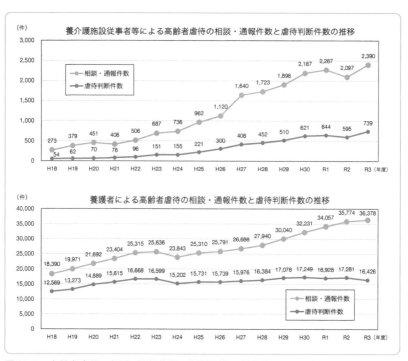

図13.2　高齢者虐待の相談・通報件数と判断件数の推移（厚生労働省，2023b）

　高齢者虐待防止法では虐待を受けたと思われる高齢者を発見した場合には，国民に市町村への通報の努力義務または通報義務が課せられている。しかし，実際には高齢者虐待を疑うようなことを見聞きしても，ただちに通報すべきか迷う場合もあるだろう。養護者による虐待はしばしば家という密室で行われるため，外部からは判断がつきにくいことがある。虐待者だけでなく，虐待を受けている高齢者も虐待の自覚がないこともある。判断に迷う場合は，高齢者虐待発見チェックリスト（**表13.3**）などのスクリーニングツールが活用できる。

　相談・通報を受けた市町村は虐待の事実確認のために，関係機関や関係者からの情報に加えて現地調査を行い，得られた情報に基づいて緊急性の判断や虐待の状況などの分析を行う。そして，関係者との協議により支援方針を検討・実施し，その結果をモニタリングする。養護者による虐待の場合は，介護疲れや介護ストレスで精神的に追い詰められていることなどを背景に，虐待者が猜疑的になり，社会的に孤立して，外部からの介入に

拒否的な態度を示すこともある。養護者が拒否的な態度を示す場合は，彼らのキーパーソン（虐待を受けている高齢者の主治医やケアマネジャー，養護者が信頼を寄せている関係者など）と連携したり，拒否的な態度の裏にある養護者の思いに理解・共感を示しながら地道に関係性を作るなどの対応がポイントになる。支援方針の検討では虐待を受けている高齢者の意志の尊重と状態の改善に加えて，虐待者が虐待に至った背景をふまえて，

表13.3　高齢者虐待発見チェックリスト

身体的虐待のサイン	身体に小さな傷が頻繁にみられる 傷やあざの説明のつじつまが合わない 「怖いから家にいたくない」等の訴えがある
ネグレクトのサイン	住居が極めて非衛生的になっている，また異臭を放っている 寝具や衣服が汚れたままの場合が多くなる 身体からかなりの異臭がするようになってきている
心理的虐待のサイン	かきむしり，噛みつき，ゆすり等がみられる 身体を委縮させる 無力感，あきらめ，投げやりな様子になる
性的虐待のサイン	不自然な歩行や，座位を保つことが困難になる ひと目を避けるようになり，多くの時間を一人で過ごすことが増える
経済的虐待のサイン	自由に使えるお金がないと訴える 経済的に困っていないのに，利用負担のあるサービスを利用したがらない
セルフ・ネグレクトのサイン	昼間でも雨戸が閉まっている 何を聞いても「いいよ，いいよ」と言って遠慮をし，あきらめの態度がみられる 室内や住居の外にゴミがあふれていたり，異臭がしたり，虫が湧いている状態である
養護者の態度にみられるサイン	高齢者に対して冷淡な態度や無関心さがみられる 高齢者の健康や疾患に関心がなく，医師への受診や入院の勧めを拒否する 高齢者に対して過度に乱暴な口のきき方をする
地域からのサイン	自宅から高齢者や介護者・家族の怒鳴り声や悲鳴・うめき声，物が投げられる音が聞こえる 高齢者が道路に座り込んでいたり，徘徊している

（東京都福祉局（2007）から抜粋）

虐待者に適切な心理社会的支援を行うことが虐待の再発を防ぐためにも重要である。

ⅱ）高齢者虐待の予防・未然防止

　　要介護施設従事者等と養護者の双方に共通する虐待の発生要因として，介護に関する知識や情報・介護力の不足，介護ストレス，精神的健康の悪化がある（**表13.4**）。また，養護者による虐待では，虐待を受けた高齢者側の要因として**認知症**の症状が多い。これらをふまえると，養護者による虐待は，認知症を患った家族を介護する中で起きていることが多いといえる。認知症の人の介護には特有の難しさがある（第14章）。このため養護者による虐待の予防では，介護保険サービスの利用促進などを通した介護の負担軽減に加えて，介護ストレスや認知症の症状への対応力の向上，家族関係の調整などが重要になる。一方，要介護施設従事者等による虐待では，虐待を行った職員個人の要因に加えて，組織風土や職員同士の関係性の悪さ，管理体制等の職場自体の要因もある。このため要介護施設従事者等による虐待の予防では，虐待を行った職員個人だけでなく，職場への支援も大切である（第14章）。

　　このような虐待者への対応を効果的に行うためには，地域で支え合い，セルフ・ネグレクトも含めて虐待を早期発見・早期対応できる連携協力体制（高齢者虐待防止ネットワーク）の構築も欠かせない。これは地域包括

表13.4　高齢者虐待の主な発生要因

要介護施設従事者等による虐待	養護者による虐待
教育・知識・介護技術等に関する問題（56.2%） 職員のストレスや感情コントロールの問題（22.9%） 虐待を助長する組織風土や職員間の関係の悪さ，管理体制等（21.5%） 倫理観や理念の欠如（12.7%） 人員不足や人員配置の問題及び関連する多忙さ（9.6%） 虐待を行った職員の性格や資質の問題（7.4%）	虐待者側の要因 　介護疲れ・介護ストレス（52.4%） 　精神状態が安定していない（48.7%） 　被虐待者との虐待発生までの人間関係（47.3%） 　理解力の不足や低下（46.3%） 　知識や情報の不足（45.1%） 　介護力の低下や不足（43.7%） 被虐待者側の要因 　認知症の症状（55.0%） 　身体的自立度の低さ（42.9%）

（厚生労働省（2023b）をもとに作成。複数回答。養護者による虐待の発生理由は，割合が40%以上のものを抜粋）

支援センターを核として，**早期発見・見守り**（民生委員や町内会などの地域組織などによる身近な支援），**保健医療福祉サービス**（介護保険サービスの事業所など，日常的に高齢者や家族と接する介護・福祉の専門家による支援），**関係専門機関介入支援**（医療機関や警察・弁護士など，介護・福祉の通常の相談範囲を超えた対応が必要となった場合の連携機関）の3つの機能で重層的に虐待を防止しようとするものである。

〈引用文献〉
荒井秀典（2014）．フレイルの意義．日本老年医学会雑誌, 51, 497-501.

Baltes, P. B. & Baltes, M. M.（1990）. Psychological perspectives on successful aging: The model of selective optimization with compensation. In P. B. Baltes & M. M. Baltes（Eds.）, Successful aging: Perspectives from the behavioral sciences（pp. 1-34）. Cambridge University Press.

Carstensen, L. L.（2006）. The influence of a sense of time on human development. *Science*, 312（5782）, 1913-1915.

権藤恭之（2008）．高齢者心理学．朝倉書店．

法務省民事局（2022）．成年後見制度 成年後見登記制度．

加藤伸司・北村世都（2020）．高齢者の在宅支援と施設利用者の支援—利用者と支援者を支えるしくみ．川畑隆・笹川宏樹・宮井研治（編），福祉心理学—福祉分野での心理職の役割—（公認心理師の基本を学ぶテキスト17）．ミネルヴァ書房, 129-149.

厚生労働省（2018）．公的介護保険制度の現状と今後の役割．

厚生労働省（2023a）．市町村・都道府県における高齢者虐待への対応と養護者支援について（令和5年3月改訂）．

厚生労働省（2023b）．令和3年度「高齢者虐待の防止，高齢者の養護者に対する支援等に関する法律」に基づく対応状況等に関する調査結果．

Lawton, M. P. & Brody, E. M.（1969）. Assessment of older people: Self-maintaining and instrumental activities of daily living. *The Gerontologist*, 9（3）, 179-186.

Mahoney, F. I. & Barthel, D. W.（1965）. Functional evaluation: The Barthel Index. *Maryland State Medical Journal*, 14, 61-65.

内閣府（2018）．高齢社会対策大綱（平成30年2月16日閣議決定）．

内閣府（2023）．令和5年版高齢社会白書．

日本臨床心理士会（2019）．高齢者領域における臨床心理士の活動実態に関するWEB調査報告書（2018）．

日本老年医学会（2014）．フレイルに関する日本老年医学会からのステートメント．

日本老年医学会（2017）．高齢者の定義と区分に関する提言（概要）．

野村豊子（1998）．回想法とライフレビュー—その理論と技法．中央法規出版．

Satake, S. & Arai, H.（2020）. The revised Japanese version of the Cardiovascular Health Study criteria（revised J-CHS criteria）. *Geriatrics & Gerontology International*, 20（10）, 992-993.

佐藤眞一・権藤恭之（編）（2016）．よくわかる高齢者心理学．ミネルヴァ書房．

Stern, Y.（2009）. Cognitive reserve. *Neuropsychologia*, 47（10）, 2015-2028.

竹田伸也（2021）．高齢者の心身機能の特徴．渡部純夫・本郷一夫（編），福祉心理学（公認心理師スタンダードシリーズ17）．ミネルヴァ書房, 104-115.

竹内真純・片桐恵子（2020）．エイジズム研究の動向とエイジング研究との関連：エイジズムからサクセスフル・エイジングへ．心理学評論, 63（4）, 355-374.

東京都福祉局（2007）．東京都高齢者虐待対応マニュアル．

Tornstam, L.（2005）. Gerotranscendence: A Developmental Theory of Positive Aging. Springer.

14.1節 ║ 認知症について

　認知症とは，成人になり一旦正常に発達した脳の知的な働きが，後天的な疾患などにより持続的に低下し，日常生活に支障をきたしている状態である。わが国では2012年時点で約462万人とされ，その数は増加し続けており，2025年には700万人前後になり，65歳以上の高齢者の5人に1人が認知症になると見込まれている（厚生労働省，2014）。また，わが国の要介護者について，介護が必要になった原因の第1位は「認知症」で，18.1％を占めている（内閣府，2022）。

A. 認知症の症状

　認知症の症状は，中核症状（認知機能障害）と行動・心理症状（Behavioral and psychological symptoms of dementia：BPSD）に大別することができる（**図14.1**）。中核症状は，脳の障害から直接的に起こる不可逆的な症状であり，例えば**記憶障害**や，**見当識障害**，**失語**，**失行**，**失認**，**実行機能障害**などが含まれる。

　一方BPSDは，中核症状や，周囲の環境の悪さ，そのときの体調や心理状態などさまざまな要因が影響して起こる症状である。BPSDの具体的な例として，**徘徊**や，**妄想**，**抑うつ**，**不安**などが挙げられる。BPSDは，いずれかの病期で，ほぼすべての認知症の人に発症するといわれており，発症頻度が高い。またBPSDは，介護者にとっても認知症である本人にとっても，中核症状以上に影響や負担が大きいが，その一方で対応や環境の改善により，軽減できる可能性もある。

B. 代表的な認知症疾患

　認知症の原因となる疾患にはさまざまな種類がある。なかでも最も多いのがアルツハイマー型認知症で，全体の約50％を占める。次いで血管性認知症が約20％，レビー小体型認知症もそれと同程度みられるといわれること

がある。これらの認知症で，認知症全体の大半を占めるため，3大認知症といわれたり，前頭側頭型認知症を加えて4大認知症といわれることがある。

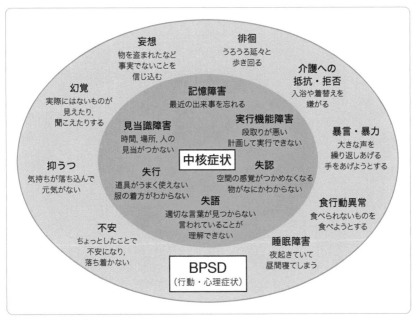

図14.1　中核症状とBPSD

ⅰ）アルツハイマー型認知症

　アルツハイマー型認知症の人の脳では，アミロイドβタンパクとリン酸化タウタンパクが溜まり，神経細胞死が起こる。脳の神経細胞が徐々に減るため，進行は緩徐であるが，日常生活における障害は確実に増えていく。アルツハイマー型認知症は高齢になるほど多くなり，女性に多い傾向がある。

　初期症状としては**記憶障害**，とくに最近のエピソード記憶の障害が目立つ。病識が乏しく，指摘しても取り繕ってごまかすことも多い。一方で，古い記憶は比較的保たれる。また日付や曜日，時刻などが不確かになる時間の**見当識障害**や，場所がよくわからなくなり，道に迷うことが多くなる場所の見当識障害もみられる。そして，物事の計画や段取りを立て，順を追って進めることができなくなる**実行機能障害**も比較的早い時期からみられる。病気が進行するにつれて言語にも障害が現れ，人や物の名前が出てこなくなることからはじまり，徐々に複雑な内容の話ができなくなり，使

える単語も少なくなっていく。人によっては，BPSDとして「お金や，通帳を盗まれた」とくり返し訴えてくる**物盗られ妄想**や，進行すると**徘徊**などがみられる場合もあり，介護負担を著しく増加させる原因となる。

ii）血管性認知症

血管性認知症は，脳血管の障害が原因で発症する認知症の総称である。脳の血管の一部が詰まる**脳梗塞**によるものが多く，血管が破れる**脳出血**によることもある。梗塞や出血により血流が滞った領域の脳機能が低下する一方で，その他の領域の脳機能は比較的正常に保たれる。そのため障害される認知機能と，障害のない認知機能がはっきりと分かれ，「**まだら認知症**」とよばれることがある。

男性に多い傾向があり，高血圧，糖尿病，脂質異常症などの基礎疾患があるとなりやすいため，生活習慣を改善することが重要である。症状は前述の通り，梗塞や出血が起こった部分によって異なるが，アルツハイマー型認知症でもみられる記憶や言語の障害に加え，ちょっとしたことで泣いたり，大笑いしたり，怒ったりする**感情失禁**や，うつ症状が表れることがある。また神経症状として，片麻痺や構音障害を伴うこともある。高齢者では経過として，小さな梗塞をくり返し，そのたびに症状が**階段状に悪化**するということも少なくない。

iii）レビー小体型認知症

αシヌクレインというタンパク質が異常に蓄積した物質（レビー小体）が，主に脳幹に現れると運動障害をきたすパーキンソン病になり，大脳皮質にまで現れ認知症や精神症状をきたしているのがレビー小体型認知症である。65歳以上の高齢者に多く，アルツハイマー型認知症と比べると男性の方がやや多いといわれる。

特徴的な症状として，①日や時間帯によって，頭がはっきりしている状態とボーッとしている状態，おかしなことを言ったりする状態などが入れ替わり起こる**認知機能の変動**，②実際にはないもの（虫や小動物，子どもなど）がありありとみえる**幻視**（「幻視」だけでなく，壁のしみが人の顔に見えたり，汚れが虫に見えたりといった見間違えのような「錯視」も多い），③寝ている時に大声をあげたり，動き出したり，暴れたりする**REM睡眠行動障害**，④手足のふるえや筋肉のこわばり，動きの鈍さ，小股歩行といった身体的症状をきたす**パーキンソン症状**が挙げられる。

初期の症状として，前述のREM睡眠行動障害に加えて，うつ症状，便

秘や立ちくらみなどの自律神経障害が現れて気づかれることがある。アルツハイマー型認知症と比べると，初期には記憶障害があまり目立たず，幻視の体験を説明できる場合もある。精神症状に対して，抗精神病薬が用いられることがあるが，薬に対する過敏性があり，副作用が出やすいため注意が必要である。

iv）前頭側頭型認知症

前頭葉と側頭葉に原発性の変性を有する**前頭側頭葉変性症**[1]の一類型である。特定のタンパク質が構造上の異常をきたし，細胞内外に蓄積することが原因とされている。他の認知症よりも若年（65歳未満）で発症することが多く，若年性認知症の中では，アルツハイマー型認知症，血管性認知症に次いで3番目に多い。

特に（行動障害型）前頭側頭型認知症では，感情や行動の制御に関与している前頭葉の萎縮が強く現れる。そのため，他者への配慮ができなくなったり，社会のルールを守らなくなる。周囲の迷惑を考えられず，自分のしたいことをしてしまう行動は**"わが道をいく行動"**とよばれる。また，こだわりが強くなり，毎日同じ時間に同じことをしたりするようになる人もいる。同じものを食べ続けたり，甘いものを好むようになることもある。このような**脱抑制**や**常同行動**，共感性の欠如などにより，性格が変わってしまったというようにみられることもある。病気が進むと，意欲や活動性が低下し，言葉を発しなくなったり，何もしようとしない状態になっていく。

ｖ）その他の認知症

上記の3大認知症もしくは4大認知症で，認知症全体の8割から9割程度を占めているが，前述したとおり認知症の原因にはそのほかにも数多くの種類が存在する。例えば感染症によるものとしては，エイズや**クロイツフェルト・ヤコブ病**，梅毒，インフルエンザなどによる脳炎でも脳神経細胞が脱落し，認知症が起こる。また薬物の乱用によっても認知症は起こる。

頻度はそれほど高くないが，正常圧水頭症や慢性硬膜下血腫といった治療可能な認知症（treatable dementia）もある。そのほかにも，甲状腺機能低下症やビタミンB_{12}の欠乏によっても認知症が起こることがあり，

1　前頭側頭葉変性症には，①前頭葉の萎縮が強く，行動や感情のコントロールがきかなくなる「（行動障害型）前頭側頭型認知症」のほか，②側頭葉の萎縮が主で，言葉の意味がわからなくなる語義失語が特徴的である「意味性認知症」，③話がぎこちなくなる非流暢性失語が特徴の「進行性非流暢性失語」がある。

これらも早期・軽症のうちに治療を行うことで改善が期待できる。

vi）軽度認知障害

正常と認知症の間のグレーゾーンの状態のことを**軽度認知障害**（Mild Cognitive Impairment：MCI）という。物忘れなどの認知機能の障害があり，正常とはいえないが，まだ日常生活に大きな支障はない状態である。MCIの人は，そうでない人と比べると，進行して認知症になる人が多いが，逆に正常老化の範囲内に戻る人もいるため注目すべき状態である。

さらに近年，MCIの前段階として，客観的には認知機能に障害は認められないものの，認知機能の低下を主観的に感じる**主観的認知障害**（**Subjective Cognitive Impairment：SCI**）という概念が提唱されている。SCIは，その後の認知機能の低下の前兆である可能性も示唆されている。

vii）若年性認知症

65歳未満で認知症が発症した場合に，**若年性認知症**といわれる。全国に約35,700人の若年性認知症の人がいると推計されている。その原因疾患の割合として，最も頻度が高いのがアルツハイマー型認知症で52.6％，次いで血管性認知症17.1％，前頭側頭型認知症9.4％，外傷による認知症4.2％となっている（東京都健康長寿医療センター研究所，2020）。

働き盛りで発症するため，家族全体への経済的，心理的影響が大きい。子育てや親の介護の時期と重なる場合もあり，ダブルケア，トリプルケアともよばれ，介護者の過重負担となる。

14.2節 ｜｜ 診断・アセスメント

認知症の診断・アセスメントとして，まず問診により，記憶や気分の不調，不安なことに関する訴えを聴取し，生活歴，既往歴，家族歴，現在の生活の状況，健康状態，薬剤などの情報を収集する。本人だけでなく，家族からもこれらの情報を収集することが重要である。その後，記憶をはじめとした認知機能の検査が行われる。また原因疾患の特定を行い，「治療可能な認知症」の原因が隠れていないか除外診断をするために，上記に加えて画像検査や血液検査，尿検査なども行われる。

A. 認知機能のアセスメント

　認知機能のアセスメントとしては，障害の疑いがある人を見つけ出すための**スクリーニング検査**と，認知症の進行を評価する**重症度評価**がある。また，評価を行う方法としては，**検査法**と**行動観察法**がある。

　検査法は，テストを行うため客観的な評価が可能であるが，対象者の負担が大きい。また検査者には，検査に関する知識とスキルが必要となる。一方で行動観察法は，介護者からの情報や，対象者の観察により評価を行うため負担は小さいが，評価が主観的になる可能性があるため注意が必要である。

ⅰ）認知症のスクリーニング検査

　わが国において開発された**改訂長谷川式簡易知能評価スケール（HDS-R）**（加藤ら，1991）は，検査者との会話の中で実施することができる。設問数が9項目と少なく，10分程度で施行可能な簡便さと精度の高さから，臨床現場で広く用いられている。30点満点で評価され，20点以下が認知症疑いとされる。また，**Mini-Mental State Examination（MMSE，ミニメンタルステート検査）**（Folstein et al., 1975）は，国際的に最も広く用いられているスクリーニング検査である。11項目の設問から構成され，動作性の検査が含まれており，言語性の検査のみからなるHDS-Rよりも幅広く認知機能を評価することができる。30点満点で，23点以下が認知症疑いとされる。

ⅱ）重症度評価とBPSDの評価

　臨床認知症評価尺度（Clinical Dementia Rating：CDR）（Hughes et al., 1982）は，認知症の全般的な重症度を評価する尺度として国際的に広く用いられている。認知症である本人への面接と，本人をよく知る介護者からの聞き取りにより，健康（CDR 0），認知症の疑い（CDR 0.5），軽度認知症（CDR 1），中等度認知症（CDR 2），重度認知症（CDR 3）の5段階で重症度が示される。CDR 0.5を軽度認知障害（MCI）相当とすることがある。

　Functional Assessment Staging（FAST）（Reisberg et al., 1984）は，アルツハイマー型認知症の具体的な症状をもとに進行の程度を7段階で示した尺度である。本人をよく知る介護者や家族からの情報に基づいて，障害なしのStage 1から最も障害が重いStage 7で評価する。

　BPSDの評価尺度として，**Neuropsychiatric Inventory（NPI）**（Cummings et al., 1994）は国際的にも広く用いられている。本人を

よく知る介護者からの聞き取りにより評価を行う。10項目もしくは12項目の症状の有無と頻度（0〜4の5段階），重症度（0〜3の4段階）を評価する。介護者の負担の程度を評価する項目が追加されているNPI-D（Caregiver Distress Scale）や，施設入居者を対象とするNPI-NH（Nursing Home Version），聞き取りによる評価ではなく質問紙によるアンケート調査方式のNPI-Q（Brief Questionnaire Form）などさまざまなバージョンが開発されている。

B. 認知症と間違えられやすい状態

ⅰ) うつ病

うつ病では，気分の落ち込み，意欲の低下，食欲不振，不眠などに加えて，注意障害や記憶障害といった認知機能障害が現れることがある。そのため，うつ病は**仮性認知症**とよばれることがある。抗うつ薬などによりうつ病が改善すると，認知機能も元に戻るため，認知症との鑑別が重要である。

ⅱ) せん妄

せん妄とは，一過性に意識がくもり（注意の障害があり），現実の把握が適切にできない状態のことである。認知機能障害に加え，興奮や幻覚，妄想などを呈することもある。せん妄の原因としては，感染症や高熱，脱水，薬剤などが挙げられる。原因を突き止めて，適切に治療を行うことにより，認知機能障害も改善する。

14.3節 治療・対応

A. 認知症の薬物療法

現在のところ，認知症の根治薬はないが，認知機能障害の悪化を遅らせる薬（**抗認知症薬**）があり，これまでわが国においてはアルツハイマー型認知症に保険適用があるものは4剤であった（一部はレビー小体型認知症にも保険適用がある）。このような抗認知症薬は経口薬に加え，貼付薬もあり，飲み込みがうまくできない人にも使用でき，アドヒアランスの向上に有用である。さらに，2023年にはアルツハイマー型認知症の人の脳内に蓄積するアミロイドβを取り除く新薬「**レカネマブ**」が承認され，今後，認知症の薬物療法は新たな時代に入るとされている。

一方で，幻覚や妄想，焦燥，興奮，攻撃性のようなBPSDに対する薬物

療法としては，統合失調症などの精神疾患に使われる**抗精神病薬**などが使用されることがある。しかし，不用意な抗精神病薬の使用は認知症高齢者の死亡率を高めるということもあり，認知症疾患に対しては適用外使用となるため，使用に際しては十分な説明を行う必要がある。また副作用として，過鎮静やふらつき，パーキンソン症状などもみられるため注意が必要である。

B. 認知症の非薬物療法（心理・社会的支援）

　現在の認知症ケアは，**キットウッド**（Kitwood, T.）により提唱された**パーソン・センタード・ケア**という理念が基本となっている。これは，それまでの医学モデルに基づいた認知症への見方を変換させ，その人らしさを大切にするケアの理念である。つまり，認知症の人を一律に脳に障害がある人と捉えるのではなく，性格や，生活歴，健康状態，心理・社会的背景など，多様な面から一人ひとりの個別性を捉えて，その人の視点・立場に立って理解し，支えることの重要性を示した考え方である。

　米国精神医学会ガイドラインでは，認知症の非薬物療法（心理・社会的支援）を**行動志向的，情動志向的，認知志向的，刺激付与的アプローチ**の4種類に分類している。行動志向的アプローチにはBPSDへの対応やコミュニケーションに関する家族教育やスタッフ・トレーニング，情動志向的アプローチには支持的精神療法や**回想法**，認知志向的アプローチには認知リハビリテーションや認知活性化，刺激付与的アプローチには運動療法や**音楽療法**などが含まれる。

　BPSDの治療・対応に関しては，前述の通り，抗精神病薬の使用による深刻な有害事象なども懸念されており，非薬物療法を治療の第一選択にするべきとされている（厚生労働省，2015）。このような中で，非薬物療法の種類もますます多様化し，効果検証に関する研究もかなり蓄積されてきている。エビデンスに基づく医療情報の報告として国際的に認められているコクランレポートの基準をもとに，非薬物療法を分類したものが**表14.1**である。

　これらのBPSDに対する非薬物療法については，治療法というだけでなく，認知症の人の日々の生活をより充実したものにするという意義も大きい。例えば日常の中に，その人に合った音楽や，若い頃の話題などをうまく組み込むことによって穏やかで楽しい生活になり，結果的にBPSDの予防にもつながるということである。

　また，BPSDへの心理支援として，**応用行動分析（機能分析）**に基づく

表14.1　BPSDに対する非薬物療法

認知志向	現実見当識訓練 （Reality Orientation：RO）	現在の日時や，場所に関する情報を積極的に提供することで，見当識の改善をはかるアプローチ
	認知活性化療法 （Cognitive Stimulation Therapy：CST）	クイズ，ゲーム，テーマに沿った会話などを通じて，認知機能全般に働きかけ，社会的機能の改善にも焦点をあてたアプローチ。認知機能とQOLの改善に効果が示されている
情動志向	回想法	昔の思い出について話したり聞いたりして交流をはかり，情動的な安定をはかる。写真，絵，懐かしい物などを，記憶を想起するきっかけとして用いることもある
刺激付与	運動療法	ウォーキングや，ボール遊びなどの運動で，うつや行動障害の改善を目的としたアプローチ
	アロマセラピー	マッサージや入浴時に，エッセンシャル・オイルを塗りながら，スタッフとの関わりをもつ感覚的なアプローチ
	音楽療法	音楽を演奏したり，聴いたりすることで情動面の安定をはかるアプローチ。運動療法の中で行われる場合もある
行動志向	バリデーション	認知症の人の現実認識や体験世界を受け入れることを一般原則としているアプローチ
	応用行動分析（機能分析）	学習理論に基づき，行動の先行条件や結果などをアセスメントし，介入方法を考え，実行する。以前はBehavioral Management Techniques（BMT）とよばれていた

（James（2011）をもとに一部修正して作成）

アプローチは，国際的に高い評価を得ている（例えば，Abraha et al.,
2017）。このアプローチでは，個別的に認知症の人のニーズやBPSDの原
因を捉え，それに基づいた対応方法を検討する。つまり日常生活の中で
BPSDが起こる直前のきっかけや，BPSDの起こった直後の結果をアセス
メントし，また合わせてBPSDが起こりにくい状況（適応的な行動が起こ
りやすい状況）についても詳しく調べる。そして，これらの状況の違いを明
らかにすることで，BPSDが起こる理由（BPSDがもつ意味）を認知症の

人の視点から理解し，BPSDのきっかけや原因を取り除き，適応的な行動が起こりやすい環境・状況を整備する。

　例えば，高齢者施設では認知症の人が「くり返し大声をあげる」といったBPSDがしばしば見受けられる。ある認知症の人にとっては，不安を言葉で説明することができないため「くり返しの大声」をあげることによって，施設職員がやさしくなだめにきてくれる（人との接触をもとめる）という意味がある。また別の大声をあげる人にとっては，嫌いな他の利用者を追っ払う（人との接触を避ける）という意味がある。同じ「大声をあげる」というBPSDでも，このように真逆の意味（働き・機能）をもつ場合がある。「大声」に対してどうすればよいかだけを考えて，この意味をとりちがえてケアを行うと逆効果になってしまうこともある。BPSDの意味をアセスメントする応用行動分析（機能分析）に基づくアプローチにより，単にBPSDを減らすだけでなく，認知症の人にとっても介護者にとっても穏やかで満たされた生活を実現できる可能性がある。

C. わが国の認知症施策

　2012（平成24）年に厚生労働省は，認知症の人が住み慣れた地域で自分らしく暮らし続けることができる社会を実現するため，オレンジプラン（認知症施策推進5か年計画）を発表した。2015（平成27）年1月には認知症施策を加速するために，厚生労働省だけでなく，省庁横断的な総合戦略として，認知症の人やその家族の視点に立って施策を推進する新オレンジプラン（認知症施策推進総合戦略）を発表した。

　その後，新オレンジプランを基に，認知症の人や家族の視点を重視しながら「共生」と「予防」を両輪として施策を推進していくという認知症施策推進大綱が2019（令和元）年に関係閣僚会議で決定された。ここでいう「予防」とは，「認知症にならない」ということではなく，認知症の発症や進行をできるだけ遅らせるという意味で，また「共生」は認知症になっても希望をもって日常生活を過ごせる社会づくりをしていくという意味である。例えば，一般の市民を対象として，認知症サポーター（認知症に対する正しい知識と理解をもち，できる範囲で認知症の人やその家族の手助けをする人）を全国で養成することで，認知症の人にやさしい地域づくりが進められている。

D. 認知症ケアにおける多職種連携，地域連携

　わが国では**地域包括ケアシステム**（第13章）の構築が目指されており，その中で重要となる，いつ，どこで，どのような医療や介護を各地域で受けることができるのかについてまとめたものが**認知症ケアパス**である。認知症ケアパスの中では，例えば，認知症が疑われたり，気づかれたりしたときの介護や福祉の相談窓口として，**地域包括支援センター**が挙げられている。またアウトリーチ支援として，家族の訴え等により，複数の専門職からなる**認知症初期集中支援チーム**が本人や家族の自宅を訪問し，アセスメントや初期の支援を行うことが示されている。さらに，その後の認知症の進行に応じた支援やサポートとして，交流や情報交換のための集いの場である**認知症カフェ**や介護保険サービス（例えば，デイサービス等の居宅サービスやショートステイ）およびサービスを提供する種々の高齢者施設（例えば，グループホーム，介護老人保健施設，特別養護老人ホーム）が挙げられている。医療面では，かかりつけ医や認知症初期集中支援チームからの相談・連携先として，地域での認知症医療の中核となる**認知症疾患医療センター**が示されている。

　そして終末期にどのような医療やケアを望むかについて，事前に考え，家族や医療・ケアチームとくり返し話し合い，共有する取り組みを**アドバンス・ケア・プランニング（ACP）**という。このような本人の意思は変わる可能性があるため，くり返しチームで話し合い，共有する過程を大切にするという考え方から，別名「**人生会議**」ともよばれている。

〈引用文献〉

Abraha, I., Rimland, J. M., Trotta, F. M., et al. (2017). Systematic review of systematic reviews of non-pharmacological interventions to treat behavioural disturbances in older patients with dementia. The SENATOR-OnTop series. *BMJ Open*, 7(3), e012759.

Cummings, J., Mega, M., Gray, K. R., et al. (1994). The Neuropsychiatric Inventory: Comprehensive assessment of psychopathology in dementia. *Neurology*, 44, 2308-2314.

Folstein, M. F., Folstein, S. E., & McHugh, P. R. (1975). "Mini-mental state". A practical method for grading the cognitive state of patients for the clinician. *Journal of Psychiatric Research*, 12(3), 189-198.

Hughes, C.P., Berg, L., Danziger, W. L., et al. (1982). A new clinical scale for the staging of dementia. *The British Journal of Psychiatry*, 140, 566-57.

James, I. A. (2011). Understanding behaviour in dementia that challenges: a guide to assessment and treatment. London: Jessica Kingsley Publishers. (ジェームス, I. A. (著). 山中克夫 (監訳)(2016). チャレンジング行動から認知症の人の世界を理解する. 星和書店).

加藤伸司・下垣光・小野寺敦志他 (1994). 改訂長谷川式簡易知能評価スケール (HDS-R) の作成. 老年精神医学雑誌, 2(11), 1339-1347.

厚生労働省 (2014). 日本における認知症の高齢者人口の将来推計に関する研究. 厚生労働科学研究費補助金 特別研究事業.

厚生労働省（2015）．かかりつけ医のためのBPSDに対応する向精神薬使用ガイドライン（第2版）．
内閣府（2022）．令和4年版高齢社会白書．
Reisberg, B., Ferris, S. H., Anand, R., et al.(1984). Functional staging of dementia of the Alzheimer type. *Annals of the New York Academy of Sciences*, 435, 481-483.
東京都健康長寿医療センター研究所（2020）．若年性認知症の有病率・生活実態把握と多元的データ共有システム　日本医療研究開発機構（AMED）認知症研究開発事業．

14.4節 | 認知症の人の家族・介護者への心理支援

A. 家族への心理支援

　少子高齢化と核家族化が進む日本では，日常生活において支援または介護が必要な高齢者が1人で生活している世帯や，配偶者と同居していてもお互いが高齢で**老老介護**をしている世帯が多い（厚生労働省，2023）。認知症の人の増加もあり，お互いが認知症を患っている**認認介護**も増えている。一方で，子世代の家族介護者には働き盛りの40代から50代の就労者が多いが，介護と仕事の両立に困難を覚えて離職する者が増えている。2022年に行われた調査では介護・看護のために過去1年間に離職した者は約11万人と，2017年から2022年にかけて増加傾向にある（総務省，2023）。また，病気や障害などを抱える家族を介護している子どもや若者（ヤングケアラー）の中にも，若年性認知症を患った親や高齢の祖父母の介護をしている者が少なくない（青木，2018）。

　介護が必要になった主な原因の第1位は認知症であるが（厚生労働省，2023），認知症の人の介護は症状への対応に加えて，病気の進行により意思疎通が難しくなるなどさまざまな困難がある。介護の困難への対応苦慮から家族が**介護うつ**になったり，虐待をしたり，ひいては**介護殺人**や**介護心中**に至ることもある。このため**認知症施策推進大綱**（厚生労働省，2019）では，認知症の人の視点を重視した支援に加えて，家族の視点を重視した家族支援の充実が謳われている。

ⅰ）認知症の人の介護の家族への影響

　個人差が大きいものの，認知症の人の介護では，病気が進行すると金銭管理や通院，服薬管理，買い物，食事の準備，洗濯・掃除などの手段的日常生活動作（IADL，第13章）だけでなく，食事や入浴・排泄などの家庭内での基本的日常生活動作（BADL）まで介護が必要になる。また，認知症が初期の頃から日常的な見守りも必要になるため，家族介護者は以前と比べて身体的にも精神的にも自由な時間が減少する。認知症の症状は

人それぞれで異なり，介護で最も負担が大きいとされる認知症の行動・心理症状（BPSD）の理解と対応方法も人それぞれで異なる。何度も同じ質問をされて，ついカッとなって怒鳴ってしまい，その後に罪悪感を抱く家族は多い。インターネットや書籍などに掲載されている対応方法を試しても上手くいかず，自責感を抱く家族もいる。このほか，介護に伴う経済的負担や，子が認知症の親の介護をする場合は子育てや仕事（ヤングケアラーの場合は学業）と介護の両立の問題など，認知症の人の介護は家族の生活に大きな影響を与える。

　このように認知症の人の介護は心理的・身体的・社会的に負担が大きいが，介護に関する負担が直ちに介護者の精神的健康や生活の質（QOL）を悪化させるわけではない。介護ストレスの心理社会的モデル（Sörensen et al., 2006）では，介護に関する負担が介護者の心身の健康に与える影響を仲介・緩和するものとして，ストレッサーに対する認知的評価やコーピング，介護に関する自己効力感，ソーシャル・サポートなどの心理社会的資源を挙げている（**図14.2**）。認知的評価に着目すると，介護に関するさまざまな負担をどの程度感じているかを表す介護負担感の把握は支援において重要である。介護負担感を評定する尺度としてZarit介護負担尺度日本語版（Arai, et al., 1997）やその8項目の短縮版（荒井ら，2003）が広く使用されている。一方，介護はネガティブなことだけでなく，介護を通じて人間的な成長を感じたり，相手への恩返しであると感じたり，介護の中で楽しい経験をすることもある。このような介護の肯定的側面の評価の把握も大切である。

ⅱ）看取り

　認知症の人の介護において家族が経験する困難の1つに，看取りの問題がある。看取りとは本来は「無益な延命治療をせずに，自然の過程で死にゆく高齢者を見守るケアをすること」（日本認知症ケア学会，2016）であるが，認知症の人の介護ではしばしば家族が延命治療を受けるか否かを，本人に代わって選択せざるをえないことがある。認知機能に障害がない場合は延命治療の有無について本人が意思決定をする，あるいは本人の希望を直接確認することができるが，認知症の人の場合は症状の進行に伴う認知機能の低下から，徐々に本人の意思決定や意思確認が困難になるためである。ただし，認知症になったからといって直ちに判断能力が損なわれるわけではない。認知症が軽度から中等度の場合は，本人を交えて医療やケ

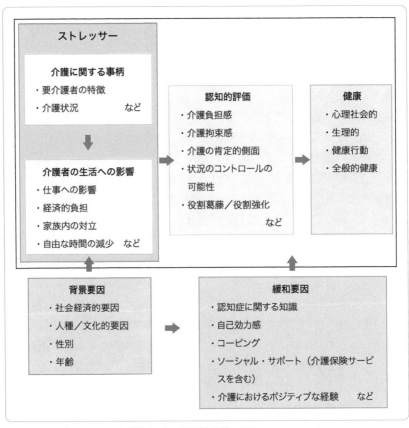

図14.2　介護ストレスと介護負担感の心理社会的モデル
（Sörensen et al.（2006）をもとに作成）

　アの専門家（2名以上）が本人の意思決定をサポートし，その結果を共有
する共有意思決定（shared decision making）を行うことが大切であ
る。一方，認知症の症状が進んで判断能力が損なわれ，本人の意思確認も
困難な終末期では，本人に代わって家族が看取りの判断を行うことになる
（代理判断）。多くの場合，このときの決定は後戻りができないため，代理
判断を行う家族は本人が元気だった頃の人となりなどから，本人の希望を
推測して慎重に判断することになる。しかし，看取りの判断はいわゆる
「正解」がないものであるため，延命治療をすることを選択した場合は
「苦しみを長引かせてしまった」，しないことを選択した場合は「本当は生
きたかったかもしれないのに，手を下してしまった」などのように，どち

らを選択した場合でも自分たちの決定を後悔する家族は少なくない。近年では，事前に本人を主体に家族や医療・ケアの専門家が話し合って，人生の最後の迎え方を計画・共有するアドバンス・ケア・プランニング（人生会議）が推進されている（14.3節参照）。どのような選択をした場合でも，人生の最後まで身体的・精神的苦痛を取り除き，生活の質（QOL）を維持するための緩和ケアを行うことが大切である（箕岡，2015）。

iii）家族介護者を支えるサポート資源

　高齢者の介護にはさまざまな専門職が関わっているが（第13章），中でも介護支援専門員（ケアマネジャー）は家族も支援の対象に含まれており，介護の悩みを相談できる身近な専門職である。また，介護保険サービスを利用している場合は，高齢者施設の職員や訪問看護師なども家族が日常的に顔を合わせる専門職である。デイケアやデイサービス，ショートステイなどの介護保険サービスは，家族にとっても介護から離れて自分の時間をもてる重要なサポート資源である。家族が休息を目的にこれらのサービスを利用する場合は**レスパイトケア**とよばれる。主治医（医師）や薬剤師などの医療関係者も，要介護者の体調や服薬の管理などについて相談できる専門職である。このほか，認知症や介護に関する事柄を教える介護教室や認知症カフェ（またはオレンジカフェ）などがある。専門職に加えて，家族同士の支え合い（**ピアサポート**）も大切である。全国組織であり全都道府県に支部がある「認知症の人と家族の会」に加えて，各地域に多くの家族会がある。家族会は介護仲間から情緒的なサポートを受けることができるだけでなく，介護の先輩や医療・福祉の専門家から介護の工夫や介護制度・サービスの上手な利用方法などを学べる場でもある。このほか，産業領域においても，高齢の親を介護する子世代の従業員の介護離職を防ぎ，仕事と介護の両立を支援するための制度として，**介護休業**や**介護休暇**などの両立支援制度の導入が全国の企業で進んでいる。

iv）家族への心理支援

　認知症の人の家族は日々，悩み，葛藤しながら介護をしているが，その思いを吐き出せる機会や自身の頑張りを認めてもらえる機会は限られている。このため認知症の人を介護している家族に関わる際は，現在の介護の取り組みについて受容的・共感的に聴き，介護の取り組みをねぎらう姿勢が大切である。介護保険サービスの利用による介護の負担軽減は大切であるが，介護ストレスや認知症の症状に対応するスキルが低い場合は，レス

パイトケア等で一時的に介護から離れても，被介護者が施設から帰ってきたらストレスフルな介護生活に戻ってしまう可能性が高い。このためレスパイトケアや家族会などの地域の資源を活用しながら，認知症の正しい理解と介護に対する自己効力感を高めることが，家族の精神的健康の維持に有効であるとされている（森本，2020）。介護に対する自己効力感は「休息を得る（周囲に助けを求める）自己効力感」，「認知症の症状に対応する自己効力感」，「嫌な気分を招く思考をコントロールする自己効力感」の3つからなる（丸尾，2012）。これらの自己効力感を扱っている認知行動療法を基にしたプログラム（**表14.2**）は，認知症の人の家族の精神的健康の維持・向上に有効であるとされている（Cheng et al., 2020）。

　なお，表14.2に示したプログラムでは，どちらも認知症の人のBPSDへの対応を検討する回が含まれているが，先述の通りBPSDは人によってその背景・維持要因が異なる。このため個々のケースについて認知行動療法（特に応用行動分析）に基づいた対応が必要になる。その際の姿勢として，ケアラー・センタード／パーソン・フォーカスト・アプローチ（ジェームズ，2016）が提唱されている。これは14.3節で解説した認知症の人への支援における標準的な考え方であるパーソン・センタード・ケアの理念を，症状が進行して意思確認などが難しくなった認知症の人にも介護者が実践できるように考案されたものである。具体的には，認知行動療法の専門家のサポートのもとで，介護者が中心となって（ケアラー・センタード），要介護者の対応に困る言動が起きる状況やその背景にある要因を検討して（パーソン・フォーカスト），介護者が実行できる対応を考えて実行するというものである（**表14.3**）。この考え方は高齢者施設などでの多職種連携を想定して考案されたものであるが，家族への心理支援においても有用であると考えられる。

B. 高齢者施設の職員への心理支援

ⅰ）施設職員のストレス

　2000（平成12）年の介護保険制度の創設後の約20年間で，要支援または要介護と認定された者は約3倍，介護保険サービスの利用者は在宅サービスは約4倍，施設サービスは約2倍に増加している（厚生労働省，2020）。一方で，介護保険サービスを提供する全国の介護事業所の約6割は人材不足を訴えており，特に直接介護を行う介護職の人材が不足してい

表14.2　認知症の人の家族介護者を対象とした，認知行動療法に基づいた心理支援プログラムの例

回数	STrAtegies for RelaTives : START（樫村他，2018 ; Livingston et al., 2013）	セルフケアプログラム（森本・野村，2022）
1	ストレスと健康 導入，認知症や介護ストレスに関する心理教育	オリエンテーション 認知症の心理教育
2	行動の理由 要介護者のBPSDのアセスメント	認知症の人と介護者のこころ 介護ストレスの理解，リラクセーション
3	行動計画を立てる BPSDの対応方法の検討	日常生活を振り返る 認知行動療法の基礎とセルフ・モニタリング，認知再構成法
4	行動戦略と考えの見直し BPSDの対応方法の見直し，非機能的思考への対応	認知症の人と同じ世界に立つ 認知症の人の視点の理解，認知再構成法
5	コミュニケーションのパターン アサーション	コミュニケーションの工夫 認知症の特徴に合わせた会話，応用行動分析の基礎
6	将来に向けた検討 地域のサポート資源の情報提供とサポート資源の探索	認知症の症状への対応 応用行動分析に基づいたBPSDへの対応
7	楽しい活動と気分の関係 快活動の同定と実践	自分の生活の充実とこれからの生活（1） 自分の価値に沿った活動の検討
8	これからもスキルを使い続けるために まとめ，将来に予想される困難の検討	自分の生活の充実とこれからの生活（2） 価値に沿った生活の検討，まとめ

る（介護労働安定センター，2023）。施設利用者と密接に関わる介護現場は身体的な負担が大きいだけでなく，時に施設利用者から暴言や暴力を振るわれることもあり精神的な負担も大きい。施設利用者との関わりにおいてネガティブな感情を抱いても，その感情を抑制して業務に当たらなければならない感情労働でもある。また，要介護状態にある高齢者に介護保険サービスを提供するには専門的なスキルが必要になるが，仕事内容や求められる専門性と比べて給料が低いという問題もある。例えば2021年の

表14.3　応用行動分析に基づいたBPSD対応のコンサルテーションの手続き（LCAPSガイドライン）

Listen （話を聞く）	対応に困る言動で困っている人に，その言動について詳しく聞き取りを行う。これまでに試した方法やその効果などについても把握する
Clarify （事実確認を行う）	関係者に事実確認を行い，情報を整理する
Agree （合意を得る）	これまでに得られた情報をまとめてケース・フォーミュレーションを行い，その結果について関係者と協議する
Plan （計画を立てる）	介護者や関係者と協働して，介入計画を検討する
Support （サポートを行う）	介護者の介入の実行をサポートする

（ジェームズ（2016）をもとに作成）

　介護職の平均年収は339万円〜357万円であり（介護労働安定センター，2023），同年の給与所得者全体の平均年収443万円（国税庁，2022）よりも低い。このような仕事の特徴から高齢者施設の職員，特に1人1人の施設利用者との密な関わりが求められる介護職では，バーンアウトに代表されるメンタルヘルスの問題が以前から指摘されてきた。バーンアウトとは**情緒的消耗感，脱人格化，個人的達成感の低下**に特徴づけられた症候群であり，文字通り「燃え尽きてしまった」状態である。施設職員のバーンアウトは提供する介護保険サービスの質の低下や離職につながることもあるため，予防が大切になる。

　一方で，メンタルヘルスの維持・向上においては，バーンアウトに代表されるネガティブな状態の予防だけでなく，仕事に対するポジティブな状態の促進も重要である。このような仕事に対するポジティブな心理的状態として注目されている概念にワークエンゲイジメントがある。これは活力・熱意・没頭の3つに特徴づけられる，仕事に強い意欲をもって積極的に関与している状態を指す概念である。介護職のバーンアウトの低減およびワークエンゲイジメントの向上には，個々の職員に適切な仕事量と裁量権を与え，仕事上の役割を明確化することが大切であるとされている（畦地ら，2020）。

ⅱ）施設職員への心理支援

　施設職員のメンタルヘルスの悪化は，施設利用者の虐待にもつながる重要な問題である（第13章）。一方で，先述のように介護事業所は慢性的な人材不足の状態にあるため，職員の増員による仕事量の調整が困難であることが多い。このため施設職員のメンタルヘルスの維持・向上においては，職場環境の改善と合わせて，個々の施設職員のストレスマネジメント・スキルの向上も重要となる。また，認知症の理解は介護職に必須となっているが，実際の介護現場では認知症の人のBPSDへの対応に苦慮していることも多い。これまでのところ高齢者施設には心理職の配置基準が設けられていないこともあり，公認心理師や臨床心理士の有資格者が「心理職」として高齢者施設で働いていることは少ない。しかしながら，これらの課題は心理職の専門分野であり，施設職員への心理支援として貢献できる部分であると考えられる。例えば，大庭ら（2021）は施設職員を対象として，睡眠衛生，仕事の時間管理，職場の対人関係，施設利用者のBPSDの4つのストレス要因に対応したストレスマネジメントプログラムを開発している。また，野口ら（2016）は施設職員のBPSDへの対応スキルの向上を目的とした，応用行動分析に基づいた介護職員研修とその研修効果を維持するためのサポートシステムを開発している。このシステムは先述のケアラー・センタード／パーソン・フォーカスト・アプローチにもとづいて，心理職のサポートのもと，施設職員が施設利用者のBPSDの機能を考え，対応を検討するものである。このほか，職場の環境改善のためにはストレスチェック制度や職場のストレスモデル，職場環境改善のための方法論などの産業領域の知識も習得していることが望ましいと考えられる。

　高齢者福祉分野では心理職はまだまだ新参者であり，心理職の専門性について具体的なイメージをもっていない他職種もいる。施設職員への心理支援は他職種からの信頼があって初めて機能するものでもある。したがって，たとえ理屈としては正しくても，他職種の事情を理解せず，一方的に彼らの取り組みを否定して改善策を指示するのは，他職種からの不信を買うだけであり多職種連携の観点からも望ましくない。施設職員への心理支援においては，個々の専門職の専門性を謙虚に学び，他職種の置かれた事情に理解を示すなかで，改善に向けた具体的な提案を行うことを心がけたい（竹田，2021）。

〈引用文献〉

青木由美恵(2018). ケアを担う子ども(ヤングケアラー)・若者ケアラー―認知症の人々の傍らにも―. 認知症ケア研究誌, 2, 78-84.

Arai, Y., Kudo, K., Hosokawa, T., et al. (1997). Reliability and validity of the Japanese version of the Zarit Caregiver Burden Interview. *Psychiatry and clinical neurosciences*, 51(5), 281-287.

荒井由美子・田宮菜奈子・矢野栄二(2003). Zarit介護負担尺度日本語版の短縮版(J-ZBI_8)の作成―その信頼性と妥当性に関する検討―. 日本老年医学雑誌, 40(5), 497-503.

畦地良平・北村世都・内藤佳津雄(2020). 介護職員におけるバーンアウトとワークエンゲイジメントの関係性―仕事の欲求度―資源(JD-R)モデルによる検討―. 老年社会科学, 42(3), 188-199.

Cheng, S.-T., Li, K.-K., Losada, A., et al. (2020). The effectiveness of nonpharmacological interventions for informal dementia caregivers: An updated systematic review and meta-analysis. *Psychology and Aging*, 35(1), 55-77.

ジェームズ, I. A. (著). 山中克夫(監訳)(2016). チャレンジング行動から認知症の人の世界を理解する―BPSDからのパラダイム転換と認知行動療法に基づく新しいケア―. 星和書店.

介護労働安定センター(2023). 令和4年度「介護労働実態調査」結果の概要について.

樫村正美・川西智也・山下真理他(2018). 認知症介護家族のための心理教育プログラムSTART(STrAtegies for RelaTives)の紹介. 日本医科大学基礎科学紀要, 47, 15-29.

国税庁(2022). 令和3年分民間給与実態統計調査.

厚生労働省(2019). 認知症施策推進大綱.

厚生労働省(2020). 介護分野をめぐる状況について.

厚生労働省(2022). 仕事と介護の両立等に関する実態把握のための調査研究事業.

厚生労働省(2023). 2022(令和4)年 国民生活基礎調査の概況.

Livingston, G., Barber, J., Rapaport, P., et al. (2013). Clinical effectiveness of a manual based coping strategy programme(START, STrAtegies for RelaTives) in promoting the mental health of carers of family members with dementia: Pragmatic randomised controlled trial. *BMJ*, 347, f6276.

丸尾智美(2012). 地域住民の認知症の知識とケアに対する自己効力感を評価するための指標の確立. ジェロントロジー研究報告, 10, 144-158.

箕岡真子(2015). 看取りにおける倫理. 矢吹知之(編). 認知症の人の家族支援―介護者支援に携わる人へ―. ワールドプランニング, 237-260.

森本浩志(2020). 認知症, 介護―親が認知症になったらどうなる?どうする? 岡島義・金井嘉宏(編). 使う使える臨床心理学. 弘文堂, 237-253.

森本浩志・野村信威(2022). 認知症の人の家族介護者を対象とした集団認知・行動療法プログラム―有効性と実行可能性の予備的検討―. 老年臨床心理学研究, 3(1), 8-20.

日本認知症ケア学会(編)(2016). 認知症ケア用語辞典. ワールドプランニング.

野口代・河野禎之・山中克夫(2016). 応用行動分析に基づくBPSDマネジメントの研修効果を維持するためのスタッフ・サポート・システム(SSS)の構築. 高齢者のケアと行動科学, 21, 13-33.

大庭輝・藤田雄・佐藤眞一・成本迅(2021). 認知症の施設介護のためのストレスマネジメントプログラムの開発と効果検証. 老年臨床心理学研究, 2, 8-18.

Sörensen, S., Duberstein, P., Gill, D., et al. (2006). Dementia care: mental health effects, intervention strategies, and clinical implications. *The Lancet Neurology*, 5(11), 961-973.

総務省(2023). 令和4年就業構造基本調査.

竹田伸也(2021). 高齢者の心身機能の特徴. 渡部純夫・本郷一夫(編). 福祉心理学(公認心理師スタンダードシリーズ17). ミネルヴァ書房, 104-115.

第15章

地域福祉分野における法制度と心理支援

15.1節 地域共生社会の実現

　地域福祉課題を解決するため，厚生労働省は地域共生社会の実現を掲げた取り組みを行っている（厚生労働省，2017，**図15.1**）。地域共生社会を提案する背景には，地域の相互扶助や家族同士の助け合いなどの地域，家庭，職場といったさまざまな生活場面における支え合いの機能が弱ってきていることがある。こうした支え合いの機能を再構築することで，さまざまな困難に直面しても孤立せず，その人らしい生活を送ることができるような社会を目指している。また，人口減少は多くの地域社会で社会経済の担い手の減少を招き，地域社会の存続が危ぶまれる中，地域社会全体を支えていくことが重要となっている。さらに公的支援が対象者別や機能別に整備されていることによって，複合的な支援を必要とする状況への対応が困難になっている。このような社会構造の変化をふまえ，制度分野ごとの「縦割り」や「支え手」「受け手」という関係を越えて，地域住民が参画し世代や分野を越えてつながることで，住民の暮らしと生きがいを地域と共に創っていく社会を目指している。

　地域共生社会の実現に向けた取り組みは，①地域課題の解決力の強化，②地域丸ごとのつながりの強化，③地域を基盤とする包括的支援の強化，④専門人材の機能強化・最大活用から構成されている。①地域課題の解決力の強化においては，生活に身近な地域において住民が世代や背景を越えてつながり，相互の役割をもち「支え手」「受け手」という関係を越えて支え合う取り組みが推進されている。②地域丸ごとのつながり強化においては，地域社会が抱える課題は就労や社会参加の機会を提供する資源にもなるものであり，領域を越えてつながり多様なニーズに応えると同時に，資源の有効活用や活性化を実現する循環を生み出すことが推進されている。③地域を基盤とする包括的支援の強化においては，地域包括ケアの理念を普遍化し，生活上の困難を抱える障害者や子どもなどが地域において自立した生活を送ることができるよう，地域住民の支え合いと公的支援が連動し地域を「丸ごと」支える

切れ目のない支援が推進されている。④専門人材の機能強化・最大活用においては，住民とともに地域をつくり，多様なニーズを把握し，地域の中で支援対象者に寄り添って支援する観点から，専門性の確保に配慮しつつ養成課程のあり方を見直すことで，保健医療福祉の各資格を通じた基礎的な知識や素養を身につけた専門人材の養成が推進されている。

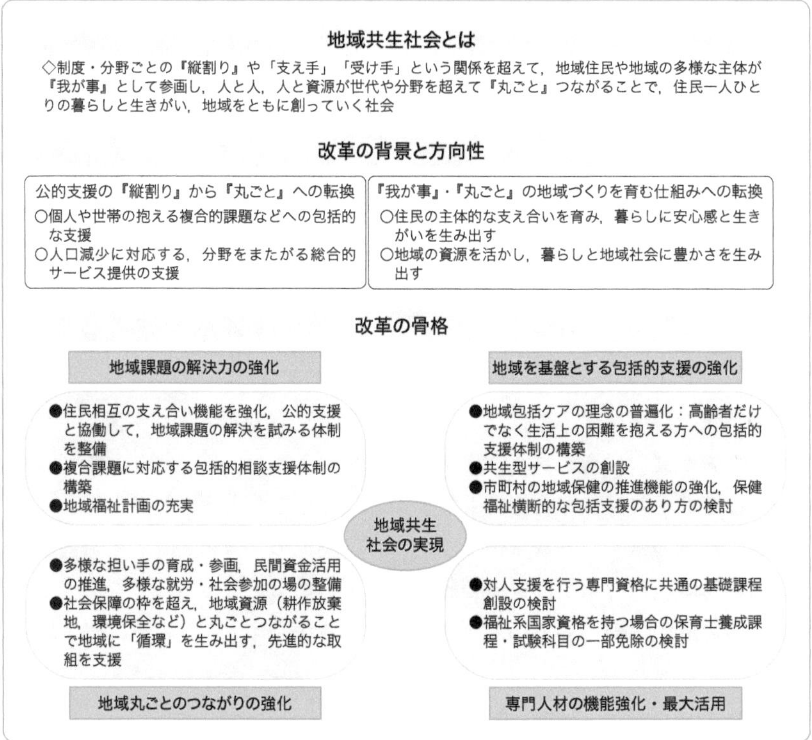

地域共生社会とは

◇制度・分野ごとの『縦割り』や「支え手」「受け手」という関係を超えて，地域住民や地域の多様な主体が『我が事』として参画し，人と人，人と資源が世代や分野を超えて『丸ごと』つながることで，住民一人ひとりの暮らしと生きがい，地域をともに創っていく社会

改革の背景と方向性

公的支援の『縦割り』から『丸ごと』への転換	『我が事』・『丸ごと』の地域づくりを育む仕組みへの転換
○個人や世帯の抱える複合的課題などへの包括的な支援 ○人口減少に対応する，分野をまたがる総合的サービス提供の支援	○住民の主体的な支え合いを育み，暮らしに安心感と生きがいを生み出す ○地域の資源を活かし，暮らしと地域社会に豊かさを生み出す

改革の骨格

地域課題の解決力の強化
- ●住民相互の支え合い機能を強化，公的支援と協働して，地域課題の解決を試みる体制を整備
- ●複合課題に対応する包括的相談支援体制の構築
- ●地域福祉計画の充実

地域を基盤とする包括的支援の強化
- ●地域包括ケアの理念の普遍化：高齢者だけでなく生活上の困難を抱える方への包括的支援体制の構築
- ●共生型サービスの創設
- ●市町村の地域保健の推進機能の強化，保健福祉横断的な包括支援のあり方の検討

地域共生社会の実現

- ●多様な担い手の育成・参画，民間資金活用の推進，多様な就労・社会参加の場の整備
- ●社会保障の枠を超え，地域資源（耕作放棄地，環境保全など）と丸ごとつながることで地域に「循環」を生み出す，先進的な取組を支援

- ●対人支援を行う専門資格に共通の基礎課程創設の検討
- ●福祉系国家資格を持つ場合の保育士養成課程・試験科目の一部免除の検討

地域丸ごとのつながりの強化

専門人材の機能強化・最大活用

図15.1　地域共生社会の実現に向けた取り組み（厚生労働省（2017）．「地域共生社会」の実現に向けて（当面の改革工程）【概要】をもとに作成）

15.2節 地域福祉課題としてのひきこもり

　地域福祉課題の1つとして，ひきこもりがある。**ひきこもり**とは，「様々な要因の結果として社会的参加（義務教育を含む就学，非常勤職を含む就労，家庭外での交遊など）を回避し，原則的には6ヵ月以上にわたって概ね家庭にとどまり続けている状態（他者と交わらない形での外出をしていてもよ

い）を指す現象概念」とされている（齋藤，2010）。ひきこもりの問題は2000年ごろから注目されるようになったが，その当時は20〜30代前半の若者の事例が中心であった。その後，ひきこもりの長期高年齢化が進み，80歳の親が50歳の子の生活を支えている8050問題と重複する段階にまで高年齢化が進んできている。長期高年齢化が進むにつれて，ひきこもり本人やその家族への福祉的支援の重要性が増してきている。

　支援を通じてひきこもり本人の自立を目指すうえで，就労は1つの手段となる。ひきこもり本人の年齢によっては，就学という方法もあるが，それもその後の就労のための手段である。就労には一般就労と福祉的就労があり，ひきこもり本人の就労支援においては一般就労だけではなく，福祉的就労も視野に入れる必要がある。その一方で，就学も就労もしない自立の方法も考えられる。これは，親の遺産や経済面への福祉制度を利用して自立するという方法である。こうした方法ができる人は限られていると思われるが，ひきこもりからの自立の1つの形として検討すべき方法である。

　就労と共に利用を検討すべき福祉的制度として，生活保護，障害基礎年金等，親の高齢化には高齢基礎年金，介護保険制度，成年後見制度などがある。就労が困難な事例においては，セーフティーネットとして生活保護の利用を検討した方が良い場合もある。生活保護を受けるには，さまざまな制限はあるが，ひきこもりからの自立の1つのあり方として捉える必要がある。

　こうした制度は，有効な支援ではあるが，支援の本質はひきこもり本人の自立である。制度の適否によって制度利用を勧めるだけではなく，ひきこもり本人の自立の手段として制度を利用する必要がある。

15.3節　ひきこもり支援と法制度

　ひきこもり支援においては，さまざまな社会資源を活用した生活支援，地域づくりが必要となる。生活支援とは金銭的な問題だけではなく，日々の家事なども含めて生活を安定させるための支援である。また，地域づくりとは，ひきこもり本人とその家族を受け入れる場を地域につくることである。ひきこもり支援における生活支援，地域づくりを実現する社会資源として，地域若者サポートステーション，ひきこもり地域支援センター，子ども・若者支援地域協議会，自立相談支援窓口，重層的支援体制整備がある。

A. 地域若者サポートステーション

　地域若者サポートステーションは，ニート等の若者の自立を支援するため，地方自治体，民間団体との協働により，若者自立支援ネットワークを構築し，その拠点として若者やその保護者等に対して個別・継続的な相談，各種セミナー，職業体験など，総合的な支援を行っている。具体的な支援として，コミュニケーション講座，ジョブトレ（就業体験），ビジネスマナー講座，就活セミナー（面接・履歴書指導等），集中訓練プログラム，アウトリーチ支援，パソコン講座などがある。支援においては，就職に必要な情報提供と共に，定着・ステップアップ支援も行っている。

　地域若者サポートステーションは，全国各地に設置され，就労支援において活用されている。2022（令和4）年度のデータに基づくと，全国で177か所に設置され，新規登録者が1.7万人（総利用数49.9万人），就職率は73.2%，1年未満での就職率は82.4%であったと報告されている（厚生労働省，2022）。また，支援者の対象年齢も15歳から49歳となっており，幅広い年齢層が利用可能となっている。

B. ひきこもり地域支援センター

　厚生労働省では，2009（平成21）年度から，ひきこもりに特化した第一次相談窓口としての機能を有する「ひきこもり地域支援センター」を全国の都道府県・指定都市に整備を進めている。このセンターは，本人や家族が，地域の中で最初にどこに相談したらよいかを明確にすることにより，より支援に結びつきやすくすることを目的にしたものである。公表されている資料によると2023（令和5）年3月現在，全国の都道府県，政令指定都市，及び市区町村の98か所に設置されている（厚生労働省，2023）。

　ひきこもり地域支援センターでは，社会福祉士，精神保健福祉士等のひきこもり支援コーディネーターによって次の事業が行われている。

ⅰ）第一相談窓口

　ひきこもり本人，家族等から電話・来所・訪問等による相談に応じるとともに，対象者の状態に応じて，医療・教育・労働・福祉などの適切な関係機関へつなげる。

ⅱ）他の関係機関との連携

　対象者の状態に応じた適切な支援を行うため，関係機関からなる連絡協議会を設置し，情報交換等各機関間で恒常的な連携を図る。

iii）情報発信

　　リーフレットの作成等により，ひきこもりに関する普及啓発を図るとともに，地域におけるひきこもりに係る関係機関・事業紹介などの発信を行う。

C. 子ども・若者育成支援推進法

　　子ども・若者育成支援推進法は，①有害情報の氾濫等，子ども・若者をめぐる環境の悪化，②ニート，ひきこもり，不登校，発達障害等の精神疾患など子ども・若者の抱える問題の深刻化，③従来の個別分野における縦割り的な対応では限界，といった背景をふまえて2010（平成22）年に施行された法律である。本法は，①子ども・若者育成支援施策の総合的推進のための枠組み整備，②社会生活を円滑に営むうえでの困難を有する子ども・若者を支援するためのネットワーク整備を目的としている。

　　子ども・若者育成支援推進法に基づき内閣府が設置を進めている機関として，子ども・若者支援地域協議会がある。これは，「就学及び就業のいずれもしていない子ども・若者」であるひきこもりや若年無業者だけではなく，「その他の子ども・若者であって，社会生活を円滑に営む上での困難を有するもの」である不登校などさまざまな困難を有する子ども・若者を含んでいる所に特徴がある。

D. 生活困窮者自立支援法

　　2015（平成27）年4月に施行された生活困窮者自立支援法は，生活困窮者住居確保給付金の支給や，その他の生活困窮者に対する自立の支援に関する措置を講ずることにより，生活困窮者の自立の促進を図ることを目的とする法律である。生活困窮者とは，就労の状況，心身の状況，地域社会との関係性その他の事情により，現に経済的に困窮し，最低限度の生活を維持することができなくなるおそれのある者を指している。生活困窮者自立支援法では，基本理念として以下の2つを挙げている。

1. 生活困窮者に対する自立の支援は，生活困窮者の尊厳の保持を図りつつ，生活困窮者の就労の状況，心身の状況，地域社会からの孤立の状況や，その他の状況に応じて包括的かつ早期に行われなければならない。

2. 生活困窮者に対する自立の支援は，地域における福祉，就労，教育，住宅その他の生活困窮者に対する支援に関する業務を行う関係機関及び民間団体との緊密な連携その他必要な支援体制の整備に配慮して行われなければならない。

　生活困窮者自立支援法に基づいて設置されている機関が自立相談支援窓口である。働きたくても働けない，住む所がない，など，生活全般にわたる困りごとの相談を受け付けている。相談窓口では一人ひとりの状況に合わせた支援プランを作成し，専門の支援員が相談者に寄り添いながら，他の専門機関と連携して，解決に向けた支援を行う。具体的には，以下のような支援を行っている。

ⅰ）自立相談支援事業

　　生活に困りごとや不安を抱えている場合は，支援員が相談を受けて，どのような支援が必要かを相談者と一緒に考え，具体的な支援プランを作成し，寄り添いながら自立に向けた支援を行う。

ⅱ）住居確保給付金の支給

　　離職などにより住居を失った人，または失うおそれの高い人には，就職に向けた活動をするなどを条件に，一定期間，家賃相当額を支給する。生活の土台となる住居を整えたうえで，就職に向けた支援を行う（一定の資産収入等に関する要件を満たしている人が対象）。

ⅲ）就労準備支援事業

　　「社会との関わりに不安がある」，「他の人とコミュニケーションがうまくとれない」など，直ちに就労が困難な人に6ヶ月から1年の間，プログラムに沿って，一般就労に向けた基礎能力を養いながら就労に向けた支援や就労機会の提供を行う。

ⅳ）家計相談支援事業

　　家計の立て直しをアドバイスする。家計状況の「見える化」と根本的な課題を把握し，相談者が自ら家計を管理できるように，状況に応じた支援計画の作成，相談支援，関係機関へのつなぎ，必要に応じて貸付のあっせん等を行い，早期の生活再生を支援する（一定の資産収入に関する要件を満たしている人が対象）。

ⅴ）就労訓練事業

　　柔軟な働き方による就労の場を提供する。直ちに一般就労することが難

しい人のために，その人に合った作業機会を提供しながら，個別の就労支援プログラムに基づき，一般就労に向けた支援を中・長期的に実施する，就労訓練事業（いわゆる「中間的就労」）もある。

vi）生活困窮世帯の子どもの学習支援

子どもの学習支援をはじめ，日常的な生活習慣，仲間と出会い活動ができる居場所づくり，進学に関する支援，高校進学者の中退防止に関する支援等，子どもと保護者の双方に必要な支援を行う。

vii）一時生活支援事業

住居のない人に衣食住を提供する。住居をもたない人，またはネットカフェ等の不安定な住居形態にある人に，一定期間，宿泊場所や衣食を提供する。退所後の生活に向けて，就労支援などの自立支援も行う。

E. 社会福祉法の改正

2020（令和2）年の社会福祉法の改正においては，①地域住民の複雑化・複合化した支援ニーズに対応する市町村の包括的な支援体制の構築の支援，②地域の特性に応じた認知症施策や介護サービス提供体制の整備等の推進，③医療・介護のデータ基盤の整備の推進，④介護人材確保及び業務効率化の取組の強化，⑤社会福祉連携推進法人制度の創設等の所要の措置を講ずるとされている。この中でも①は，ひきこもり支援に通じるところがある。

社会福祉法の改正により創設されたのが**重層的支援体制整備事業**である。この事業では，従来の福祉制度と支援ニーズの間に生じていたギャップを埋めることを重視した視点から事業設計が行われている（厚生労働省，2021）。1つ目の視点は，すべての人々のための仕組みとすること，2つ目が実践において創意工夫が生まれやすい環境を整えること，3つ目がこれまで培ってきた専門性や政策資源を生かすことである。すべての人々のための仕組みにするために，住民同士が気にかけ合う関係を育むための地域づくりへの支援を重視し，支援者による相談支援と両輪で地域のセーフティーネットを充実させることを目指している。さらに，この両輪をつなぐものとして，ひとりのニーズを元にさまざまな関係者に働きかけ，本人とって必要な資源を生み出して行く「参加支援」を新たに設けている。創意工夫が生まれやすい環境を整えるために，交付金の一体的広報を行い，重層的支援体制整備事業をすべての住民を支援の対象とするものと位置づけたうえで，この事業を実施する市町村に対して交付金を一体的に交付している。また，地域型という類型

を設けることで，これまでの対象者別の制度の下では難しかった，新しい創意工夫が生まれやすい制度となっている。そうすることで，培ってきた専門性や政策資源を生かすために，財政支援において既存の各制度に基づく補助金等を含めて一括して交付する仕組みとしている。

重層的支援体制整備事業では，市町村全体の支援機関関係が断らず受け止め，つながり続ける新体制を構築することをコンセプトに，包括的相談支援事業，参加支援事業，地域づくり事業の3つの支援を一体的に実施することを必須としている。またこの3つの事業を支えるものとして，アウトリーチ等を通じた継続的支援事業，他機関協働事業を規定している。包括的相談支援事業では，属性や世代を問わず包括的に相談を受け止め，複雑化・複合化した課題について適切に多機関協働事業につないでいる。参加支援事業においては，社会とのつながりをつくるための支援を行い，利用者のニーズをふまえた丁寧なマッチングメニューを作り，本人への定着支援と受け入れ先の支援を行っている。地域づくり事業においては，世代，属性を超えて交流できる場や居場所を整備し，個別の活動や人をコーディネートし地域のプラットフォームの形成や地域における活動の活性化を図っている。これら3つの事業に加えて，アウトリーチ等を通じた継続的支援事業においては，支援が届いてない人に支援を届け，潜在的な相談者を見つけ本人との信頼関係の構築に向けた支援に力点を置いている。多機関協働事業においては，市町村全体で包括的な相談支援体制を構築し，重層的支援体制整備事業の中核を担う役割を果たし，支援関係機関の役割分担を図っている。

15.4節 ┃ 制度を活かしたひきこもりの心理支援

ひきこもりの人たちへの支援としては，法制度や支援制度だけではなく，心理支援が必須となる。上述した支援制度だけではなく，医療機関，教育機関，NPO法人をはじめとした民間機関においても，さまざまな支援が展開されている。こうした地域に根付いた多様な機関との連携を深めていくことが，効果的な心理支援を実現するうえで重要になる。

ひきこもりの心理支援で最も重視しなければいけないのは，ひきこもり状態にある人の生きる意欲の喪失であろう。ひきこもり状態は，社会に馴染めない葛藤から始まることが多いが，それが長期化することによって社会参加を諦める心境に至ることがある。「親が死んだら自分も死ぬからほっといて」

というような発言は，生きる意欲の喪失を象徴するものであろう。こうした状態に陥らないよう，ひきこもり状態からの新しい生き方の模索に意識を向ける必要がある。

　ひきこもり支援は，家族支援から始まるのが一般的である。家族は，ひきこもり状態にある人の将来を思い悩み，ひきこもりになった原因を考え続け苦悩している。こうした家族の苦しみが，ひきこもり状態にある人に向けられた時，家族とひきこもり状態にある人の関係が悪化していく。家族関係の悪化は，一見，ひきこもり状態からの脱却のきっかけになりそうに思われるが，多くの場合，家族関係が断絶した，より深刻なひきこもり状態になってしまう。こうした状況では，家庭内暴力や昼夜逆転，ゲーム依存，多重債務などさまざまな問題が生じてしまう。これらの解決には，家族の協力は不可欠である。

　さまざまな支援制度が使えるとしても，ひきこもり支援の中心に心理支援があることは言うまでもない。心理支援を円滑に進めるために制度を利用するのが効果的なひきこもり支援であるといえる。心理支援の大まかな流れとしては，家族支援，本人支援，地域支援となる。訪問支援から実施することもあるが，そうした場合でも，事前の家族支援は重要となる。

ⅰ）家族支援

　家族支援においては，家族の機能回復，家族関係の回復，本人を社会につなげるという3つの目標が重要となる（境，2021）。家族機能の回復においては，家族自身の焦りや自責の念に理解を示し，家族の苦悩を和らげるためのカウンセリングが必要になる。また，家族が自身をケアする重要性を理解し，家族が自分のために時間を使うように勧めることもある。家族会のように同じ経験をした人同士で集まる自助グループも有効である（植田ら，2004）。

　家族関係の回復においては，家族が警戒されない存在になること，コミュニケーションスキルを身につけることが有効である。家族は，仕事の話など，本人が警戒している話題を取り上げがちである。そのようなことが続くと，本人が家族を警戒するようになり，コミュニケーションがうまく取れなくなっていく。そのような状況になっている場合，本人が警戒する話題は避け，本人が安心できる話題を取り上げるようにしていく。そうすることで，家族への安心感が再構築される。そのうえで，本人の話を引き出すようなポジティブなコミュニケーション（スミスら，2012）を実

践していくことになる。

　本人を社会につなげるには，本人の活動性の向上と社会につなげる工夫が必要となる。本人の活動性を高めるのに，最も重要なのが本人の望ましい行動を増やすことである。ひきこもり支援においては，働かない，話をしない，暴力，ゲーム依存といった問題行動が取り上げられやすいが，問題行動よりも望ましい行動に注目してくことが重要である。社会につなげる工夫において，最も重要なのが，相談機関を進めるなどの話題を取り上げるタイミングである。家族の話したいタイミングではなく，本人が話したいタイミングでこの話題を取り上げる必要がある。適しているタイミングとして，本人が動揺しているときや家族の変化について気づいた時が挙げられている。こうしたタイミングは，家族にとって危機的状況と誤解されやすいため，タイミングについて正確な理解が必要である。

ii）本人支援

　本人支援においては，本人の活動性を高めることが目標となる（境・宮本・渡部，2015）。本人は，失敗体験の悪循環から自信を喪失し，さまざまなことに取り組むことに警戒心を抱くようになっている。そうした本人にとっては，できることに取り組み，安心と喜びを経験していくことが回復の原動力となる。活動性を高めるために，本人の価値観を理解することが有効である。本人が何を大事にしていて，現状においてそれについてどの程度満足しているかを把握することで，本人が生きていくうえで何を大切にしているのかを明確にすることができる。この本人の価値観を支援者と共有することで，その人らしい新しい生き方を模索できるようになる。その人らしい新しい生き方を実現するために，さまざまな支援制度を利用するのがひきこもりの心理支援の原則である。

iii）地域支援

　地域支援においては，家族や本人が安心して参加できる場づくりを行う。地域支援の具体的な手法としては，①地域の理解促進，②支援者養成，③家族会の設置，居場所づくりが主なものになる。①地域の理解促進においては，一般市民を対象とした講演会，自治体の広報物等における周知などがよく行われている。すべての住民の理解を得ようとするのではなく，理解者を一人でも増やすという方針が現実的な目標である。②支援者養成においては，すでに支援に携わっている支援者のスキル向上に加えて，ひきこもりに関心のある人たちを対象に研修を行い，支援者をサポートしても

らう人材の養成も有効である。

厚生労働省は，より身近な市町村域における相談窓口の設置と支援内容の充実を図り，これを都道府県がバックアップする体制づくりを進めている。具体的には，市町村が生活困窮者自立支援制度や重層的支援体制整備事業を活用しながらひきこもり支援を実施できるよう，都道府県のひきこもり地域支援センターがサポートする体制が想定されている。また，生活困窮者自立支援制度の中でも，自立相談支援事業においてアウトリーチや関係機関への同行訪問を行い関係機関につないだり，就労準備支援事業において就労準備支援プログラムの作成やひきこもり状態にある人がいる世帯への家庭訪問等が行われる。また，重層的支援体制整備事業においても，属性を問わない相談支援，参加支援，地域づくりに向けた支援の中にひきこもり状態にある人が対象者として含まれている。

こうした取り組みを継続することで，市町村にひきこもり地域支援センターを設置することを目指すが，そこに向けた段階的な支援の充実を図るために，ひきこもりサポート事業，ひきこもりステーション事業が新たに開始されている（厚生労働省，2021，**図15.2**）。ひきこもりサポート事業においては，ひきこもり支援の導入として，地域の特性や対応状況に合わせて任意の事業を選択して実施できるとしている。事業の選択肢としては，相談支援事業，居場所づくり事業，連絡協議会・ネットワークづくり事業，当事者会・家族会開催事業，住民向け講演会・研修会開催事業，サポーター派遣・養成事業，民間団体との連携事業，実態把握調査事業がある。また，ひきこもりステーション事業では，相談支援事業，居場所づくり事業，連携協議会・ネットワークづくり事業を必須事業とし，当事者会・家族会事業，住民向け講演会・研修会開催事業，サポーター派遣・養成事業，民間団体との連携事業，実態把握調査事業，専門職の配置を任意事業としている。ひきこもり支援に取り組めていない市町村においても，こうした段階的な事業を実施することで自治体の実情に応じて取り組める制度設計がなされている。

15.5節 制度の狭間とひきこもり支援

上述したように，ひきこもり支援としてさまざまなものが法律も含めて作られてきたが，ひきこもり状態に陥る人は増え続けている。2023年に内閣

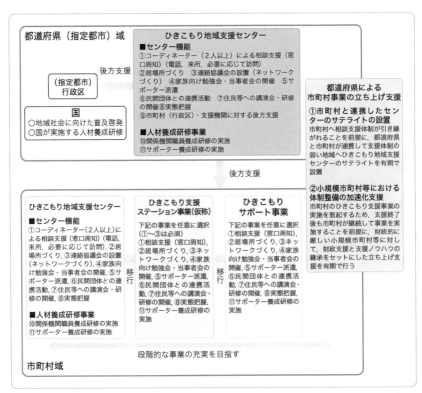

図15.2　市町村におけるひきこもり支援の充実に向けた取り組み（厚生労働省（2021），ひきこもり支援の充実と推進（地域における支援体制図）をもとに作成）

府が公表したデータによると，15歳から64歳の間のひきこもり状態にある人は146万人に迫り，前回調査から推計される116万人を大きく上回っている（内閣府，2023／内閣府政策統括官（共生社会政策担当），2019）。さまざまな支援制度を実施しても，その狭間に陥るのがひきこもり状態にある人である。支援の狭間が生じる1つの要因は，サービスの利用に本人や家族からの自主的な申し出（申請）が必要とされる申請主義であると考えられる。申請主義を前提としていると，ひきこもり状態にある人のように支援を求めない人たちは支援を利用できないことになる。2つ目の要因は，支援対象者にさまざまな対象者が一括して含まれているということである。例えば，地域若者サポートステーションの支援対象となるのは就労に困難を抱えた若者である。このような対象者の中でも，支援の中心になるのは就労意欲の高い若者になってしまい，ひきこもり状態にあるような就労意欲が湧きにくい

人たちは後回しにされてしまうことになる。また，自立相談支援窓口は生活困窮者を支援対象としているが，親が経済的な面を担ってくれているひきこもり状態にある人の場合，生活困窮者とはみなされにくく，今すぐに生活の支援が必要な人たちが優先的な支援対象者となっていく。

　申請主義や多様な対象者を一括して支援する制度は，現在の支援制度に共通している前提であるが，こうした制度設計は，支援を求める力が弱い人たちに支援を届けようとする足枷になっている可能性もある。こうした人たちに支援を届けようとするには，重層的支援体制整備の目指す方向とは逆行するかもしれないが，特定の対象を最優先とした制度設計も必要と考えられる。特に，ひきこもり状態にある人のように，支援を求めないだけではなく，支援を拒否することもある人たちを支援しようとするときには，その人たちに特化した支援制度が欠かせないだろう。

〈引用文献〉

スミス J. E.・メイヤーズ R. J.・境泉洋・原井宏明・杉山雅彦 (2012). CRAFT依存症患者への治療動機づけ：家族と治療者のためのプログラムとマニュアル，金剛出版.

境泉洋 (編著) (2021). CRAFTひきこもりの家族支援ワークブック [改訂第二版] 一共に生きるために家族ができること，金剛出版.

境泉洋・宮本真衣・渡部美晴 (2015). 若者の社会的自立を促進する教育プログラム「若者はばたけプログラム」(テキスト)
　　https://www.pref.kochi.lg.jp/soshiki/310401/2015050700198.html

厚生労働省 (2017). 「地域共生社会」の実現に向けて (当面の改革工程)【概要】
　　https://www.mhlw.go.jp/file/04-Houdouhappyou-12601000-Seisakutoukatsukan-Sanjikanshitsu_Shakaihoshoutantou/0000150631.pdf

厚生労働省 (2021). ひきこもり支援の充実と推進 (地域における支援体制図)
　　https://www.mext.go.jp/content/20211004-mxt_jidou02-000018256-2.pdf

厚生労働省 (2022). 数字で見るサポステ
　　https://saposute-net.mhlw.go.jp/results.html

厚生労働省 (2023)「ひきこもり地域支援センター」の設置状況リスト (47都道府県＋20指定都市＋18市区町村)
　　https://www.mhlw.go.jp/content/12000000/000515493.pdf

内閣府 (2023). こども・若者の意識と生活に関する調査 (令和4年度)
　　https://warp.da.ndl.go.jp/info:ndljp/pid/12772297/www8.cao.go.jp/youth/kenkyu/ishiki/r04/pdf-index.html

内閣府政策統括官 (共生社会政策担当) (2019). 生活状況に関する調査報告書，207-207.

齋藤万比古 (2010). ひきこもりの評価・支援に関するガイドライン.
　　https://www.mhlw.go.jp/file/06-Seisakujouhou-12000000-Shakaiengokyoku-Shakai/0000147789.pdf

植田健太・境泉洋・佐藤寛・石川信一・中村光・嶋田洋徳・坂野雄二 (2004). ひきこもりセルフヘルプグループにおける親のストレス反応低減効果の検討　ストレスマネジメント研究，2(1)，55-60.

索引

編著者紹介

古村　健
　国立病院機構東尾張病院　臨床研究部

丹羽　健太郎
　椙山女学園大学　教育学部

下山　真衣
　信州大学　教育学部

陶　貴行
　株式会社 LITALICO　LITALICO 研究所

森本　浩志
　明治学院大学　心理学部

境　泉洋
　宮崎大学　教育学部

NDC 140　　239 p　　21cm

公認心理師ベーシック講座　福祉心理学

2024 年 5 月 13 日　第 1 刷発行

編著者	古村 健・丹羽健太郎・下山真衣・陶 貴行・森本浩志・境 泉洋
発行者	森田浩章
発行所	株式会社　講談社

〒112-8001　東京都文京区音羽 2-12-21
　　販　売　(03) 5395-4415
　　業　務　(03) 5395-3615

編　集　株式会社　講談社サイエンティフィク
　　代表　堀越俊一

〒162-0825 東京都新宿区神楽坂 2-14　ノービィビル
　　編　集　(03) 3235-3701

本文データ制作　株式会社双文社印刷
印刷・製本　株式会社ＫＰＳプロダクツ
